Victor Regnier

senior living 101

Design for Assisted Living: Guidelines for Housing the Physically and Mentally Frail by Victor Regnier
Copyright © 2002 by John Wiley & Sons, New York.
All rights reserved.
Japanese translation published by arrangement with John Wiley & Sons International Rights, Inc.
through The English Agency (Japan) Ltd.

訳者まえがき

　本書は、高齢者への居住環境の提供やその改善に広く携わっている、日本の設計者や事業者のために翻訳されたものである。その対象とする環境には、「養護老人ホーム」や「グループホーム」などから「介護付優良老人ホーム」まで全ての類型の施設が含まれる。

　アメリカ人である原著者の視点の基軸は、同国で普及している介護付き高齢者居住施設である「アシステッドリビング（Assisted Living）」にある。しかし原著を読み進めれば、ほかの類型にも触れながら、それらにも共通する貴重な内容が豊富に説かれていることがわかる。これを、わが国にあてはめようとすれば、医療施設以外の全てが該当する。そこで本書では、それらを包括的に示す用語として、「シニアリビング」を使用している。したがって、原著で使用されている「アシステッドリビング」は、可能な限り「シニアリビング」に置き換えられている。

　また、邦題に「101」を用いたのは、本書 Part I の「100か条」以外にも設計に役立つ情報が多々盛り込まれており、読者それぞれの観点で読み解きながら、重要と思われる項目を付加してもらおうとする意図からである。

　なお、「アシステッドリビング」とは、精神や身体に衰えのある高齢者のための居住施設として、米国では認識されている。しかしその程度は広範であり、パーソナルケアを必要とするが24時間の医療監視はいらない者までさまざまである。最も重度の者を対象とするものは、重度アシステッドリビングと呼ばれている。

シニアリビング 101
入居者が求める建築デザインの要点

senior living 101

ヴィクター・レーニエ=著

上利 益弘=訳

鹿島出版会

目次

訳者まえがき 003

PREFACE ｜ シニアリビングとは 011

CHAPTER 1　シニアリビングの概要 012
CHAPTER 2　入居者と施設 017
CHAPTER 3　環境とサービス 021

PART I ｜ 設計ポイント100か条 041

CHAPTER 1　敷地の選択と地域性 042

1 優れた敷地／2 傾斜地の建築／3 自然環境の活用／4 地域の高齢者へのサービス／
5 敷地の複合利用／6 眺望の活用／7 駐車場／8 物品の搬送とごみ処理／
9 車寄せ／10 調整池／11 ライティング／12 環境やプライバシーのための中庭

CHAPTER 2　屋外空間とランドスケープ 054

13 眺めのある窓／14 ヨーロッパの出窓／15 ガーデニングが楽しめる生活／
16 日陰の創出／17 屋外空間の演出／18 屋内外が接する領域／
19 周辺地域との関係／20 癒やしや療法のための庭／
21 植物の色彩、テクスチュア、香り、バリエーション／22 魅力的な看板／
23 野生動物、昆虫、野鳥／24 子どもの遊び場／25 遊歩路／26 バーベキューテラス

CHAPTER 3　建築デザインと屋内環境 067

27 親しみやすい外観／28 第一印象／29 勾配屋根、玄関扉、暖炉、大階段／
30 邸宅と集合住宅／31 広い空間と狭い空間／32 部屋のような廊下、表情豊かな廊下／
33 明かり溜り／34 オープンプラン／35 個性的な住戸の入口

CHAPTER 4　交流を促す空間 079

36 100％コーナー（周囲に魅力や機能のある空間）／37 リトリート（落ち着ける

静かな場所）／38 多目的スペース／39 求心的な交流空間と家具の配置／
40 プレビューイング（うかがい見）／41 1対のいす／42 楽しくおいしい食事／
43 観察の楽しみ／44 交流を促す住戸クラスター／
45 トライアンギュレーション（第三の対象を媒体にしてふたりの関係が生まれること）／
46 入居者や家族にも配慮したスタッフオフィス／47 受付の対応／
48 交流と友情の育成／49「助け合いネットワーク」の構築／50 家族のスペース／
51 コハウジングと共同生活／52 ハードアトリムとソフトアトリウム／
53 夕食後の娯楽／54 クラブとアクティビティ／55 入居者とスタッフのバケーション

CHAPTER 5　自立への励まし 100

56 エイジング・イン・プレイス（その場所で余生を送ること）のすすめ／
57 見守りケアのあり方／58 自立とプライバシーを支えるテクノロジー／
59 さまざまな療法／60 運動と療法の融合／61 歩行のすすめ／
62 ユニバーサルデザインの適用

CHAPTER 6　五感への刺激 109

63 色彩と柄／64 テクスチュア、におい、音／65 騒音と悪臭対策／
66 弾力性のある素材／67 快適な入浴／68 まぶしさへの対処

CHAPTER 7　幸福感の創出 115

69 ペット、植物、子どもたち／70 あたたかみのあるインテリア／71 ユーモアと意外性／
72 回想と追憶

CHAPTER 8　住戸の設計 121

73 自己完結型ハウジング、外部依存型ハウジング／74 玄関の工夫／
75 個性的な住戸／76 安全なバスルーム／77 簡易キッチンとフルキッチン／
78 大きな窓と低い腰高／79 住戸の広さと種類／80 温度調整／
81 重度化した高齢者の移送／82 収納スペース／83 相部屋／
84 部屋からも楽しめる屋外空間／85 フレンチバルコニー

CHAPTER 9　スタッフの働き 135

86 専任スタッフ／87 非日常なアクティビティ／88 スタッフへの配慮

CHAPTER 10　認知症のためのデザイン 138

89 小規模のクラスター／90 社会的徘徊／91 方向認知の工夫／
92 脱出防止と隠し扉／93 気を引くアクティビティと明るさ／94 認知症と知覚／
95 日常作業のアクティビティ／96 家の中の家／97 感覚器官を刺激するスヌーズレン／
98 屋外との出入り／99 興奮状態の入居者への対処／100 認知症の高齢者の住戸

PART II ｜ ケーススタディ 157

CHAPTER 1	フマニタス・ベルグウェグ ......オランダ	162
CHAPTER 2	ヴィルヘルミーナ ......フィンランド	167
CHAPTER 3	ゴッダード・ハウス ......米マサチューセッツ州	173
CHAPTER 4	グンゲモーセゴー ......デンマーク	178
CHAPTER 5	サンライズ・オブ・ミッション・ヴィエホ ......米カリフォルニア州	184
CHAPTER 6	サンライズ・オブ・ベルヴュー ......米ワシントン州	190
CHAPTER 7	クーパー・リッジ ......米メリーランド州	195
CHAPTER 8	ヴィランランタ ......フィンランド	200
CHAPTER 9	ハーバー・ハウス ......米ウィスコンシン州	205
CHAPTER 10	ロス・アンデッシュ・ガード ......スウェーデン	210
CHAPTER 11	ポスティルヨーネン ......スウェーデン	216
CHAPTER 12	メッツァタティ ......フィンランド	221

PART III ｜ メガトレンドと設計原則20 227

CHAPTER 1	北欧の視察から学んだこと	228
CHAPTER 2	各国の視察から学んだこと	233
CHAPTER 3	設計原則20	239

　　1 一般住宅のようなイメージ ／ 2 交流の促進 ／
　　3 屋内のように利用できる屋外空間の設置 ／ 4 安全なバスルーム ／
　　5 プライバシーの尊重 ／ 6 親しみやすく快適な屋内空間 ／ 7 家族や友人の訪問 ／

8 さまざまなライティング／9 臭気と換気／10 適応可能な環境／
11 地域に開かれた施設／12 環境のバリアフリー化／13 認知症のための環境／
14 コンパクトな平面計画／15 屋内外が接する領域／
16 入居者を支えるスタッフの働きやすい環境／
17 感覚を刺激するアクティビティと美容／18 受動的な娯楽、能動的な娯楽／
19 安全と保安の確保／20 選択、制御、自発性、自立性の励まし

CHAPTER 4　今後の傾向 267

CHAPTER 5　シニアリビングのメガトレンド 276

Appendix A ｜ 優れた施設のリスト 280

Appendix B ｜ そのほかの重要施設 298

訳者あとがき 302

PREFACE

シニアリビングとは

文明の価値や意義は、遺構としての建築に刻み込まれている。また社会の成熟は、高齢者がどれほど敬われて処遇されているかによって知ることができる。

著者　ビクター・レーニエ

　これからの社会を考えるとき、その高齢化を無視することはできない。関連分野での療法や医療の発展および新薬開発のおかげで、慢性的な疾患を抱えていたり身体に衰えのある高齢者でも、寿命がさらに延びるであろう。そこで、彼らが威厳を持って、いきいきと余生を送るための環境のあり方が問われるようになる。それには、訪問ケアを利用しながら生活し続けられるように改修された自宅や、重度化しても最後までサービスを受けられる施設などがある。

　本書では、米国や北欧諸国の優れた事例を通して、より自立的で快適な生活を送れるような環境やサービスのあり方を探求している。これまでの、高齢者の居住環境に関する経験や知識の蓄積のおかげで、今ではさまざまな類型の施設が見受けられる。しかし、第二次世界大戦後のベビーブーマーの高齢化が顕著な現在、今一度現状を整理して、今後の展開に役立たせようとすることは、大変に意義の深いことだと考える。

CHAPTER 1

シニアリビングの概要

これまであいまいだったシニアリビングの定義も、ようやく最近になって明確になってきたように思える。さまざまな類型があるにせよ、それらは一様に入居者本位で、親しみやすい雰囲気と一般住宅のようなイメージを持っている。本章では、その入居者の生活の質を高めようとする環境やケアのあり方を中心に、シニアリビングの概要を整理する。

シニアリビングの特徴

1990年代初頭から今日に至るまでに、シニアリビングはさまざまな類型へと発展してきた。しかし、優れたものには、いくつかの共通点がある。それは、高齢者の生活の質を支える環境やケアを観察することによって、明らかになってくるものである。

　優れた施設に共通するデザインや運営の特徴を、以下の9点に整理することができる。これらを完全に備える施設はまれだが、その適用の有無や程度によって、優劣を推し量ることができよう。

一般住宅のようなイメージ

一般住宅に見受けられるような色づかいや素材、形態、ボリューム、ディテールを用いて、屋内外がデザインされている。外観は周辺環境と調和するように、勾配屋根やポーチ、ドーマーウィンドーなどで、スケール感が抑制されている。また、屋内の雰囲気づくりには、住宅にあるようなプロポーションや仕上げ、造作が用いられている。また、さまざまな個性的な部屋や優美な大階段などが配されている。さらに、入居者を数人ごとにグループ化して、家族のように暮らせるようにもなっている。

小規模な運営と建物

合理的な施設経営のための住戸数は、国や地域によってさまざまだが、適度な入居費で24時間ケアを賄うには、40〜60戸が妥当である。この程度であれば、入居者やスタッフが互いに顔見知りになれ、そこに家族のような関係も生まれやすくなる。コートヤードハウスのようなつくりの施設は、コンパクトで効率的な平面であるばかりか、地域住民にも親しまれるようになる。

住戸の完結性とプライバシー

自室で日常生活が完結できるように、そこにはキッチンやバスルーム、トイレが備えられている。プライバシーが確保された個室を望む入居者がほとんどだが、なかには夫婦など、相部屋を求める者もいる。

個性的な入り口のアルコーブ：孫の絵が飾られたアルコーブ

個性的な入居者

入居者は、それぞれ異なる興味や能力、価値観を持っている。リーダーシップを発揮したがる者もいれば、消極的な性格の者もいる。他人と趣味を共有したり、理解を深め合えれば、生活の楽しさも増す。また、その幅を広げるには、クラブ活動への参加が有効である。

個性、自立心、助け合う精神の育成

入居者への尊敬の念を持った処遇や、各自の個性や能力に合わせたケアプログラムづくりが大切である。個性を発揮できる機会に恵まれないと、次第に無気力になり、やがて彼らの自立心も失せてしまう。互いに助け合うことで友情が育まれるばかりか、積極性が芽えることもある。

健康維持、運動、精神の刺激

誰もが、陰湿なナーシングホームにだけは移されたくないと思っている。それを避けるには、定期的な健康診断と、適切な食習慣や服薬が欠かせない。心肺機能を強化し、筋

リビングルームとベッドルームを隔てる引き戸：戸を開閉して、部屋を続けたり、プライバシーを確保する（ズィオン高齢者住宅／ノルウェー・トロンヘイム）

力を鍛えるエクササイズは、失禁予防にもなる。また、読書や談笑は、精神を刺激するばかりか、そこで共感を得た者同士の友情の育成にも役立つ。

家族参加の奨励
家族が入居者とともに過ごしたり、ケアプランの検討に参加することが大切である。自宅や施設の自室でともに一晩過ごせれば、いっそう家族の絆が強まる。また、家族がケアやアクティビティに参加すれば、入居者に活力を与えられるばかりか、施設の雰囲気がにぎやかで楽しげになる。

地域社会との関係
周囲に施設が開かれていれば、地域住民にも親しまれるようになる。また、入居者の外出の機会が増え、彼らの日常にも幅が出てくる。世代間交流プログラムを通して、地域の子どもたちと入居者が触れ合う機会を設けている例もある。そこから愛情や驚きを感じたり、自尊心を刺激される高齢者は少なくない。

衰えへの対処
寿命が長くなることで、施設では認知症の高齢者や車いすや歩行器の利用者、入浴やトイレの要介助者が増加する傾向にある。そこで今後は、彼らへの適切な対処がますます重要になってくる。

シニアリビングの成長要因

シニアリビングが長期ケアの有効な手段になってきた背景には、いくつかの要因がある。

高齢者人口の増加
シニアリビングの成長の第一要因は、高齢者人口の増加にある。なかでも日本の高齢化率は、世界で最も著しい。また2025年までに、中国で3,350万人、インドでは1,590万人、そして米国では1,430万人が80歳以上になるとの見方がある。

80歳以上の人口想定（2000年、2005年）

国	2000	ランク	2005	ランク
中国	11,514	1	33,590	1
米国	9,225	2	14,800	2
インド	6,175	3	15,956	3
日本	4,671	4	11,221	4
ロシア	2,936	5	4,514	6
ドイツ	2,910	6	6,049	5

資料：米国人口統計局　　　　　　　　（千人）

消費者の嗜好の変化

最近の高齢者のなかには、かつて、親をナーシングホームに入居させた苦い経験のある者もおり、自分もそこに入ることを望んでいない。自由やプライバシーに恵まれた家庭で暮らしてきた彼らには、無味乾燥で規則的な生活をしいられるナーシングホームは魅力的ではない。むしろ彼らは、事業者の価値観や責任感の強さ、住み慣れた自宅のような環境を重視する。

エレベーター脇にあるベンチ：腰をかけて一息つけるように、エレベーターそのすぐ脇にベンチが置かれている（デ・オファーロープ／オランダ・アルメーア）

技術とケアシステムの発展

最近の医療技術や電子通信システムの発展、新薬や失禁対策用品の開発などのおかげで、病院以外の施設でも安全にケアを受けられるようになった。

在宅ケアの矮小化

これまで家庭内で介護に携わってきた女性の社会進出が著しい。その結果、今では、彼女らは仕事とケアの双方を担うようになった。同時に、ケアへの負担を軽減するために、自宅以外にその環境を求めるようになってきた。以前から女性の社会進出率が高い北欧では、そのための社会制度や施設の整備が比較的早くから行われてきた。

ケアの先進国から学ぶこと

高齢者の人口増加に直面している国は少なくない。その代表国のひとつであるスウェーデンでは、他国に先駆けて、高齢者のニーズや嗜好に応じたシステムがさまざまに試行されてきた。この国の施設やサービスシステムを学ぶことは、大変有意義である。

住戸の入り口に使用されるダッチドア：上半分だけでも開閉できるダッチドアは、入居者とスタッフのコミュニケーションの促進に役立つ（ウッドサイド・プレイス ペンシルヴァニア州オークモント、p.297）

シニアリビングの入居者

シニアリビングは、主に身体や精神に衰えのある高齢者用の集合住宅である。それには小規模な専用型から大規模な複合型まで、さまざまな施設がある。認知症の専用区画を持つ複合施設では、入居者が重度化しても転出せずに、別の部屋に移り住める利点がある。

多機能型キャビネット：祭壇にもなる多機能型キャビネット

認知症の入居者

重度化して自虐行為や迷惑行為を始めれば、彼らも認知症用の住戸に移されることが多いが、北欧では暴力をふるったり高度な医療を要しない限り、そこに移されることはない。

身体障害者

体の機能が衰えた高齢者は、ほかにも慢性疾患を抱えていることが多い。移動に車いすや杖、歩行器に頼る者もいる。彼らには高血圧や心臓疾患、糖尿病、失禁、難聴、弱視などが見られる。症状が軽いうちは、炊事や車の運転、日用品の買い物、服薬などに難がある程度だが、重度化すれば、介助なしで身づくろいや入浴、食事などができにくくなる。

CHAPTER 2

入居者と施設

ここでは、シニアリビングの最近の施設や入居者の実態を整理している。無作為に抽出した178施設からの入居者（各施設5〜6人、延べ1,023人）やスタッフを対象に、アンケート調査やインタビューなどをもとにしたものである。また、アメリカ合衆国連邦アシステッドリビング協会の資料（2000年）、および合衆国連邦投資委員会（1998年）の資料も参照している。

入居者の特徴

性別と年齢

入居者の75〜78％は、女性である。一般的に女性のほうが寿命が長く、また、その配偶者のほとんどは既に他界している。彼女たちはここで最期を迎える。全体の平均年齢は82.5歳だが、女性に限れば84.3歳である。

夫婦

夫婦の平均入居数は、1.8組である。彼らは互いに支え合いながら、比較的自立した生活を送っている。

サービスの需要

入居者の衰えの程度によって、彼らが求めるサービスはさまざまである。なかでも最も必要とされるのは、多種の薬を適切に服用する際の介助である。ほかに、認識力の衰えへの補い、身づくろいやトイレの介助などへの求めが強くある。

家族との関係

家族が施すケアには、何物にも替え難い愛情がこもっている。入居者の家族の過半数は、施設の近くに住んでいる。在宅ケアで互いが抱えていた問題から解かれて、ここでの家族関係は以前より良好である。

生活の質に対する満足

50％の入居者が施設での生活に非常に満足、また40％の者が満足しているとの調査結果がある。

アトリウムに置かれているエクササイズ機器：数種類の機器がアトリウムに置かれている（ソガ・ガルデン／フィンランド・ヘルシンキ）

方向確認に役立つオブジェ：印象的で大きなオブジェは屋内のランドマークとなる

サービスとアクティビティ

サービス

シニアリビングでは、さまざまなサービスが提供されている。ほとんどの施設で、日に三度の食事、ハウスキーピング、ADL（日常動作）の介助、私物の洗濯、服薬の介助、施設内のエスコート、ウェルネス、入浴の介助、理容・美容、コールシステム、リネンサービス、軽食や特別食、および買い物の際の送迎が、また多くの施設で失禁対策や一時預かり、訪問医療などが提供されている。今後、最も有望なサービスになるであろう理学療法が見受けられるのは、半数以下である。

認知症の入居者のために玄関の壁に掛けられた衣類：寒い日屋外に出るときに着衣に気づかせるために置かれている

アクティビティ

入居者の興味やアクティビティをよく知れば、それに依拠した設計になる。アクティビティには、最も代表的な談笑のほかに、交流や読書、執筆、トランプ遊びやゲーム、旅行、ショッピング、散歩、美術・工芸、運動、助け合い、雑役、ダンス、ガーデニング、宗教活動などがある。ビジターの宿泊や入居者の自由な外出、ペットの飼育、飲酒、喫煙などを許している施設もある。

建物と設備の特徴

住戸数

住戸数の平均は52.5戸(61.6床)である。効率的なケアや管理には、40〜60戸が妥当である。

相部屋の比率

夫婦やルームシェアを望む者のために、17〜25%の住戸は、相部屋としても使用できるようになっている。しかし、使用状況の実体は把握できていない。

延べ床面積

グロスの1戸当たり面積は73㎡である。住戸専用比率の標準は45%だが、住戸が広くなれば55%程度に、また全体規模が大きくなれば40%程度になる。

住戸の種類と広さ

住戸の構成は、ワンルーム(60〜65%)、ワンベッドルーム(30〜35%)、およびツーベッドルーム(7〜10%)である。ワンルームの広さは概ね28㎡であり、ワンベッドルームでは41〜48㎡と幅がある。これが46〜51㎡あれば、ゆとりのある住環境になる。また、ツーベッドルームでは55〜67㎡である。

住戸の設備

住戸には、シャワーの握り棒やコールボタンなどの安全システムや、スプリンクラーが備えられている。高い便座付きのトイレやシャワーを備えるバスルームのなかには、ロールインシャワー(車いすに座ったまま使えるシャワー)や浴槽付きのものもある。冷蔵庫やシンク、オーブントースター、電子レンジ付きのキッチンも少なくない。

認知症の施設のあり方

認知症用の施設には、専用棟や複合施設に併合されているものなどがある。複合施設のうち専用区画を持つものは73.6%である。その住戸数の平均は24.2戸、入居者数は27.0人、さらに入居率は82.8%である。

認知症専用施設

住戸数の平均は47.0戸であり、部屋の面積は複合施設のものより小さい。セミプライベートルーム(36.8%)、ワンルーム(53.5%)、およびワンベッドルーム(9.2%)などによって構

北欧のサンルーム：好天の日には窓をあければバルコニーにもなる（フォルクハルセン・サービスハウス／フィンランド・ヘルシンキ, p. 289）

ベッドに横たわっていても外を眺められる、腰高の低い窓とベンチ：ベンチに腰を掛けたり、そこを飾ったりもできる。座面を上げれば中が収納になっている（クーパー・リッジ／メリーランド州サイクスヴィル, p. 195）（Photo：Robert Ruschak）

成されている。

施設の選定理由

施設の選定理由では、サービスの充実を挙げる回答が最も多く（31.9％）、これに家族が訪れやすい立地（21.7％）、建物の雰囲気（12.9％）、スタッフの人数や質、月額費用、住戸の種類や広さなどが続く。

CHAPTER 3

環境とサービス

シニアリビングの研究者や実業者、コンサルタントなどが、優れたシニアリビングに見られる特徴を、それぞれの視点から完結に整理している。

共通点

どの視点から見ても、優れたシニアリビングには、プライバシー、自立性と主体性、選択と制御、個性的な環境、人格の尊重、安全と保安、交流、一般住宅のようなイメージ、親しみやすさ、感覚への刺激、自分がいる位置のわかりやすさ、変化への適応、および家族との関係などを重視するなどの特徴を備えている。

研究者による視点

一般的な集合住宅では、プライバシー、交流、統制・選択・自律性、方向性、安全・保安、使いやすさ・機能性、刺激的な環境、五感への刺激、親しみやすさ、魅力的なデザイン、個性、および適応性などに配慮して設計が進められる。それはシニアリビングでも同様である。

廊下と住戸を関係づける入り口のしつらえ：入り口のダッチドアと欄間、キッチンのコーナー窓、飾り棚（デ・オファーロープ／オランダ・アルメーア）

オブジェが置かれた認知症用の庭のランドスケープ：古い農機具と植物で構成されている庭（サンライズ・オブ・セヴェーナ・パーク／メリーランド州）

廊下の壁に飾られた入居者の作品：入居者の作品で飾られた、施設の共用スペース（デ・ブリンク・サービスハウス／オランダ・ブレダ）

事業者による視点

シニアリビングには、プライバシーや尊厳、選択性、自立性、個性、家庭的な雰囲気などが大切であると考える事業者や、自立性、尊厳、パーソナルサービス、選択の自由、個性の育成、プライバシーの確保、精神の慈養、および家族や友人の参加を重視する者もいる。

認知症用の施設の視点

理想的な認知症用の施設は、安全と保安、身体能力や見当識（自己と時間的・空間的・対人的な関係の認識）を維持するためのアクティビティ、刺激や交流を促進する環境、自律や統制の感覚を意識させるプログラム、ニーズの変化への適応性、健全さと親しみやすさ、およびプライバシーを備えている。

その他の視点

住宅をイメージさせる建物は、個性／象徴、記憶の船／精神の船、絆／所属、中心／源、快適／秩序、安定／変化、プライバシー／テリトリー、安全／保安、制御／自律、および選択／機会などの特徴を備えていると分析する建築家もいる。また、ランドスケープが果たすべき役割を、次のように3つに分類して挙げるランドスケープコンサルタントもいる。

入居者が、
・残存能力を生かし衰えを補えること。
・自身の存在価値に気づけること。
・作業や交流、趣味を継続できること。
・身近なものに触れられること。
・尊厳や所有の感覚を意識できること。
・安全でいられること。
・自然や季節、場所、時間を意識できること。
・運動ができること。
・自立と自由の精神を助長できること。

見ていても楽しい可動式調理台：ダイニングルームでは可動式調理台が使用されている。入居者が、調理や配膳の様子をかたわらで見ていられる（ホーヘウェイ／オランダ・ヴィースプ）

スタッフが、
・快適に作業できる環境を整えること。
・アクティビティのためのスペースを用意できること。
・監視しやすいこと。
・アクティビティに応じて最適化できること。
・入居者のために静かな場所を提供できること。
・休憩する場所を確保できること。
・時計を見ながら作業できること。
・外と直接出入りできること。

家族が、
・ケアの質の高さを感じられること。
・住み慣れた自宅のようだと感じられること。
・入居者と交流しやすいこと。
・プライバシーを確保できること。
・ケアプログラムに参加できること。

ヤン・ファン・デル・プルフのアトリウム（オランダ・ロッテルダム、p. 218）

エクササイズもできる中庭：デンマークのヘレロップにあるリューゴーセンター (p. 285) の中庭は、屋外の理学療法のスペースにもなっている

入居者を魅了する落ち着いた雰囲気の中庭：アムステルダムの歴史のあるニューマルクト地区にある、フレッセマン・センター (p.280) は、草花と池があるオアシスのような雰囲気がある

小さいが楽しげなポーナのベンチ：ノルウェーのラウフォスにあるラウフォストゥン (p. 293) のポーチは、中央に樺の木が立つ中庭に面している

誰からでも親しまれている小さな庭：スウェーデンのシュールブラッカにあるヴィケルビーゴーデン・ナーシング・ホーム (p. 288) のパティオにあるプランターボックス。住戸からセミプライベートガーデンに出られるようになっている

スクリーンで覆われたポーチと屋根付きのポーチ：屋内外が接する場所は交流スペースにもなる

認知症の入居者を魅了する場所：メリーランド州にあるサンライズ・オブ・セヴェーナ・パークには、庭に面する5つの場所がある。天窓があるサンルーム、スクリーンで覆われたポーチ、屋根付きのポーチ、パーゴラおよびバーベキューテラスである（Photo: Eric Taylor）

湖に向いているサンルーム：特に冬には人気がある、ヴィランタ (p. 200、291) のサンルームでは、談笑や自然への景観を楽しめる

認知症の入居者を保護するためのバルコニーの格子：風通しのための開口部と、外を眺められるガラスの部分がある。格子にはつたが這っている

デンマークではエクササイズが励まされている。デンマーク・スーボーのオムソースセンター・イーエゴーン (p. 285) のサンルームはエクササイズの場でもある

庭に面した開口部があるダイニングルーム：サンライズ・オブ・リッチモンド (p. 296) ではアーツ・アンド・クラフツのデザインが用いられている。欄間が部屋の入り口を特徴づけている

庭に面したサンルーム：サンライズ・オブ・リッチモンドのサンルームは、天窓から入る自然光で明るい

自然光で明るい避難階段：オランダのアルメーアにあるデ・オファーロープ（p. 282）の階段からは、池がある中庭を望める

アフタヌーンティーなどで使用されるアトリウムガーデン：デンマークのコペンハーゲンにあるローセンボー・センターのアトリウムガーデンでは、スカンジナヴィアの生活習慣であるアフタヌーンティーを楽しめる

アトリウムのソフトスケープの端部：オランダのデン・ハーグにあるムールヴェイク (p. 281) では、住戸に囲まれたガラスのアトリウムがリトリートになっている

さまざまなハードスケープとソフトスケープのアトリウム：デンマークのバリュープにあるイエリュー・プロジェクトのアトリウムでは、池と植栽が特徴である

ノルウェーのトロンドヘイム、海の近くの丘の傾斜に沿ったアトリウム：ハッセルバッケン・セニオボリゲル (p. 292) の3層

食事や交流アクティビティが行われるアトリウム：デンマークのコペンハーゲンにあるニューボ ダーゴーン（p. 285）は、16世紀のハウジングを利用している

フィンランドでは一般的なスイミングプール：フィンランドのカウハバにあるヘルミランタのプールには、ガラス窓とスロープが設けられている。発達障害を持つ子どもや幼児にも利用されている

ライフスキルの化粧台とアンティークの家具：サンライズ・オブ・ベルヴュー（p. 195、294）の化粧台は化粧や姿見などに利用されている。これらは家族が参加して楽しめるアクティビティである

ファミリーダイニング：デンマークやスウェーデンでは6〜8人の食卓が好まれている。特に認知症の入居者には理想的である

アンティークを再利用しているオランダのホフェ・ハウジング：オランダのハーレムにあるホフェ・ファン・スターツ（p. 281）は1730年に建てられた。部屋の天井と窓の高さが特徴である。暖炉は当時の唯一の熱源であった

農家を模したデザインのエルダーホームステッド：ミネソタ州のミネトンカにあるエルダーホームステッド（p. 295）は、その後のアシステッドリビングのデザインに影響を与えた

モダンさと伝統を併せ持つデ・オファーローブ：中庭のランドスープを住戸が囲んでいる。エレガントはガラスのバルコニーはあまり使用されていない

夜景のヴィルヘルミーナ（p. 167、292）のダイニングルーム：屋外のダイニングテラスには横桟のスクリーンが設けられている

PART I

設計ポイント100か条

居心地のよい家には、利便性や効率性、ゆとり、使いやすさ、楽しさ、家庭的な雰囲気、親しみやすさ、プライバシー、それに良識がある。

(建築評論家　ヴィトルト・リプチンスキ)

優れたシニアリビングづくりのための設計ポイント

ここでは、主にシニアリビングの入居者の生活の質や、その家族にとっての魅力を向上させるような施設のあり方を扱っている。したがって、日差しや季節風の風向き、外観のプロポーション、建設工法、後方諸室の計画論など、設計上の一般事項には触れていない。

　シニアリビングの設計に"成功への方程式"などはない。それどころか、最近では入居者の個性やさまざまなニーズに応じるために、施設はますます多様化・複雑化してきている。それにもかかわらず、優れたものにはいくつもの共通点がある。それらを注意深く観察すれば、新築の設計や現状の改善にも適用できるはずである。続く各章は、設計で留意すべきポイント100項目を、詳細に説いたものである。ひとつのプロジェクトにすべてを適用するのは難しいだろうが、それらに留意しながら設計すれば、おのずと最適解に近づけるはずである。

ケアマネジメントが成功を左右する

シニアリビングの建築計画に関する書籍で、ケアやサービスにも触れているものはまれである。入居者の生活は、スタッフや運営、療法の方針などによって総合的に左右される。それらが優れていれば、これを包み込む実体としての建物は、入居者や家族に魅力的に映るはずである。彼らに入居を決意させるのが建物のイメージだとすれば、継続させるのはサービスの質であるといえる。魅力的な施設は、機能性や快適性に加えて、交流の機会を兼ね備えている。

CHAPTER 1

敷地の選択と地域性

敷地と周辺環境

「よい敷地さえ選べれば、そのプロジェクトは成功したも同然だ」との格言があるほど、敷地の選択には慎重さが求められる。立地環境に恵まれた敷地に優れたデザインの施設を建てれば、そのプロジェクトは必ず成功する。

その地域に住む誰もが常に意識するような、敷地が望ましい。そこに地域環境の形成に資するような施設ができれば、住民にも喜ばれ、入居者や家族も誇りに思えるようになる。自然環境や交通の便、近くに行楽地に恵まれて、駐車場を確保するにも十分広い敷地が近郊にあれば理想的である。

1 優れた敷地

プロジェクトを成功に導くには、優れた敷地を選択することが優先事項である。それにはいくつかの留意点を知っておく必要がある。

周辺環境との有機的な関係：鉄道の駅と病院に挟まれた敷地に、街路を意識してつくられた屋外空間（グールクローセンター／デンマーク・ヴァイレ、p. 284）

誰もが知っている敷地

地域の誰もがよく知る敷地が望ましい。都市計画家ケヴィン・リンチによれば、それは「認識マップ」として人々に記憶されており、ほかの見慣れたランドマークと同様、容易に思い浮かべられるものである。

周辺地域との関係

優れた敷地を適切に開発すれば、周辺の地域施設との有機的な関係が生まれ、地域環境の形成に資することができる。保育園や小学校、商業施設、公園、教会などと同様に、シニアリビングもその向上に役立つべきである。北欧では、商業地域にある敷地や店舗の上にシニアリビングを設ける例が少なくない。街並みと調和するように、その外観は控えめだが、奥の中庭には魅力的なランドスケープが施されている。

幹線道路と街路の構成

交通量の多い幹線道路沿いの敷地は、日ごろから住民に強く意識されている。また、幹線道路の交差点付近にある建物には、行きやすさを感じる。このような敷地に立つ施設では、家族や友人の訪問も頻繁になる。

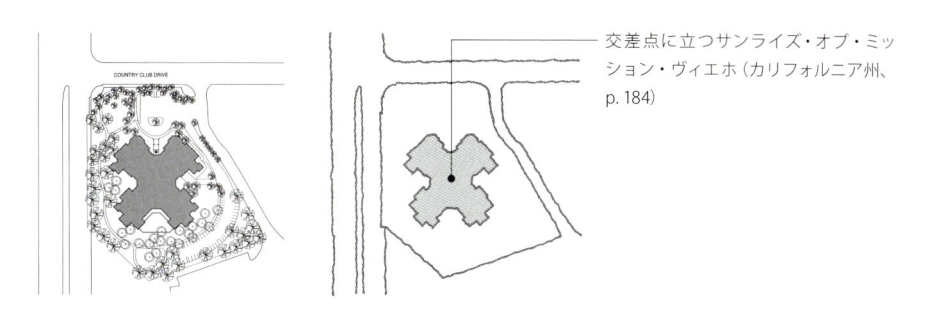

交差点に立つサンライズ・オブ・ミッション・ヴィエホ（カリフォルニア州、p. 184）

家族や友人との近接性

施設と家族の住む家が近ければ、彼らの訪問も頻繁になる。また入居者も、古くからの友人たちと暮らしてきた地域や、自宅の近くを望んでいる。家族の利便性や高齢者が多く住む地域にある敷地が望ましい。

用途地域との整合性

ハウジングとサービスを融合したシニアリビングは、住宅系や商業系の用途地域に適する施設である。しかし計画に際しては、施設の特徴や規模、高さ、周辺環境との調和などに関する入念な事前調査や協議が欠かせない。

道路との関係

敷地が決まれば、次に道路と建物の視覚的な関係が検討される。初めて施設を訪れる人にでもわかりやすいように、エントランスは道路から見えやすい位置に欲しい。そのアプローチは、人を招き入れる象徴的な空間であり、そこに適度な距離と印象的な雰囲気があれば理想的である。

親しみやすいイメージ

シニアリビングの外観には、親しみやすい家のようなイメージが求められる。道路沿いの植栽の奥にたたずむ建物へと、思わず引き込まれるような魅力が欠かせない。

騒音対策と防犯対策

配置計画では、騒音対策や防犯対策も検討される。敷地の周囲のフェンスや、駐車場や通路の夜間照明は必要である。敷地の出入り口を1か所にまとめれば、人や車の出入りを合理的に管理できるようになる。

2 傾斜地の建築

建物の配置や構成には、敷地の形状や高低差が大きく影響する。なかには杖や歩行器、車いすに頼って屋外を散策する高齢者もおり、平坦な敷地が望ましい。しかし現実には、周辺環境には恵まれているが起伏が激しい敷地や、逆に環境には乏しいが平坦なものまで、さまざまである。優れた施設は、前者に多く見受けられる。

斜路と階段の組み合わせ：車いすの利用者には斜路が欠かせないが、歩行者には階段のほうが歩きやすい

エレベーターとコンパクトな平面計画

傾斜地でも、エレベーターを用いて適切に平面計画を行えば、その欠点は補える。また、多層階の建物では、エレベーターと短い廊下を合理的に組み合わせた動線計画が欠かせない。自室からエレベーターへと向かう廊下の長さが30mを超えるようでは、そこを歩いて移動しようとする入居者に苦痛を与えてしまう。

屋外の遊歩路

入居者に歩行運動を促進するうえでも、建物の外周に遊歩路が欲しい。しかし、その途中に斜路があれば、歩行障害を抱えている者がバランスを失って、転倒する危険も生まれる。できるだけ階段を併設して、この問題を軽減するのが望ましい。

屋内の斜路

入居者が毎日利用する屋内の廊下では、斜路の設置は避けるべきである。転倒の危険があるばかりか、車いすの動きを止められなくなるおそれがあるからである。天井を高く見せようとしてダイニングルームの床を安易に下げて、その入り口付近のレベル調整に

斜路を用いる例もまれにあるが、これは望ましいことではない。

3 自然環境の活用

既存樹木を活用すれば、時代に左右されないイメージで環境をつくることも可能である。

木立の合間を縫う遊歩路：既存樹木による木陰で快適な遊歩路

自然要素の活用

植生が豊かな敷地では既にその場にある樹木を保護し、活用することを検討すべきである。眺望が建物の配置や形態の決め手になることもある。建物周囲の庭や中庭では、樹木を用いた環境演出や日陰の創出がよく見受けられる。木立が望める住戸には、付加価値が生まれる。

4 地域の高齢者へのサービス

北欧の高齢者の自立した生活は、「すべての施設は地域のためにある」という考えに支えられている。

北欧やデンマークのサービスハウス

サービスハウスは、スウェーデンとデンマークに多く見られる高齢者用の居住施設である。居住施設にはコミュニティサービスが併合されている。サービスにはレストランや多目的な高齢者の交流センター、デイケアプログラム、訪問ケアサービス、作業療法、

アクティビティルーム、工芸室、理学療法、プールなどが含まれる。訪問ケアのスタッフが、地域の高齢者にサービスを提供する。

訪問ケアに出かけるスタッフ：地域の高齢者にサービスを提供するスタッフ（ロス・アンデッシュ・ガード／スウェーデン・ヴァステルハーニンゲ、p.210）

地域の拠点施設

今後、高齢者は自宅で家族と暮らし続けるか、最寄りのサービス拠点から8km以内に居住するようになるであろう。これまで、北欧やデンマークでは地域の拠点施設やサービスに関する経験が、豊富に蓄積されてきた。一方、米国では条例や規則の求めに応じて、一部の事業者がほそぼそと地域サービスを提供してきた。

サービスの拡充

米国には地域サービスの拡充に関心を寄せる非営利団体もある。インターネットの普及のおかげで、施設への転居が必要な状態になる直前まで、自宅で高齢者をサポートできるようになってきた。今後は、彼らの変化するニーズにも応じられる、居住施設とコミュニティセンターが融合した地域施設が出現するであろう。

5
敷地の複合利用

北欧の市街地では、1階の店舗と上階のシニアリビングから構成される複合施設が多く見受けられる。このような構成では、街路のにぎわいの連続性を寸断することなく、上には落ち着いた雰囲気の施設づくりが可能となる。

米国の複合施設の難しさ

米国には、複合施設の設置を制限している用途地域が多い。一方、駐車場の付置義務が緩和される高齢者住宅には、敷地利用の柔軟性や事業の経済性にうまみがある。しかし、ほかの用途と複合すれば、この措置が適用されなくなる。それでいても、都市部にはいくつかの複合施設の例がある。

子どもの遊び場：自動車回転広場脇にあるあずまやから見える保育園の遊び場（ヘリテージ・イン・クリーヴランド・サークル／マサチューセッツ州）（Photo：Peter Vanderworker）

地域還元と経済性

マサチューセッツ州ブライトンにあるヘリテージ・イン・クリーヴランド・サークルは、優れた複合施設である。90戸の高齢者ハウジングと保育園から構成された施設では、世代間交流プログラムが効果的に実施されている。また、ニューヨークにあるサンライズ・オブ・シープスヘッド・ベイでは、1階に事務所や店舗を入れる見返りに、容積の割増が与えられている。そこでは、バレーパーキング（車の入出庫係付きの駐車場）を採用して、車の入出庫に伴うわずらわしさを解消している。

複合施設の利点

複合施設では、地域との緊密な関係の構築も期待できる。それには、施設を都市機能の一部として位置づけることである。この考えに基づいて設立されたものに、オランダ・ロッテルダムにあるフマニタス・ベルグウェグがある (p. 162)。195戸のハウジングと店舗などから構成される複合施設である。敷地の角からエスカレーターで上に行けば、地域にも開かれたコミュニティスペースがある。そこでは、さまざまなアクティビティやサービスが提供されている。また、アムステルダムのニューマルクト地区にあるフレッセマン・センターでは、街路沿いの店舗の背後が、落ち着いた入居者用の中庭になっている (p. 280)。ヘルシンキの丘陵地に立つブラヘンプイストン・アスインタロでは、ハウジングの下階に薬局や売店、ヘルスセンターが入っている (p. 289)。

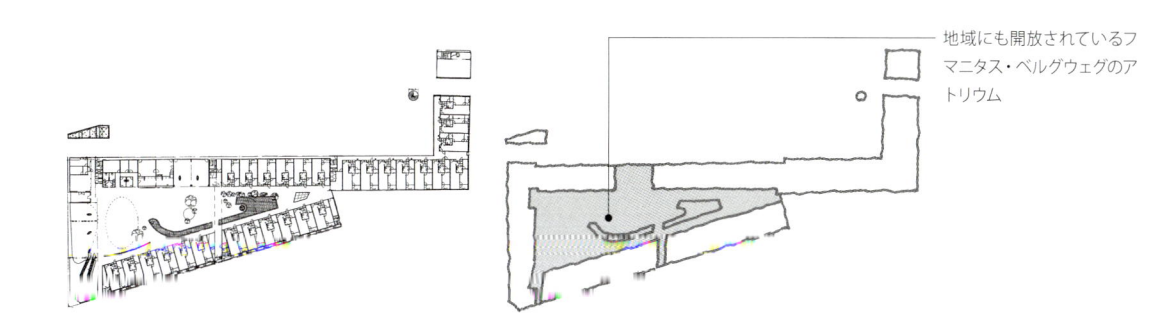

地域にも開放されているフマニタス・ベルグウェグのアトリウム

6 眺望の活用

一日の大半を屋内で過ごす高齢者にとって、外への眺めは重要である。それには、にぎやかな街路や公園、落ち着いた庭や公園、湖などが対象となる。

外のにぎやかさを望めるポーチは人気がある。建物のスケール感を抑制するポーチには、強い日差しや季節風を遮る効果もある

にぎやかさと静けさ

建物のさまざまなにぎわいや静けさは、そのどちらもが入居者に必要である。アクティブで変化に富んだ街路からは刺激を、一方、穏やかな庭からは落ち着きを得られる。

共用スペースごとに適した眺めもある。玄関ポーチや展望スペースは街路や屋外のアクティビティエリアに、また、ダイニングルームは草木や花が育つ庭に面するのが望ましい。

近景と遠景

建物の上部から見渡す街の風景や、1階の窓から眺める庭や街路の様子などのように、景色には遠景と近景がある。塀で囲まれた認知症用の庭は、近景の適用例である。庭のフェンスの先に何か動くものが目に映ると、彼らは混乱し動揺する。それよりも、塀を巡らして遮蔽することが望ましい。街を遠望する郊外の丘陵地では、そのシルエットや周囲の自然が絶景になることもある。

見通しがきく場所

街全体と建物の近傍を同時に見通せるような場所では、想像力が刺激され精神が高揚する。強風にあおられて転落の危険もあるバルコニーより、安全に外を眺められる快適な場所が屋内に欲しい。袖壁付きのポーチも、季節風や強い日差しに悩まされずに快適である。

7
駐車場

駐車場の適切な位置については、さまざまな考えがある。運転者は玄関近くに車を止めたがるが、そこを駐車場にしたところで、美観上、なんの利点もない。入居者が運転しないことを前提に、家族や友人、スタッフに配慮した計画が妥当である。台数は、戸当たり0.4台も確保すれば、十分である。公共交通の便に恵まれた市街地では少なめでもよいが、スタッフが主に車で通勤する郊外では、より多くの台数分の確保が必要となる。

駐車場の芝ブロック：駐車場の美観づくりに利用される浸透性のある芝ブロック

家族や友人の駐車場

玄関先を身体障害者用にあけながら、ビジター用に便利な駐車場があれば、家族や友人の訪問も頻繁になる。また、ビジターのじゃまにならない位置で、スタッフ用にも十分な駐車スペースが必要である。

建物の背後に配置されている
サンライズ・オブ・ミッション・ヴィエホの駐車場

ランドスケープと駐車場

ショッピングセンターのように、建物正面の駐車場は殺伐としやすい。3〜4台間隔で樹木が植えてあれば、素っ気なさが解消されるばかりか、木陰や清涼感が生まれる。北欧には、人と車が相互に利用できる仕様の路面で、やや狭めの車路を設けている例もある。また、芝ブロックを敷いた大規模な駐車場もある。地下に設けられていれば、車が目障りにならないばかりか、悪天候の日にビジターやスタッフが雨にぬれずにすむ。

8 物品の搬入とごみ処理

過剰な広さの荷さばき場が多く見受けられる。しかし、宅配車やごみ回収車には、わずかなスペースがあれば十分である。業者が幹線道路以外でも走行できる、コンパクトなサイズの車で訪れるからである。荷さばき場が厨房の近くにあれば、食材の搬入も手際よくできるようになる。

宅配業者の小型車：50～70戸の施設では、幅10mほどの横付け型の荷さばき場があれば十分である

廃棄物の保管

廃棄物の回収頻度は地域によって異なる。いずれにせよ、廃棄物は屋内か屋外で一時的に保管される。屋内では、腐敗や腐臭の発生を防ぐために、空調や換気が必要である。屋外の建物から離れた位置に廃棄物置き場を設置すれば、この問題は解消される。

人荷用エレベーター

100戸程度の施設では、引っ越し荷物の搬出入は玄関越しで行われる。しかしそのつど、ふだんは平穏なその場の雰囲気が騒がしくなる。頻繁な引っ越しに備えて、専用出入り口や人荷用エレベーターを持つ施設もある。

9 車寄せ

寒冷地や降雨の多い地域では、玄関先に屋根付きの車寄せが必要である。特に悪天候下では、10mほどの歩行でさえ、高齢者には大変な負担である。その対策に、屋根付きの車寄せが用いられる。

屋根付きの車寄せ：降雨の多い地域では、車寄せは特に必要である。しかし、2車線分を確保すれば大きくなりすぎて、住宅のスケール感を損ねてしまうおそれがある

車寄せの大きさ

車寄せには、緊急車両が通過できるほどの有効高さが求められる。しかし、無造作にこの高さで設置されれば、ほかの部分のスケール感とに不つりあいが生じてしまう。1車線分の幅で、適度に抑制がきいたデザインのものであれば、道路から玄関の位置を知らせる目印にもなる。降雨の少ない地域では、車寄せの屋根の代わりに、玄関から駐車場へ向かう通路にひさしがあれば十分である。

10
調整池

環境への配慮が強く求められる今日では、雨水処理にも合理性が求められる。そのつくられ方次第で、調整地は魅力的な景観にもなる。しかし、配慮を忘ればすぐに荒れ果て、その維持や管理に多額の費用が発生する。

調整池と路床：干上がった川床のようなランドスケープの調整池

調整地のデザイン

調整地には、地表を掘削しただけのものやランドスケープが施されて魅力的な池のようなものがある。小規模な敷地では、代わりに雨水貯留層を設置する。広さや深さ、定常水量にもよるが、調整地の周囲ではフェンスが必要になる。ランドスケープになじむように、一般住宅で使用されるようなものを巡らせば、目障りでなくなる。

地下貯留層

埋設管やスラブ下のピットを利用して、雨水を貯留することもある。放流量の調整のほかに、地盤への浸透が求められている場合は、底から水が抜ける仕様とする。

11 ライティング

照らし出されたランドスケープは美しい。樹木や垣根、パーゴラ、あずまやなどのどれもが魅力的に映る。建物を輝いて見せるには、ライトアップより、部屋からこぼれる明かりやポーチの間接照明が効果的である。

外にもれる部屋の明かり：ポーチをやさしく照らす間接照明や軒先の装飾電球

通路と駐車場のライティング

ビジターや夜勤スタッフが利用する駐車場や通路では、保安用に夜間照明が必要になる。駐車場の照度は、少なくとも54 lxは欲しい。業務用の照明器具より住宅用のものを利用すれば、落ち着いた雰囲気になる。遊歩路も照らされていれば、夕暮れ時や夕食後でも安心して散歩できるようになる。

12 環境やプライバシーのための中庭

市街地にある施設でも中庭は公園のような静けさが感じられる場で、そこには街の喧騒は届かない。屋内の共用スペースから直接出入りできる中庭は、多目的に利用され、テーブルやいすを置けば、よい交流の場になる。

さまざまな中庭：ハードスケープとソフトスケープが融合した中庭（ヴィーグス・エンガル／スウェーデン・ショーピンゲブロー、p. 288）

中庭の回廊

北欧の市街地には、中庭を持つ施設が少なくない。屋内からでも中庭を見られるように、片廊下と中廊下を交互に組み合わせた回廊もある。ポスティルヨーネンの回廊や共用スペースは、中庭からの自然光で明るい (p. 216)。このような構成は、8〜10戸の比較的小さなクラスターによく見受けられる。

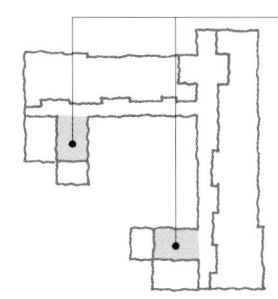

中庭からの採光があるポスティルヨーネンのダイニングルーム

中庭の仕上げ

中庭では、舗装やれんが敷きによるハードスケープと、植栽や土によるソフトスケープのバランスが重要である。小規模なものではハードスケープとソフトスケープが4：6の比率で配されるのが理想である。規模が大きくなるにつれて、ソフトスケープの比率が高まる。公衆用の通過動線などにも利用される中庭では、逆にハードスケープの比率が増加する。中庭が2つある場合は、一方をハードスケープ主体のアクティビティ用として、他方をソフトスケープ主体の観賞用と位置づければ、双方の変化を楽しめる。

低緯度の地域での中庭

低緯度の地域では、中庭にできる日陰は特に魅力的である。スタッコの壁や噴水、木陰などが設えられていれば、そこは夏のオアシスになる。建物の高さ以上で幅を確保すれば、狭さを感じることもない。2階建ての建物では、15mほどの幅があれば理想的である。

中庭の効用

季節風に悩まされない中庭では、いすを置いてくつろいだり、談笑を楽しむには最適である。回廊から中庭を見れば、自分の位置や方向も確認できる。中庭の向かいに住む入居者と、親しくなることもある。涼風が入り込み建物周囲の庭とのつながりがあるU字型の中庭も、よく見受けられる。

CHAPTER 2

屋外空間とランドスケープ

入居者は、主に屋内や庭、まれに近くのショッピングセンターで、その日を過ごす。建物周囲の屋外は、彼らの日常にとって大切な空間である。そこには、魅力的なランドスケープが欠かせず、優れたものには手術後の患者の回復を促進する効果もある。

また、壁際を積極的に活用したい。屋内との一体利用も可能な、ポーチやパティオ、プラザは魅力的である。そこでは、入居者が気軽に使えるような配慮が求められる。運動や散策で散歩できる遊歩路も欲しい。花壇には、色彩やテクスチュア、香りなどさまざまな刺激があり、それがきっかけで好奇心が芽生えることもある。孫との触れ合いや、家族との談笑や外で軽食をとったりする際にも利用される。さまざまな変化を感じられる遊歩路が望ましい。

13 眺めのある窓

自室の窓越しに外を眺めながら過ごす入居者が多い。にぎやかな光景が目に映れば、そこに行ってみたくなるもなる。

2方向に眺めのあるコーナー窓：腰高の低い大きなコーナーウィンドウが使用されている。窓台が植物や私物で飾られている（ヴィランランタ、p. 200）

大きな窓

大きな窓には、外への広い視界がある。窓の腰高が50 cmほどであれば、ベッドに横たわっていても外を眺められるようになる。さらに低くすれば、屋外との一体感が生まれてくる。

14
ヨーロッパの出窓

ヨーロッパの市街地のプロジェクトでは、ガラスの出窓がよく見受けられる。出窓があれば、室内が明るくなり、外への視界も広がる。

出窓：3面がガラス窓のフレンチバルコニーとオーニング（フレッセマン・センター オランダ・アムステルダム、ニューマルクト・スクエア）

出窓の利用

オランダのアムステルダム、ニューマルクト・スクエアにあるフレッセマン（p. 280）の住戸では、ガラスで覆われたバルコニーのような出窓が、歩道に向けて突き出している。そこにいすを置いて腰をかければ、街路の人の往来を眺めて楽しめる。また、植物を置けるように、床にはタイルがはられている。外側には転落防止用の手すりや、日よけ用のオーニングが取り付けられている。

15
ガーデニングが楽しめる生活

施設に入居しても、自宅で楽しんでいたガーデニングを続ける者も少なくない。ふだんはひとりで行うガーデニングだが、それが交流の糸口になることもある。主に女性が好む植物を育てていることが多い。ガーデニングには、記憶を呼び覚ましたり、植物や昆虫に触れて刺激を与える効果がある。

出入り口の外に置かれたテーブルセット：強い日差しや季節風から守られて快適なU字型の中庭（サンライズ・オブ・ヘルモサ・ビーチ／カリフォルニア州）

入居者のための庭

プランターが地面より少し上に据えられていれば、植物の世話をするのに、腰を折る必要がなくなる。60cmほど高ければ、車いすの利用者でも花に触れたり、香りを楽しめるようになる。季節が過ぎると庭は美しさを失うので、庭の手入れをアクティビティのひとつに加えるのも妙案である。これには好悪を示すさまざまな入居者がいるので、彼らの意向を尊重することが大切である。

実用的なガーデニング

自家用に野菜を栽培する小農園を持つ施設が、北欧の郊外にいくつか見受けられる。自宅で慣れ親しんできた趣味や生活パターンを、継続しようとする試みである。食用野菜の栽培では、自立や自給の意識が高められる。口にしても安全な種類を選ぶことが欠かせない。

ガーデニングの手軽さ

北欧の人々には、スカンディナヴィアの夏を屋外生活で楽しむ習慣がある。ガーデニングは、季節を楽しむよい機会でもある。高度な園芸の技術を要しない植物を用いるのが適切である。またガーデニングは、まとまった資金や時間がなくても、手軽に始められる。植木鉢がいくつか並べるだけのものや、大規模なものなどさまざまである。近くに給水設備や納屋も欲しい。

16 日陰の創出

好天の日には外出をしたがる高齢者が多い。しかし、日差しが強すぎる屋外では、日陰が必要になる。日陰は、真夏の気温の高い時間帯に、特に望まれる。

日差しをやわらげるパーゴラ：パーゴラがあるポーチ。下では日なたと日陰が交差し、屋内にも明るさが届く（クヴァテー・カールXI／スウェーデン・ハルムスタード）

ランドスケープの日陰

庭の眺めを楽しくするあずまや、パラソルやパーゴラなどは、屋外の日陰づくりにも役立つ。特に、日なたと日陰が交差するパーゴラの下は好まれる。日なたへの欲求は、時間帯や季節、地域や国によってさまざまである。

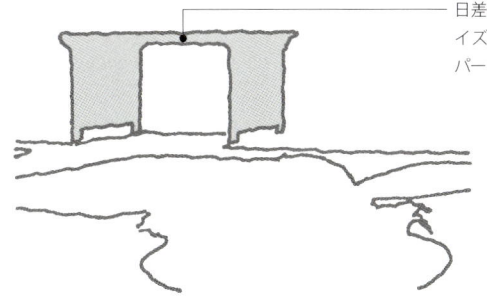

日差しをやわらげるサンライズ・オブ・セヴェーナ・パークのパーゴラ

建築の付帯要素による日陰

オーニングは、取り付けも簡単でよく使用されている。大きなものなら、室内への日よけにもなる。オランダでは、着脱式で色彩豊かなものが多用されている。室内から操作できる電動式は便利である。パーゴラに植物をはわせたり布をかぶせても、日陰をつくれる。花をつける植物では、防虫対策が欠かせない。また、季節風にさらされないように位置や方向を検討する必要もある。パラソルも日よけになるが、強風で転倒する危険があるので、できるだけ使用を避けたい。

17
屋外空間の演出

屋外の雰囲気づくりに、アクセサリー類が用いられることもある。見た目が楽しく実用的なものが望ましい。雨量計や温度計、野鳥の餌づけ台、風車には魅力的なものが多い。住宅用のものをいくつかうまく配置すれば、自宅の裏庭のような環境を創出できる。

歴史的遺構への敬意：中世の胸壁が活用されている庭（クヴァテー・カールXI／スウェーデン・ハルムスタード）

植物のほかに利用されるもの

庭で見られるアクセサリーは、周りの植物の色彩や形態とのコントラストで、単品で眺めるより楽しげである。農作業用の道具や骨董品、疑石、風車、鉢、地産の石などから、記憶が呼び覚まされることもある。ニュージャージー州にあるサンライズ・オブ・ウエストフィールドの庭には、100年以上の年輪がある巨木の切り株が置かれている。地産の石は、ランドスケープに意味を吹き込む。風で動くアクセサリーや、鳥やちょうを引き寄せるものもある。噴水や池には、さまざまな生物が集まってくる。しかし、水流の音を聞くと尿意をもよおす者もいるので、設置には注意が必要である。また、池では転落の際の危険を軽減するために、底に大きな石を置き並べるなどの配慮が欠かせない。

認知症のための庭

マサチューセッツ州マールボロにあるハースストーン・アルツハイマー・ケアの庭には、さまざまなイミテーションが配されている。その不思議さと奇抜さは、見る者を飽きさせない。出入り口にドアノッカーや呼び鈴、網戸、泥ふきマット、郵便受け、花輪を添えて、そこが玄関であることを入居者に意識させようとする例もある。年代物の車やバスの停留所、工具が一式そろえられたガレージ、子ども向けの娯楽室などもよく見受けられる。

歴史的要素を活用した庭

敷地の歴史的要素からデザインを展開させようとするランドスケープデザイナーが、北欧やオランダには多い。スウェーデンのハルムスタードにあるクヴァテー・カール・XIサービスハウス (p. 287) の庭では、街に残る中世の胸壁の遺構が活用されている。オランダのヴォールブルグで、路面電車の操車場跡地に立つ、NZHテレイン・ヴォールブルグ (p. 282) では、円形の機関車庫を思わせるつくりの中庭で、線路の断片が再利用されている。ロンドンにあるサンライズ・オブ・フログナル・ハウスの庭のデザインは、ヴィクトリア女王の別荘にあった古井戸がモチーフになっている。このように歴史的要素から新しいデザインが生み出される背景には、日ごろからそれを敬愛している建築家の姿勢がある。

18 屋内外が接する領域

屋内外が接する部分に注目する建築家やランドスケープデザイナーは多い。入居者は庭の中央にたたずむよりも壁際に座ることを好むため、時にはいすを移動してしまう。壁を背にすると心理的に落ち着くだけでなく、室内のトイレにも近いからである。にぎやかな街路や人の出入りがある玄関を向いたサンルームも好まれる。

歩道を望むラウンジ：最寄り駅と病院を結ぶ街路に面したラウンジ（グールクローセンター／デンマーク・ヴァイレ）

5つの中間領域と街路沿いの場所

メリーランド州にあるサンライズ・オブ・セヴェーナ・パークの壁際には、5つの中間領域がある（p. 29）。ひとつめの空間は、掃出し窓と天窓がある温室である。ふたつめは、虫よけのスクリーンで覆われたポーチである。スクリーンには雨よけの効果もあり、そこには座り心地のよい屋内用の家具も置かれている。これに続く3つめの空間は、開放的なポーチである。4つめの空間は、そのポーチ前のパーゴラで、そこには日なたと日陰が交差している。5つめの空間は、パーゴラ脇のバーベキューテラスである。この例以外にも、玄関を出入りする人の動きを眺められる温室やポーチもよく見受けられる。デンマークのヴァイレ駅と病院を結ぶ街路沿いにあるグールクローセンター（p. 284）のラウンジからは、ガラス越しに人の往来を楽しめる。

19 周辺地域との関係

施設が地域社会に受け入れられるには、住民によく利用される他の地域施設との関係や、それらの配置計画と整合性を保つことが大切である。コミュニティセンターや商店、保育園、公園、郵便局、レストラン、喫茶店、教会などに、入居者や家族も気軽に立ち寄れば、それらとの関係も緊密になる。それには、街路の歩道と敷

地内の通路に一体感が欲しい。交通機関に頼るスタッフやビジターにも、最寄りのバス停や駅まで安全な歩道が整備されていることが望ましい。

隣接する公園に向かってU字型に開く施設：北欧ではハウジングの配置計画に際して、周囲地域との連続性を重視する。このスウェーデンの施設の庭は、街路を挟んだ公園に向かって開かれている

便利な門と歩道

道路の向かいに地域施設があるより、隣接しているほうが望ましい。ヴァージニア州のオークトンにあるサンライズ・オブ・ハンター・ミルでは、隣のショッピングセンターのすぐ脇に門が設けられており、買い物に行きやすいようになっている。メリーランド州のサンライズ・オブ・セヴェーナ・パークの入居者は、安全な歩道を通って、並びの教会や公立図書館に行くことができる。北欧では同じ敷地にハウジングと地域施設が、それぞれ別棟である例が多く見られる。フィンランドのポリにあるヴァンハインコティ・パルヴァケスクス・ヒンメリの敷地内には、保育園が併設されており、そこでは世代間の交流が行われている。

子どもが遊ぶ姿を眺める

同じ敷地内に、高齢者用のハウジングと保育園が設けられていれば、外で遊ぶ子どもの姿に接する機会も増える。この2種の施設を同じ行政組織が管轄する北欧やデンマークでは、施設の設置に伴う手続きが比較的簡便である。デンマークのオーフスにあるフレゼリクスベア高齢者センターでは、サービスハウスの前が保育園の遊び場になっており、そこで遊ぶ子どもたちの姿を、自室のバルコニーから眺められるようになっている (p. 64)。

20
癒やしや療法のための庭

庭が持つ療法的な効果は大きい。療養期の患者を庭に連れ出せば、症状の回復が早まりもする。庭で精神治療を施せば、ほかのさまざまな療法の効果も高めることがある。庭での歩行運動は、精神的にも身体的にも入居者の残存能力の維持や向上に役立つ。

草木が生い茂る庭の回遊路：さまざまな針葉樹や広葉樹で豊かな表情のある庭
（モーション・ピクチャー・カントリー・ハウス／カリフォルニア州ウッドランド）

療法のための庭

認知症用の庭では、療法のためのいろいろな工夫が見受けられる。メイン州のファルマスにあるセゲウッド・コモンズには、入居者の症状に応じた療法を施せるように、いくつかの個性的なデザインの庭が設けられている。上半身を鍛えるためのバスケットリングが備えられたり、庭の手入れを楽しめるものなど、さまざまなタイプがある。

モーション・ピクチャー・カントリー・ハウスの認知症のための庭

カリフォルニア州のウッドランド・ヒルズにあるモーション・ピクチャー・カントリー・ハウスの庭にも、工夫が多く見られる。開いた部分にはベンチや鳥小屋、水場が置かれており、その隣の松林には談話コーナーが設けられている。庭と屋内を巡る回遊路では、歩行を楽しめるようになっている。それぞれ異なる草木が茂る2つの庭は、どちらも個性豊かである。デンマークのゲントフテにあるリューゴーセンターの遊歩路では、歩行能力のレベルに応じて、床の仕上げが使い分けられている。

療法のための庭の特徴

療法のための庭は、(1)一般住宅の庭のイメージ、(2)プライバシー、(3)精神への刺激、(4)交流の機会、(5)家族との団らん、(6)屋外活動に十分な広さ、(7)快適性、(8)安全性、(9)ハンディキャップ仕様などの特徴を備えている。

21 植栽の色彩、テクスチュア、香り、バリエーション

個性的な屋外環境づくりには、さまざまな色彩やテクスチュア、香りの違う植栽を用いることである。ビジターなどの目に触れやすい玄関回りでは、特に配慮が必要である。地表に花が咲いていても、腰をかがめるには難があり、加えて視覚や臭覚に衰えのある高齢者は、楽しく観賞することができない。花壇が少し高くなっていたり、園芸棚に植木鉢が据えられていれば、顔を近づけて花の色や香りを楽しめるようになる。

遊歩路沿いのさまざまな植生：多年草や針葉樹、一年草で魅力的な遊歩路

バリエーションの豊富さと魅力

植物の種類が多ければ、ランドスケープも表情が豊かになる。それにはさまざまな針葉樹や広葉樹を混合して植えることである。わずかな樹種が規則的に植えられているだけでは、無味乾燥な印象をまぬがれない。毒性があるシャクナゲのような植物は、避けられるべきである。道路沿いの門や看板の周りにも、魅力的なランドスケープが欲しい。

22
魅力的な看板

車社会の看板では、視認性のよさが重要である。位置や大きさを制限する規則があるにしても、走行中の車からわかりやすいことが肝要である。それには、地表から2mほどの高さに据えられた、2m²ほどのもので十分である。看板は、施設の環境やサービスの質を象徴する。誤解を招くような派手なデザインは避けたい。

ヨーロッパでは建物に名称が与えられている。門構えに添えられた控えめな建物の名称を示す看板（ヴィルヘルミーナ／フィンランド・ヘルシンキ、p.167）

看板のあり方

看板のデザインにはランドスケープとの一体性が求められる。また、視認性を得るために、支柱で高く据えられるべきである。よい看板は、ランドスケープと一体となってメッセージを発する。視認性を高めるには色彩や形状のコントラストを活用する。看板には風格が求められる。近くのピザ屋のものと勘違いされるような派手なものは避けたい。

夜間でも、少なくとも2面が照らされて、明るいことが欠かせない。

ヨーロッパの表示
北欧では、建物の外壁に添えられた控えめな表示をよく見かける。高齢者施設でも同様で、それが公共的性格を帯びているからである。事業者名の代わりに、建物の名称が表示される。英国では地域や敷地に固有の植物や景観、あるいは建物の個性に由来するものが多い。このように、その場の特質を伝えようとする慣習には好感が持てる。

23
野生動物、昆虫、野鳥

住宅の裏庭でよく見かけるような生き物が生息しているランドスケープは、いきいきと映る。それで、住み慣れた自宅のものによく似た雰囲気を再現することができる。野生動物を引き寄せるには、入居者が観察しやすい窓辺やポーチ脇が最適である。

りすや野鳥：りすの餌づけ台には、さまざまな種類がある。窓辺やパティオ脇に設置すれば、屋内からでも観察できる

野鳥
野鳥を眺めることを好む高齢者は多い。餌づけ台や水浴槽、巣箱には豊富な種類があり、設置も容易だ。窓辺に餌づけ台を取りつければ、寄ってきたハチドリなどを近くで観察できるようになる。縄張りを持つ鳥もいるので、庭の広さと巣箱の数には、バランスが大切である。入居者の飼い猫に、鳥が襲われないような注意も必要である。

チョウとりす
りすはとても愛らしい動物で、りす用の遊び器具は豊富にある。バードウォッチング用の鳥の餌づけ台には、防りす対策が施されたものを使用する。一年草や多年草に寄り集まるチョウには、水場も欲しい。うさぎやりすは、逃げ出さないようにゲージの中で飼育する。

24
子どもの遊び場

高齢者と子どものアクティビティの融合は望ましいことである。大規模なCCRC（継続ケア付き高齢者コミュニティ）に保育園を併設すれば、雇用の促進にもなる。高齢者にとって、子どもが遊ぶ姿を見て過ごすのは楽しいことである。両者の組み合わせ次第で、その成果が左右される。それぞれのケアに関する専門技能を持つスタッフの存在が欠かせない。

サービスセンターから見る保育園の遊び場：北欧では、同一敷地に高齢者施設と保育園が建てられていることが多い（フレゼリクスベア高齢者センター／デンマーク・オーフス）

地域での再認識

子どもの騒がしさを不愉快に感じたり、それに動揺する高齢者もなかにはいる。しかし、両者が適切に融合されれば、子どもの存在は一変する。またそうなれば、高齢者にだけでなく、2つの世代にケアを提供する施設として、地域から再認識されるようになる。

同一敷地での展開

別棟のシニアリビングと保育園が、敷地のどこかに共用スペースを持っているからといって、それで管理や運営が複雑になるわけではない。子どもの遊び場がその例である。そこではしゃぐ子どもとの触れ合いを楽しむ高齢者や、少し離れて眺めるのを好む者がいる。いろいろな距離で子どもとかかわれるように、いすやベンチを配することが大切である。スウェーデンのナヴェルビーン・ステーンベルヤ・サービスセンター (p. 287) では、隣の旧家が保育園になっている。子どもたちの遊び場と入居者の庭は、低いフェンスで仕切られている。

現実的な展開

十分な広さの遊び場がなくても、ぶらんことすべり台さえあれば、入居者の孫たちは喜ぶ。遊び場の位置は、敷地の隅や駐車場の奥でなく、建物の近くが望ましい。往来の激しい道路沿いでは、落ち着かない。また、離れすぎていてはそこまで行く気になれない。

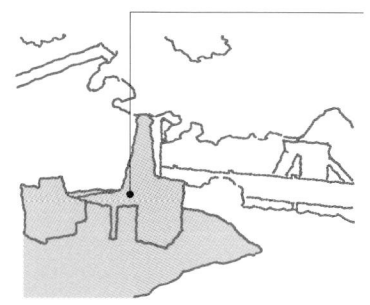

子どもたちの遊び場を望める、ナヴェルビーン・ステーンベルヤ

25
遊歩路

建物の周囲に、玄関先で始まり再びそこに戻る遊歩路があれば、入居者のよい歩行運動の場になる。1.5 mほどの幅で、反射しない路面が理想的である。濃灰色や薄茶色のコンクリート、アスファルトなどが使用される。このようなトーンでは、ランドスケープの芝の緑ともなじみがよい。樹木の根の保護や雨水の浸透用に、幹の周りに砕石を敷く。客土を安定させる木製や金属製のツリーサークルも欠かせない。

エクササイズや交流に利用される中庭：住棟群に囲まれた広い中庭。遊歩路や休憩所、広場がある（トーンヒューセット／スウェーデン・ヨーテボリ、p. 288）

ベンチと休憩所

腰を掛けて一息入れられる場所が30 mはどおきにあれば、散歩をするにも安心である。景色のよい場所に、幅1.5 mほどのベンチが最適である。介添いの家族や友人、スタッフにも、ベンチはありがたい。肘掛け付きなら、立ち座りも楽になる。特に、歩行障害を抱えている高齢者には、行く先にあるベンチの確認が欠かせない。

ベンチとランドスケープの組み合わせ

よく利用されるベンチの周囲には、魅力的なランドスケープが欲しい。両者の組み合わせを敷地の何か所かに点在させて、全体に及ぼすデザイン手法もある。そこに美しい眺めや餌づけ台、アクセサリー、見慣れない植物などが配されていてもよい。日よけには、

木陰やパーゴラなどが用いられる。

26
バーベキューテラス

広さが30〜50 m²もあれば、屋外での交流イベントには十分である。米国では、独立記念日や勤労感謝の日に家族を招いて、バーベキューやピクニックが催される。ダイニングルームやリビングルームに面したテラスやパティオは、いろいろな用途に利用される。窓際に植物を植えて、室内からの見映えをよくするのも妙案である。入居者の半数が、一度に使える広さのテラスが欲しい。

屋外のリビングルームにもなる中庭：主な共用スペースから望める、回廊に囲まれた中庭（ポスティルヨーネン）

備品と設え

パティオは食事のほか、特別な催しにも利用される。近くに倉庫もあれば、いすやバーベキューグリル、聴覚機器を保管できるようになる。夜間照明には、電源も必要である。パティオには日陰が欲しい。また、その床では、反射を抑えた濃い色彩の仕上げが望ましい。ポスティルヨーネンのように、中庭全体がパティオとして設えられている例もある (p. 216)。建物際がパティオになっている例も多く見られる。

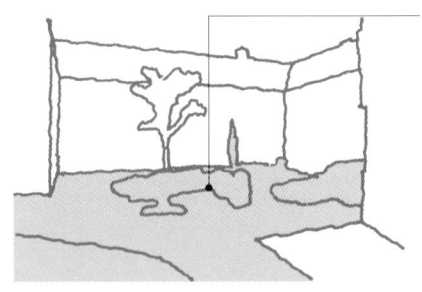

パティオとして使用されているポスティルヨーネンの中庭

CHAPTER 3

建築デザインと屋内環境

シニアリビングの設計では、ナーシングホームに見られるような環境やイメージにならないことが、最も重要である。誰もが、その悪臭や空調の悪さ、殺伐さに嫌気がさしている。代わりに、住み慣れた自宅のように、快適なものが望まれている。ナーシングホームによくある、単調な廊下、床や壁の無機質な仕上げ、ビニール製の家具、相部屋、薄暗い部屋、プライバシーの欠如などの要素は、すべて避けられるべきである。また、その画一的な形式や構成の住戸、狭苦しい共用スペースも問題である。できるだけ一般住宅に似ているイメージのシニアリビングが、理想的である。抑制のきいたスケールで丹念にデザインすれば、入居者や家族も心地よさや魅力を感じるようになる。

27 親しみやすい外観

親しみやすいイメージの建物づくりでは、抑制のきいたスケールを用いることが欠かせない。奥行きのある建物では、正面と側面とでは違って見える。また、多層階の建物では、ファサードのデザインしだいで、高さの印象が異なってくる。基壇や最上階のデザインに配慮すれば、実際より低く感じられるようになる。人には、1.5階付近から徐々に建物を見上げる傾向があるので、低く見せるにはポーチも有効である。量感を抑えたポーチが望ましい。最上階のドーマーウィンドウには、全体を半層分低く印象づける効果がある。これらの工夫の積み重ねによって、威圧感のない親しみやすい住宅のような施設づくりが可能となる。

親しみやすい表情のゴッダード・ハウス(p. 173)の玄関：抑制のきいた玄関ポーチや塔、大きな切妻壁を用いて、住宅のような外観にしている (Photo：Edward Jacoby Photography)

28
第一印象

記憶に強く刻み込まれる"第一印象"の良否は、入居の判断を決定づける。一般的には道路側から見た建物の外観が、その施設の第一印象になる。シニアリビングでは、屋内にも魅力的な印象が求められる。それには邸宅にあるようなエレガントな玄関ホールが欲しい。背後に続く空間の質を示唆するそこでは、明るさと親しみやすさも大切になる。

吹抜けの大階段と受付のアルコーブ：玄関ホールと2階を視覚的につないでいる吹抜け（サンライズ・オブ・ベルヴュー／ワシントン州、p. 190）（Photo：Robert Pisano）

玄関ホール

魅力的な建物には、屋内空間の印象の移り変わりがある。小さな前室と大きなホールによる劇的な空間構成を積極的に用いたのは、フランク・ロイド・ライトである。玄関ホールの吹抜けの大階段も、印象的な空間づくりに役立つ。受付係の親切な対応は、初めて訪れたビジターの不安を払拭する。雰囲気を明るくしようと天窓を用いることもあるが、それには日差しの制御が欠かせない。

玄関ホールの周囲の空間

玄関ホールの周りに、いくつかの共用スペースが配されている例がよく見られる。暖炉やソファなどがしつらえられていれば、居心地よさが伝わる。入居者と家族が、談笑や軽食を楽しめるコーナーがあってもよい。ヨーロッパには、ビールやソフトドリンクを飲めるバーを持つ施設もある。施設の充実度がうかがい知れるように、ダイニングルームものぞけるようになっていれば、理想的である。奥行きが浅い建物では、玄関ホールから裏庭を見通せる構成をとることもできよう。玄関の外に、にぎわうテラスやポーチが望めれば、楽しさを感じることもできる。エレベーターホールが入り口に近づきすぎると、住宅のような雰囲気が損なわれるばかりか、人の出入りの管理が難しくなる。

ヨーロッパの玄関ホール

ヴィランランタなどのようなサービスハウスでは、玄関を入るとまずコミュニティス

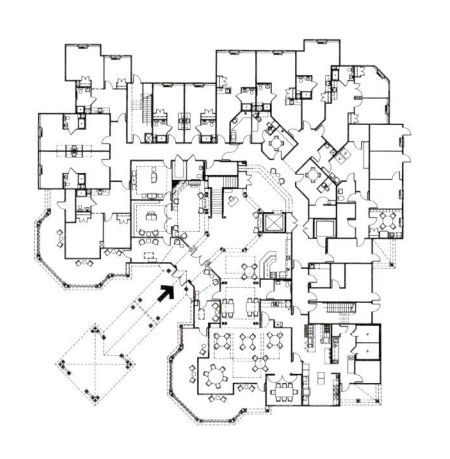

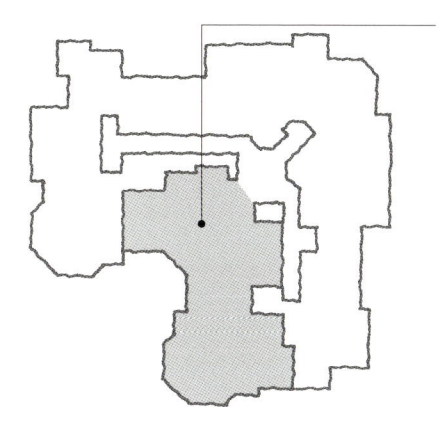

さまざまな共用スペースに囲まれたサンライズ・オブ・ベルヴューの玄関ホール

ペースがある (p. 200)。冷たい外気の侵入を防ぐために、風よけ室が設けられている。コミュニティセンターのように、地域住民に親しく利用されているサービスハウスが多い。居住エリアは、玄関や共用スペースの奥に配されている。その途中に天窓やしゃれた階段があれば、アクセントにもなる。入居者や地域住民の会所、屋内庭園などにも利用されるアトリウムを持つ施設も少なくない。ヨーロッパの市街地にある施設では、街の広場や公園、オープンスペースとの一体的な計画で、地域住民でも自由に出入りできるようになっている。そこには、広いダイニングルームやリビングルーム、アトリウムなどの共用スペースが設けられている。

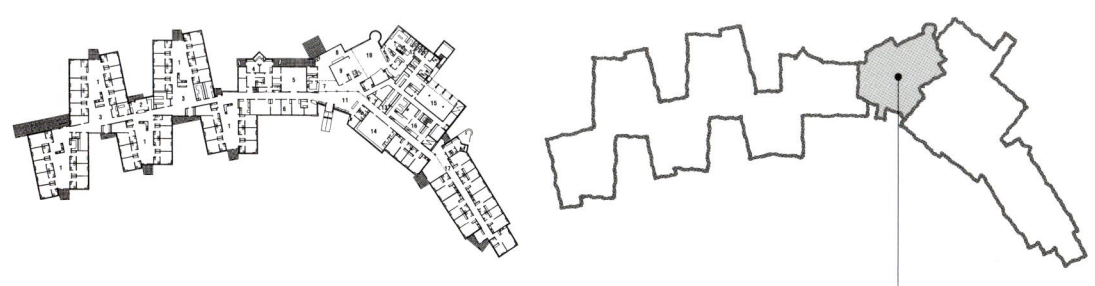

カフェやサンルーム、ライブラリー、ダイニングルームがあるヴィランランタのコミュニティスペース

29 勾配屋根、玄関扉、暖炉、大階段

勾配屋根や玄関扉、暖炉、大階段などを持つ建物を見ると、人はそれが住宅だと理解する。これらを備えた家に住むことにあこがれる者も多い。子どもが描く家の絵にも、玄関扉や勾配屋根、煙突が現れる。家らしさを創出するには、これらの要素を効果的に用いることである。

談話室の暖炉：玄関ホール隣で、暖炉があるリビングスペース（サンライズ・オブ・アレクサンドリア／ヴァージニア州）

近現代建築家による住宅建築

近現代の建築家の設計による1920年代の住宅は、シンプルなデザインに特徴づけられている。彼らは、勾配屋根の代わりに陸屋根を、また、重厚なれんが造りの暖炉の代わりに軽やかなメタル製のものを好んで用いていた。

30 邸宅と集合住宅

規模や形態の違いで、邸宅や集合住宅などのような外観のさまざまなシニアリビングがある。ほとんどの事業者が欲しているのは、住宅のようなイメージである。同じ150の住戸から構成される施設でも、3層、50戸ではエレガントな邸宅のように、2層、75戸では単調な集合住宅のような見映えになりがちである。バルコニーのデザインしだいで、単調さをやわらげることもできる。

増改築された邸宅：既存の3層の邸宅に増改築が施された（チューダー・メゾン　マサチューセッツ州ノーウッド）（Photo：JH Putnam）

長い廊下の問題

低層の建物では、戸数が75戸を超えると、中に長い廊下が発生してしまう。それが30mも続けば、歩行難を抱える高齢者は苦痛に感じてしまう。廊下を短くするには、サンライズ・オブ・ベルヴューようにコンパクトな平面構成をとることである（p.190）。北欧には長い廊下を持つ施設もある。ヴィランタには、ダイニングルームやクラスター

を連ねる廊下がある (p. 200)。また、複数の搭状建物が1階でつながっているヴィルヘルミーナ (p. 167) や、「生涯生活のためのアパートメント」を唱道しているフマニタス・ベルグウェグ (p. 162) などでも、廊下は長い。

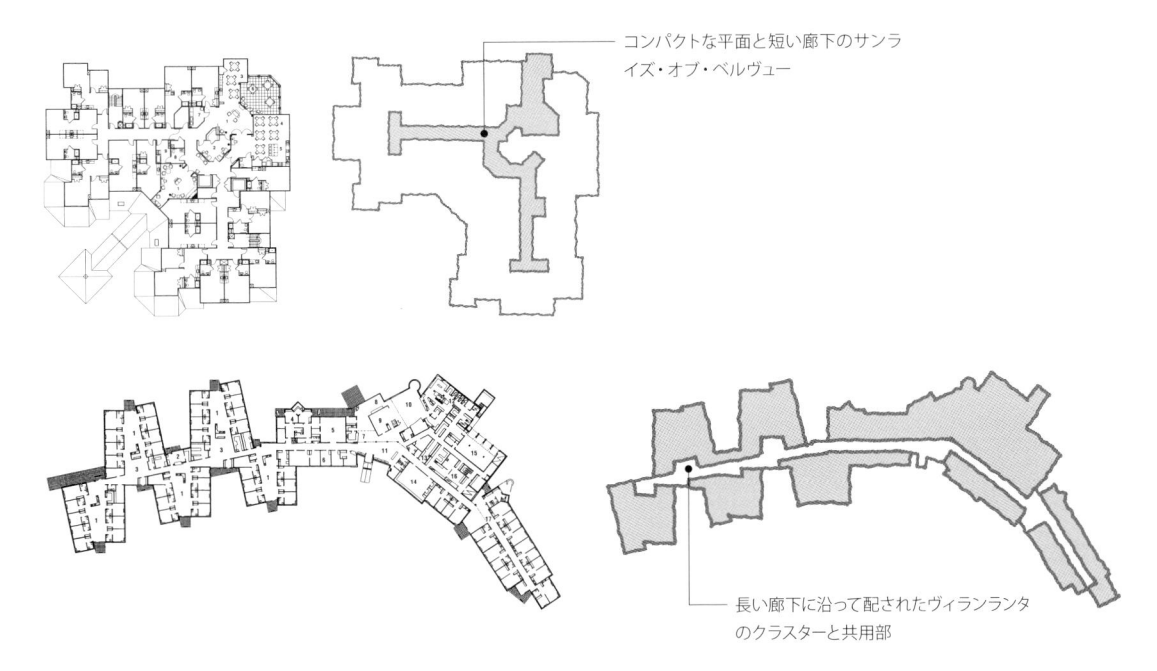

コンパクトな平面と短い廊下のサンライズ・オブ・ベルヴュー

長い廊下に沿って配されたヴィランランタのクラスターと共用部

31
広い空間と狭い空間

ダイニングルームは、最も広い空間のひとつである。そこに1人あたり 2.2～2.4 m² の標準で食卓が並べられているだけでは、閑散とした雰囲気になるのを免れない。狭い廊下やサンルームを実際より広く感じさせるには、そのつくり方による。単調な雰囲気の食堂で、白髪の老人ばかりが食事をする光景は実に味気ないものだ。

自然光で明るい廊下と中庭の眺め：ガラス越しに外への広がりを感じさせる屋内空間

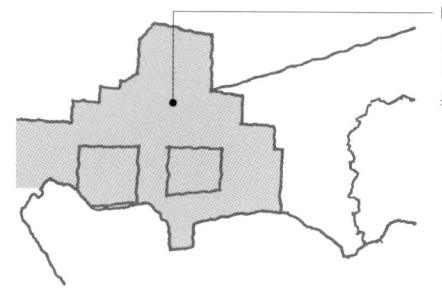

暖炉で仕切られている、サンライズ・オブ・リッチモンドのリビングルームとその奥にあるダイニングルーム

親密さを感じさせるダイニングルーム

ダイニングルームにアルコーブやプライベートコーナーを設けると、漠然とした雰囲気をやわらげることができる。腰壁やキャビネット、スクリーン、植物、造作家具などで囲んで、落ち着いたスペースを確保する例もある。格子壁やガラススクリーンで仕切って、小部屋をつくるのも妙案である。変化を与えるには、折上げ天井や下がり壁、化粧梁、ロープワークなども有効である。サンライズ・オブ・リッチモンドのリビングルームには、暖炉やアルコーブ、天井のロープワークや化粧梁が用いられている（p. 296）。また、ダイニングルームを3つに区分けしている、ゴッダード・ハウスのような例もある（p. 173）。どの空間にも、しゃれた個室のような雰囲気も欲しい。魅力的な空間づくりでは、床より天井での演出が望ましい。床に段差や傾斜があると、歩行障害を抱える者には危険である。

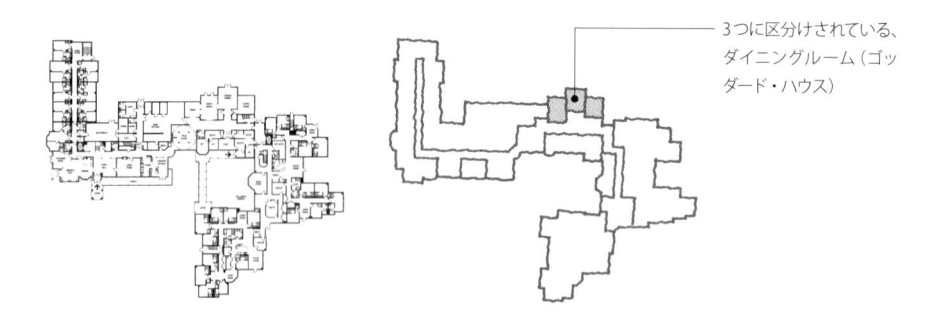

3つに区分けされている、ダイニングルーム（ゴッダード・ハウス）

素材や色彩の変化と空間の多様性

雰囲気が異なるさまざまな空間をつくるには、広さや色彩、素材、ライティングなどを変えることである。部屋の床ごとに個性的なカーペットやフローリング、タイル、ビニールシートなどを用いれば、劇的な変化を生む。シャンデリアや間接照明、ペンダントライト、埋込み照明、フロアライトやテーブルライトなどを、部屋の用途に応じて使うのも効果的である。天井から固定位置でつり下げられたシャンデリアやペンダントライトは、空間を上から仕切るのに役立つ。壁装材の生地や色彩をいくつか用いても、空間の表情を変えられる。黄色い色調の部屋の窓際は、午前中、特に明るく感じる。そこのタイルの床に籐のいすが用意されていれば、朝食には最適のしつらえである。

家具の仕切り

ダイニングルームの雰囲気をにぎやかにするには、いくつかの食卓のパターンを組み合わせることである。大テーブルと長いすの脇に、2人掛けや4人掛け、6人掛けの食卓を

配すれば、華やかになる。奥行きの深いダイニングルームでは、その中ほどを暖炉や家具でやわらかく仕切れば、空間に節目ができる。

広く感じる狭い空間

廊下やオフィス、サンルームは狭くなりがちである。オフィスの廊下側に、壁に放たれた窓やガラスのパーティションがあると、閉塞感がやわらぐ。常開扉やダッチドアでも、同様の効果が得られる。庭に面して、腰高20cmほどの大きな窓があれば、部屋の内外に連続性が生まれて、広く感じられるようになる。天窓や傾斜天井を用いて、高さを演出するのも妙案である。

巨匠の術

カリフォルニアの建築家であるリチャード・ノイトラは、鏡を使って空間を広く見せようとしていた。また、屋内外に連続性を持たせるのに、床から天井までの窓や扉を用いていた。廊下では、腰壁から上をすべてガラス窓にして、窮屈さを克服しようとしていた。さらに、屋内外の一体感を得るために、全開可能な大型のガラスパネルを好んで利用していた。

32 部屋のような廊下、表情豊かな廊下

長期ケア施設の廊下は、長くなりがちである。廊下と部屋を扉で隔てるだけでは、ヒエラルキーや個性は生まれない。長く狭く暗い廊下の雰囲気を改善すれば、施設全体のイメージも一新する。短く感じるような廊下をつくるには、単なる通路としてでなく、魅力的な部屋として考えることが大切である。

大切な思い出が並ぶショーケース：もともとは認知症の高齢者が、自室を見分ける手がかりとして設置された。今では、そこに住む入居者の個性を物語っている（ヒルクレスト・ホーム／カリフォルニア州ラヴェーヌ）（Photo：Irwin. Pancake Architects）

いきいきとした廊下

廊下の幅は、均一でないほうがよい。普通の廊下が10mも続けば、単調な空間となってしまう。4mの幅があれば、部屋のように見えてくる。不ぞろいがよいのは幅だけで

なく、両端の間口も同様であり、不整形であるほどくつろいだ空間となる。幅4m、長さ7mの廊下に家具を置けば、サンライズ・オブ・ミッション・ヴィエホのような親密な雰囲気の談話コーナーにもなる (p.184)。いすを置いて部屋のようにしつらえることで、部屋の行き来の途中で腰を下ろしたり、隣人との交流が生じたりする。さらに天井の高さが変われば、空間の表情もより豊かになる。

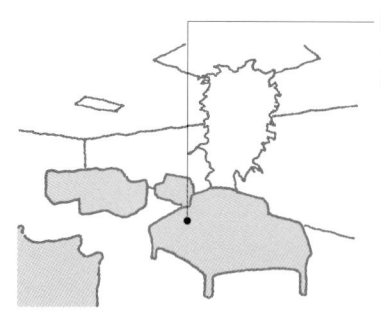

談笑用に家具が置かれているサンライズ・オブ・ミッション・ヴィエホの廊下

主動線としての廊下

ヴィランランタ (p.200)、メッツァタティ (p.221) の天井の高い廊下は、ダイナミックな主動線であるだけでなく、天窓から入る自然光によって劇的な空間である。標準的なナーシングホームでの幅2.4mの廊下では、そこに家具を置いたとしても単調さはまぬがれない。1.8〜3.6mで幅に変化をもたせることが理想的である。

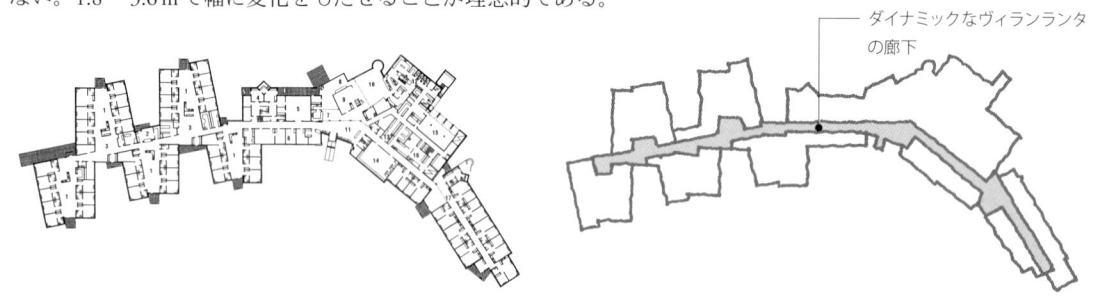

ダイナミックなヴィランランタの廊下

短い廊下

住戸からダイニングルームに楽に行けるためには、短い廊下が望ましい。住戸からエレベーターまでの距離が30mを超えれば、歩行障害を抱える者は介助が必要となり、彼らの自立意識も失せてしまう。このため1階やエレベーターに近い住戸が好まれる。エレベーターに向かう途中で、10mおきにベンチやいすがあれば、そこで一息つける。少なくともこの間隔でアルコーブも欲しい。

廊下の採光

廊下に自然光を採り入れると、その雰囲気は一変する。ポスティルヨーネンでは、片側が窓になっており、閉塞感をやわらげている (p.216)。片廊下と中廊下を交互に組み合わせて、建物周囲の庭や中庭への視界を部分的に開く方法もある。温室のようにガラスで廊下を覆えば、自然光がふんだんに入るばかりか、周囲のランドスケープへの視界が大きく開ける。片廊下であれば、そこからバルコニーやパティオに出て、新鮮な空気と

触れ合える。オランダには、防風スクリーン付きの外廊下もある。冷たい北風に悩まないでも、安全に屋外環境を満喫するための工夫である。平屋や2階建ての建物の奥まった部分の廊下でも、2㎡ほどの天窓があれば明るくなる。

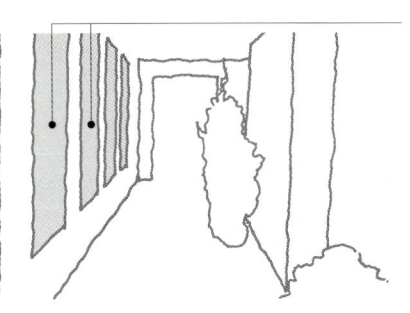

自然光で明るいポスティルヨーネンの廊下

交流の場としての廊下

屋外に接する共用スペースへと続く廊下では、閉塞感がやわらぐ。不整形な中庭の回廊には独特の趣があり、そこでは方向確認もしやすい。冬には廊下も歩行運動の場にもなる。複数の廊下がつながっている場合には、歩いて楽しめるような工夫が必要である。途中にいすがあれば、そこで一息入れながら談笑もできる。手すりはもちろん必要であり、できれば幅8cmほどのチェアレール（幅広の手すり）がよい。手すりのデザインは、廊下の雰囲気を左右する。

廊下の装飾

アートワークやアクセサリー類が壁に飾られていれば、楽しげな廊下となる。幅1.5mの通行帯を確保したうえで家具を置けば、楽しさが立体的に広がる。壁装材やアートワーク、家具を変えることで、廊下にさまざまな個性が生まれる。幅木の形状や折上げ天井の縁、壁紙の帯柄でも同様である。廊下それぞれに固有のテーマを持つ施設もあり、その趣の違いが位置や方向を知らせている。入居者のなかには、住戸から別の場所への移動にかなりの時間を要する者もいる。途中にアートワークやアクセサリーがあれば、それらを楽しみながら移動でき、体感時間は短くなる。突き当たりに絵画や家具を置けば、そこが空間の節目となる。入居者自らが収集したアートワークをしつらえれば、廊下は入居者にとってさらに意味のある空間となる。

33 明かり溜り

省エネのために蛍光灯で均一に照らされた病院の室内に、ほかの照明器具を見受けることはまれである。その雰囲気は素っ気なく、またそこで見られる顔や空間の表情にもめりはりが見られない。"明かり溜り"は、明暗

効果によって、空間に趣や深みを与えようとするものである。ものを見るとき、成人の3倍の明るさが必要な高齢者には、低い照度は禁物である。特に緊急時の避難誘導灯では、十分な照度が欠かせない。

さまざまな光源があるビストロ：アーツ・アンド・クラフツ風のビストロのフローリングやテーブル、ジュークボックス（サンライズ・オブ・リッチモンド、p.297）
（Photo：Jerry Staley Photography）

さまざまな照明器具

魅力的な"明かり溜り"は、さまざまな光源の組み合わせから生まれる。それには、自然光や蛍光灯、白熱灯、間接照明、ブラケット型照明器具、テーブルライト、フットライト、ペンダントライトなどが用いられる。壁や床、家具の見映えをよくするには、光の質や色彩に配慮することが大切である。"明かり溜り"は、ダイニングルームとリビングルームで最も効果を発揮する。蛍光灯の明かりには青みや黄色みを帯びたものがある。顔色が映えて見えるには、2,700K（ケルビン）程度の色温度の暖色系を用いることである。

明かりの調整

部屋の壁には、光をよく反射し拡散する明るいトーンの色彩が望ましい。単一フィラメントの光源を、フロストガラスなど半透明の素材で覆って、まぶしさをやわらげる必要もある。部屋の用途に適した照度がある。手紙を読んだり、ゲームを楽しむアクティビティルームでは、机上で600 lx程度は欲しい。また、映画や音楽の鑑賞に使用されるAVルームでは、利用状況に応じた調整が求められる。

34 オープンプラン

オープンプランでは、さまざまな仕切り方を用いてスペースを生み出す。ともすると、仕切りがあいまいになりがちだが、それが有利に働くこともある。隣のアクティビティをのぞき見て、そこから視覚的な刺激を得る

こともできる。また、わざわざ扉を開けなくても、隣の様子を知ることもできる。ダイニングエリアを持つオープンプランには、にぎやかさがある。

見通しがきく腰壁：腰壁と天井の演出で、視覚的に区画されているダイニングエリア（ヘリテージ・アット・ニュートン／マサチューセッツ州）（Photo：Bill Horsman）

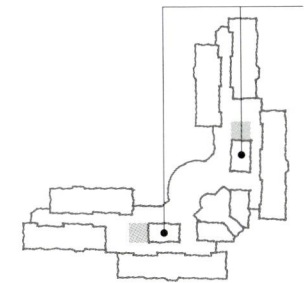

ロス・アンデッシュ・ガードでは、オープンプランのキッチンがアクティビティの中心になっている (p. 210)

スペースのつくり方

オープンプランでは、床の仕上げを変えて区画を生むことがある。うつむいて歩くことが多い高齢者は、天井より床の変化に気づきやすい。床に段差や滑り具合に微妙な差があると、転倒しやすくなるので注意が必要である。下がり壁や折上げ天井、造作を用いれば、空間に表情が加わる。部屋の廊下側で、壁に開口が放たれていれば、そこから明かりがもれてきて中が明るくなる。ひとつ用いることで仕切りや腰壁、通路などを生み出せるダッチドアは、北欧でよく見られる。

腰壁と柱

上部が開放された腰壁は、最も効果的な仕切りのひとつである。幅木で区画が明示される一方、隣への見通しがきくからである。カウンターの高さ (75～105 cm) ほどの腰壁や、目の高さ (150～180 cm) ほどのものなど、さまざまなものがある。区画をより明確にするには、より高いものを使用することである。腰壁に柱を抱かせることもある。区画の素材に、デザインガラスや木格子、ブラインド、窓、ガラスブロック、メタルスクリーンなどのように、一部が透けて見えるものを用いることもできる。隣の空間と天板を共有するキャビネットに、植物を置いても、茎や葉のすき間から向こうを見透かせるようになる。ワイヤーに植物をはわせても、同様の効果を得られる。この手法は、アトリウムやパーゴラでも適用できる。半透明が持つ不思議で不確実な効果は、刺激的で好奇心を誘う。フランク・ロイド・ライトは、半透明性と「第一本能」の関係を意図的に活用していた。

35
個性的な住戸の入り口

住戸の入り口は、個性的なことが望ましい。自室をわかりやすくしたり、生い立ちや人生経験を伝えるには、アートワークや飾り棚が有効である。入り口に「メモリーボックス」を設けることが一般化しているが、それが場所や方向の確認に役立つかどうかは、実証されていない。

住戸と廊下の関係：アルコーブのダッチドア、窓、照明が住戸と廊下を関係づけている。窓を通して明かりがキッチンに入る（キャプテン・クラレンス・エルドリッジ高齢者集合住宅／マサチューセッツ州ハイアニス、p. 295）

道標

屋内に置かれた尋常でない大きさや形態、色彩のオブジェは、道標として役立つ。3枚の扉に、それぞれ布や点滅照明、プランターを添えても同様である。明瞭に識別できる対象が、効果的である。思い出の私物で飾られた「メモリーボックス」は、入り口を個性的にする。しかし、それを道標として用いようとしても、役には立たない。

廊下の個性化

北欧では、部屋の入り口の脇に写真や絵を飾る例がよく見られる。入居者のライフスタイルや趣向が、廊下の雰囲気にも反映されている。入り口を個性的にするには、棚や小箱、ドアノッカー、郵便受け、小窓、ブラケット型照明器具、表札、部屋番号札などが使用される。これらがない廊下の雰囲気は、単調で味気ない。部屋をのぞける小窓があれば、中での緊急事態にスタッフが気づきやすくなる。

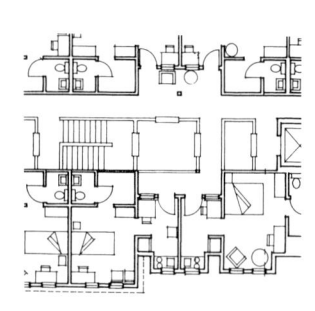

廊下のアルコーブ：アトリウムと住戸の窓が示されている

CHAPTER 4

交流を促す空間

高齢者が集まる施設には、友情が生まれるような交流の機会がさまざまにある。サービスには満足していても、生活に孤独を感じている入居者も多い。交流に参加すれば、いずれ彼らの孤独感もやわらぐ。

施設の設計では、交流を促すようなデザインが求められる。家族や友人が、訪れてみたくなるような環境の創出も大切である。定期的なアクティビティを通した交流もあれば、偶発的に生じるものもある。

屋内には、親しみやすい雰囲気が欠かせない。共用スペースのトライアンギュレーション（初めて出会うふたりの関係が第三の対象を媒体にして生まれること）や、プレビューイング（うかがい見）も、交流を促進する要素である。

36 100%コーナー（周囲に魅力や機能のある空間）

100%コーナーは、魅力的な交流の場である。周囲の眺めやアクティビティに特に恵まれた、入居者をひきつける空間である。そこ行けば、屋内外のアクティビティへの眺め、食事や軽食、廊下との近接性、居心地のよい環境が整っている。計画的に配置されたり、建物のどこかに自然に生まれるものである。ひとりで過ごしたり、仲間と楽しくいられる場所でもある。100%コーナーでは、有意義な交流やアクティビティが促進される。

周囲を見回せる100%コーナー：駐車場や受付、ライブラリー、ダイニングルーム、カントリーキッチン、アクティビティルーム、郵便受け、玄関、ポーチなどへの眺めがある食卓（Photo：Bill Horsman）

100%コーナーの利用

ここは読書やトランプ遊び、ティータイム、食後の交流などに利用される。このような場所が、屋内にいくつかあれば理想的である。適切に配置されれば、自然とそこに人が

集まるようになる。ここには、6〜8脚のいすと大きなテーブルが欲しい。

100％コーナーのあり方

スタッフやほかの入居者、周囲の場所と、物理的にも視覚的にも結ばれている100％コーナーは、次のような特徴を備えている。

- 外への眺め：玄関ポーチや駐車場を出入りする人の動きや、アクティブなエリアへの眺め
- 主動線への見通し：エレベーターに通じる廊下のような、入居者やスタッフが頻繁に行き来する主動線への見通し
- 便利な共用トイレ：10m以内にある共用トイレ
- 軽食：いつでも手にとれるスナックや飲み物
- 近くの郵便受け：手紙の到着を待ち望む入居者も少なくない
- 十分な明るさ：読書やトランプ遊び、ゲームに十分な明るさ
- スタッフの姿：ケアスタッフやマネージャー、ディレクターなどが働く姿
- ほかの入居者の姿：玄関やアクティビティルーム、ライブラリー、ラウンジ、屋外などでのアクティビティ
- 快適ないすとテーブル：6〜8人掛けの食卓を置ける広さ
- 便利な収納：トランプやテーブルゲーム、パズルなどの娯楽用品の収納庫

37
リトリート（落ち着ける静かな場所）

入居者が孤独を楽しんだり、家族や友人とともにくつろいだりするのに、リトリートが利用される。100％コーナーとは対照的な場所である。入居者が必要なときにいつでも行ける場所であり、屋外に設けられていることが多い。散歩の目的地にもなるそこに行けば、美しい景色やよい香りの花、野生動物などを見て楽しめるほか、静けさにひたることもできる。

遊歩路から少し離れているリトリート：高速道路沿いの林の中に設けられているリトリート（サンライズ・オブ・セヴェーナ・パーク／メリーランド州）

リトリートのつくり方

パーゴラやあずまや、プラットホームがリトリートに用いられることが多い。また、遊歩路のアルコーブで、舗装の種類や向きを変えただけのものもある。そこには、子どもの遊ぶ姿や人々の往来、小川や公園などへの眺めがある。リトリートは、思索や祈りにも適している。平穏な静けさがあっても、建物から離れすぎていれば、利用者に不安を感じさせてしまう。

リトリートのあり方

屋外のリトリートには、次のような特徴がある。
- 往来が激しい道路からの離隔
- 変化を楽しめる近景や遠景
- 日よけ
- 野鳥や野生動物の生息
- 2～3人で過ごせるしつらえ
- 平穏な静けさ

38
多目的スペース

生活習慣が糸口となって、交流が生まれることもある。北欧やデンマークには午前や午後にコーヒータイムを楽しむ習慣がある。デンマークのコペンハーゲンにあるローセンボー・センターでは、植物や机、いすが置かれたアトリウムが、食後の交流の場になっている。ここでアクティビティが行われれば、周囲も活気を帯びてくる。このように多目的に使えるスペースがあれば、スタッフはその活用を創造的に考えてみるべきである。まったく無用な空間をつくろうとすることは、創造的な設計行為といえない。

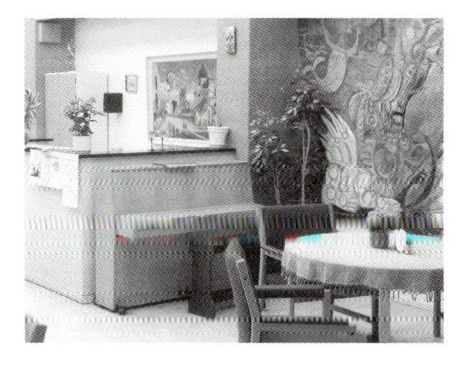

にぎやかなしつらえの玄関ラウンジ：バーやピアノ、テーブルといすが置かれたラウンジ。週末には多くの人でにぎわう（ニューボダーゴーン／デンマーク・コペンハーゲン、p.285）

多目的スペースの例

オランダのアムステルダムにあるデ・ドリー・ホーフェンのスナックバーは、この地域

の伝統的なカフェを模してデザインされている。そこは飲食や交流などに、多目的に利用されている。また、コペンハーゲンにあるニューボダーゴーン・ナーシングホームのアトリウムでは、毎週金曜の午後に「神への祈り」が催されている。夏の午後、認知症棟のポーチでは、アイスクリームやレモネード、クッキー、スイカが振る舞われる。ヴァージニア州にあるサンライズ・オブ・フォールズ・チャーチには、地域にも開かれているアイスクリームパーラーが設けられている。そこでは、エクササイズや日曜の礼拝も行われる。多目的スペースで行われるイベントは、楽しい思い出にもなる。

39
求心的な交流空間と家具の配置

いくつかの住戸に囲まれた共用スペースは、ソシオペタル（求心的な）スペースといえる。その有無や構成は、共同生活の質を左右する。共用スペースに住戸の入り口がいくつか面していれば、隣人と顔見知りになれる機会も生まれやすい。そこにいすやテーブルが置かれていれば、交流も促進される。

オットマンを囲むソシオペタルな家具の配置：直径1.2mのスツールを囲んで、読書や新聞に目を通したり、談笑したりする

ソシオペタルスペースの例
フィラデルフィア高齢者センターの付属棟であるウェイス・パビリオンには、中央に大きなソシオペタルスペースがある。いくつかの住戸に囲まれたそこでは、食事や運動、交流などのアクティビティが定期的に行われている。オハイオ州にあるサンライズ・オブ・フィンドレイの暖炉で仕切られたラウンジの周りには、8～10の住戸が配されている。硬質な床に机が並べられた前者に対し、後者ではなごやかな雰囲気の空間にやソファ、安楽いすが置かれている。デンマークのシルケボーにあるボフェレスケーペット・サンヴァイエンには、街路のようなアトリウムがあり、そこで散策しながら交流を楽しめるようになっている (p. 283)。

ソシオペタルな家具
直径1.2mのオットマンとその周りを囲むいすは、交流を促すためのソシオペタルな家

具の例である。親密でなごやかな雰囲気の空間で、スツールに足を乗せてくつろげば、仲間との談笑も進む。デンマークでは、入居者とスタッフがともに食事や会話を楽しめるように用意された、8人掛けの食卓がよく見られる。

40
プレビューイング（うかがい見）

プレビューイングとは、部屋に入る前に、中の様子を確かめることである。そこで行われているアクティビティへの参加を考えるにも、これは大切な行為である。なかには顔を合わせたくない相手もいる。

プレビューイングのための踊り場：ダイニングルームに入る前に、階段の踊り場からのプレビューイングで中の様子を確かめられるようになっている（キャプテン・クラレンス・エルドリッジ高齢者住宅／マサチューセッツ州ハイアニス、p. 295）

プレビューイングの例
マサチューセッツ州のハイアニスにあるキャプテン・クラレンス・エルドリッジ高齢者住宅（p. 295）には、プレビューイングのためのよい場所がある。エレベーターホールや階段からダイニングルームをのぞいて、中の様子を確かめられるようになっている。また、エレベーターホールでは他階の様子を、自室の扉脇の窓では廊下の様子をうかがうこともできる。

プレビューイングの方法
これには、腰壁や窓、扉の小窓、壁の開口などが用いられる。広い共用スペースの縁を通り抜ける際でも、プレビューイングは可能である。

41
1対のいす

1対のいすは、交流には最適なしつらえのひとつである。そこにテーブルや照明器具が添えられることもある。建築家は4〜6人用の食卓を想定して設計しがちだが、施設の中で実際にその数のグループを見かけるのはまれである。2人でも使いやすい、プライバシーや親密性が確保された片隅やアルコーブが欲しい。

気楽に談笑できるアルコーブ：窓際の落ち着けるアルコーブ（ホヤス・ボ・オグ／ノルウェー・オスロ、p. 293）

42
楽しくおいしい食事

ダイニングルームは、最もよく利用される共用スペースである。入居者にとって、自室で過ごすのに次いで、日に三度の食事の時間は長い。日常生活のなかで最も楽しいはずの食事も、期待に添わないと不満の種になる。食前の談笑や飲み物を楽しむには、近くにラウンジがあれば理想的である。

窓際の個性的な食卓：さまざまな床仕上げや壁装材が使用されているダイニングルーム（ヘリテージ・オブ・フラミントン／マサチューセッツ州）（Photo：Bill Horsman）

音・光・眺め

天井高が3mほどのダイニングルームに、カーペット敷きの床で座り心地のよいいすがしつらえられていれば、難聴の人でも会話を聞き取りやすい。ライティングへの配慮も大切である。明かり溜りは、料理や向かい側に座る人の顔の表情を見やすくする。また、相手の唇の動きで話を理解しようとする難聴者には、部屋の照度が助けになる。ライティングには、ブラケット型の照明器具やシャンデリア、ダウンライト、間接照明、天窓などが使用される。まぶしさを伴うブラケット型やシャンデリアでは、シェードで光を拡散する必要がある。ダイニングルームには、美しい庭への眺望があれば理想的である。たまに屋外で食事するのも妙案だが、これをあまり喜ばない入居者もいる。

ダイニングルームの決定要因

できるだけ建物の中央にダイニングルームが配置されていれば、どの住戸からでも行きやすくなる。歩行障害を抱えた入居者には、なおさらである。移動距離を短くするために、ダイニングルームを数か所に分散している例もある。1人あたり2.3m^2もあれば、車いすや歩行器に頼る者にも、快適なダイニングルームとなる。ユニバーサルワーカー(炊事や洗濯、パーソナルケア、ハウスキーピングをひとりで行う専任スタッフ)が働く施設では、1人掛けの食卓が適している。大規模な施設では、1人掛けと2人掛けの食卓を同数ずつそろえるとよい。食事時間になると真っ先に食卓につきたがる者もいれば、後から来てゆっくりと楽しもうとする者もいる。バックグラウンドミュージックは、会話の妨げになることもある。

座席とサービス

2人掛けや4人掛け、6人掛けなど、さまざまな食卓があると華やかな雰囲気になる。4人掛けのものは、最も融通がきく。直径100cmほどの円形や正方形のテーブルがよく使用される。円形のものでは、周りから料理を出しやすい。また、正方形のものをいくつかつなげれば、グループテーブルになる。車いすでも使える高さの食卓を、4分の1ほど用意したい。入居者が高齢化して、車いすでの利用が比較的著しいダイニングルームでは、20〜25%のいすが取り除かれている。どこからでも行きやすい位置に、サラダバーも欲しい。献立がバラエティに富んでいることも大切である。入り口に並べられた料理のサンプルは、事前の吟味に役立つ。入居者に好まれる献立づくりには、彼らの食後や試食会での感想、気に入っているレシピなどが生かされる。

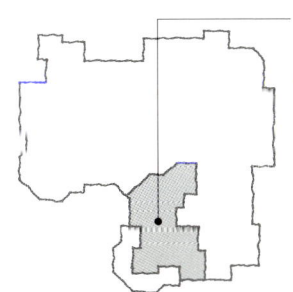

さまざまな食卓が配されているサンライズ・オブ・ベルヴューのダイニングルーム

北欧の食事風景

北欧の高齢者用ハウジングは、分散配置されたいくつかの小規模なクラスターから構成されている。家庭的な雰囲気のクラスターには、6〜8人用のダイニングスペースがある。ヴィルヘルミーナ (p.167) やヴィランランタ (p.200)、ポスティルヨーネン (p.216) などがその例である。主食である昼食のほかに、軽い朝食や冷めた夕食が出されることが多い。サービスハウスの昼食は、広いダイニングルームでのブッフェスタイルである。スタッフに料理を取るのを手伝ってもらう者や、自室で食べるために持ち帰る者もいる。サービスハウスの食事は、地域の高齢者にも開放されている。電子オーブンが備えられている自室に、できたての昼食と、後で温めるように夕食が一緒に運ばれてくる。

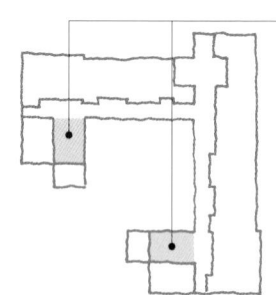

ポスティルヨーネンのダイニングルームに置かれた6人掛けの食卓

43
観察の楽しみ

入居者のなかには他人を観察しながら過ごす者も少なくない。スタッフや家族、ビジターなどが行き来する共用スペースや、外の景色が見える窓際などが好まれる。人や車の出入りが見えるポーチやサンルームにも人気がある。見られている者に不快感を与えないような、建築計画が望まれる。

アトリウムを見下ろせる食卓：アトリウムに面した幅2.4mの廊下に、食卓と日よけのパラソルが置かれている（ニューボダーゴーン／デンマーク・コペンハーゲン、p.285）

北欧での特徴

北欧では、周囲に街のにぎわいがある施設が多い。街路や公園、商店街などを行き来す

る人の動きを眺めて過ごすのは楽しいことである。

44
交流を促す住戸クラスター

いくつかの住戸が共用スペースを囲んでいるクラスターでは、廊下が短いばかりか、交流が促進されたり、友情が育まれたりする。住戸数によってさまざまなクラスターの形式があるが、2戸による並列型や、4戸による囲み型が基本である。このような単純な構成にでさえ、交流の機会がある。友情の育成は、空間の親密さに大きく左右される。さりげない友情が、より本質的な絆に発展することもある。8～10戸がラウンジを囲む構成が、最もよく見受けられる。

リビングルームを囲むようにクラスター化された住戸：ラウンジの暖炉の向こう側は娯楽室になっている

廊下と住戸の関係

クラスターで交流が促進されるかどうかは、住戸と廊下の関係しだいである。よい関係づくりには、次のような留意点がある。
・廊下の窓：交流の意志を示したり、プライバシーを確保できるように、カーテンで開閉できるようにする。
・ダッチドア：親交の意を表すのに、扉の上部を開放できるようにする。
・飾り棚：入り口を親しみやすく個性的に飾れるように、棚を設ける。
・アルコーブ：廊下と部屋の間に緩衝領域ができるように、アルコーブを設ける。
・備品とアートワーク：入り口の扉脇を個性的にするために、花瓶や絵画、花輪、アートワークなどが飾れるようにする。
・照明：交流の意志を伝えるのに、入り口の照明を点灯できるようにする。

廊下側にある部屋の開口には、さまざまな働きがある。廊下の天窓から入る自然光の明るさが、窓を通して室内まで及ぶようになる。また、ダッチドアの上部を開放すれば、両者に連続性が生まれる。北欧の施設ではダッチドアがよく見受けられる。米国では、まれにクーパー・リッジなどで使用されている（p. 195）。

交流を促す廊下

スウェーデンのハルムスタードにあるクヴァテー・カールXIの廊下は、個性的である（p. 287）。部屋の向かいで、ガラスで覆われたアルコーブが、小さな談話コーナーになっている。そこに花を飾ったり、座って外を眺めて過ごす者もいる。ほかの入居者とすれ違えば、あいさつが交わされている。

北欧でのクラスター

北欧には、住戸に面して広い共用スペースが配されたクラスターが多い。8つの住戸がV字型にクラスター化されているフィンランドのヴィランランタでは、すべての部屋の扉が、中央のダイニングルームに面している（p. 200）。屋外にも面するこのスペースは、天窓からの自然光も加わって、かなり明るい。回廊の外側に住戸が並ぶデンマークのホムレフーセネでは、中庭に面した内側に、キッチンやダイニングルーム、リビングルームなどの共用スペースが設けられている。住戸の扉を開ければ、共用スペース越しに中庭を望めるようになっている（p. 284）。

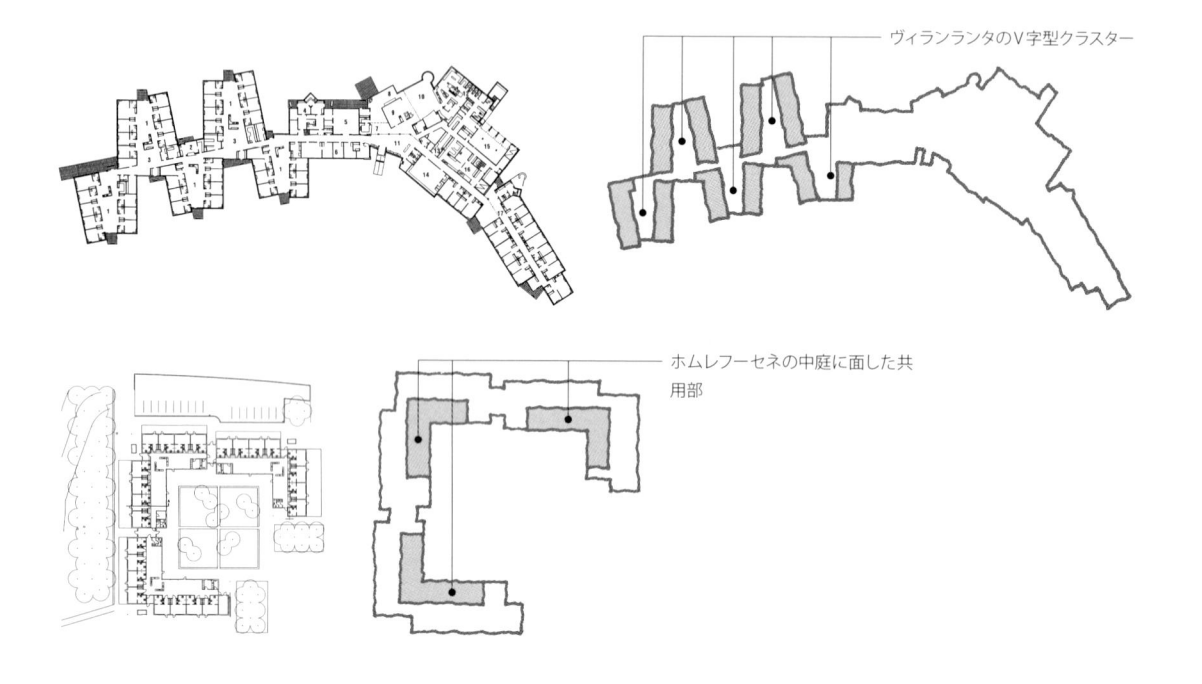

ヴィランランタのV字型クラスター

ホムレフーセネの中庭に面した共用部

45
トライアンギュレーション
（第三の対象を媒体にしてふたりの関係が生まれること）

トライアンギュレーションは、たとえば、ストリートパフォーマンスとそれを見ているふたりの観衆の間で起こる。これは、アートワークやアクセサリー類を鑑賞する、スタッフと入居者や入居者とビジター、スタッフとビジターなどにも生じる。そこで交わされる会話が、永続的な友情に発展する糸口になることもある。

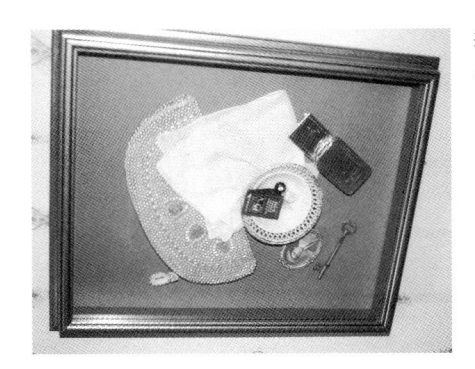

共通の話題を提供するショーケース：記憶を刺激したり、話題を提供する「夜宴」と名づけられたショーケース

ショーケースと骨董品

誰もがよく知る展示品は、トライアンギュレーションの対象になりやすい。ショーケースにある飾り物を見て、ふたりで感想を述べ合うのは楽しいことである。若者には見慣れないものでも、高齢者にはそうでないことがある。若者に古いものについて懐かしく語ることで、世代間の交流が生まれる。ヴァージニア・ホームのショーケースには、1920年代のマッチやかぎたばこ入れ、パイプ、たばこケースが飾られている。また、「夜宴」と名づけられたショーケースには、当時のチケットや演劇で使用されていた手袋やめがね、プログラムが収められている。貴重な骨董品が置かれた場所には、固有の意味が帯びてくる。

46
入居者や家族にも配慮したスタッフオフィス

スタッフは、入居者の服薬の調整や食事の支度、パーソナルケアや交流の場の提供などや、役所や医師、家族などへの連絡などの仕事を抱えている。そこで両者をバランスよく行える環境が求められる。機能性と、入居者や家族への親しみやすさを兼ね備えたスタッフオフィスが欲しい。それには廊下の窓や腰壁、ダッチドア、

アルコーブなどを用いて環境を整えることである。高さが100 cmもある一般的なナースカウンターでは、親しみやすさに欠けるばかりか、スタッフの電話の応対や記帳も難しい。

親しみやすさと使いやすさを兼ね備えたオフィス：開放的な腰壁やダッチドア、ガラス窓が使用されている（サンライズ・オブ・セヴェーナ・パーク／メリーランド州）

スタッフオフィスの位置とデザイン

スタッフオフィスは、入居者や家族にも便利な位置に配置されるべきである。とはいえ、玄関付近で目立ちすぎてはならない。開放的なオフィスづくりには、高さが75〜105 cmのカウンターや常開扉、窓などがよく用いられる。これらをうまく組み合わせれば、スタッフのプライバシーを確保しながら、ビジターや家族が訪れやすい雰囲気づくりができる。幅15 cmほどの棚付きのダッチドアも、魅力的である（p. 143）。

アクティビティの中にあるスタッフの机

オフィスでは、電話の応対や書類の整理、打ち合わせなどが行われる。しかし、それ以外で、使用されることはまれである。オフィスの外で、できるだけスタッフと入居者がともに過ごせるのが理想である。アクティビティの担当者も同様である。アクティビティルームのアルコーブに専用の机を持って、そこで執務を行えば、担当者の存在自体がアクティビティになる。少人数の打ち合わせ用に、会議室もあれば便利である。

北欧のナースステーション

北欧のナースステーションには、入居者とスタッフが話し合えるようにアルコーブがある。サービスキッチンのあるナースステーションもある。記帳台や電話台を兼ねたキッチンキャビネットには、薬品やケアブックが保管される。ヴィランランタ（p. 200）やロス・アンデッシュ・ガード（p. 210）では、薬品庫やケータリングの記録台が備えられている。そこでは、入居者同士の談笑やほかのアクティビティも行われる。

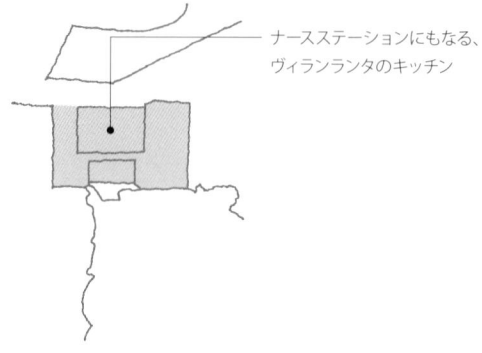

ナースステーションにもなる、ヴィランランタのキッチン

47
受付の対応

初めてシニアリビングを訪れる者でも、自分が歓迎されていると感じることが多い。笑顔の受付係に親切に対応されれば、初回の不安は払拭される。受付係には施設内にほかにも役に立てるスタッフがいることを、ビジターに気づかせる役割もある。

ビジターを迎える受付：左隣にはライブラリー、右隣にはダイニングルームがある（ヘリテージ・オブ・ニュートン）（Photo：Bill Horsman）

受付係の机と位置

玄関扉から5mほど離れた位置が、受付には最適である。受付係は、ほかの仕事を兼務することが多い。固定式の机より可動式のほうが、親近感がある。親切な対応が大切であり、以前は最も形式ばった対応をしていた銀行にさえ、今ではガラスの壁越しに無愛想な行員を見るのは珍しい。オフィスやコンピューター、電話のあるワークステーションが近くにあれば、受付の生産性も向上する。

48
交流と友情の育成

高齢者の集団生活には、経済的なケアを受けられるほかに、入居者同士が交流できることに利点がある。交流を通して、日常的な充足感を得たり、自分の存在価値を確認することは重要である。『年齢の嘘』（ロウェとカーン、1999年）で説かれているように、交流によって生活の質が向上したり寿命が延びたりもする。運営方針や家具の検討に際して、その前提に交流の促進を据えている施設には、優れたものが多い。

廊下のアルコーブでの交流：廊下のアルコーブにいすを置いて、バルコニーのように使用している（クヴァテー・カール・XI／スウェーデン・ハルムスタード）

親しみやすい建物

出会いや交流、友情、入居者同士の「助け合いネットワーク」などが生まれやすい環境を、重視すべきである。北欧のサービスハウスには社会性が付託されており、そのプログラムは地域の高齢者にも開かれている。そのための親しみやすい建物のデザイン手法は、本書の他章でも説いている。

49
「助け合いネットワーク」の構築

仲間との助け合いから満足感を得たり、自分の存在価値を確かめられる。また、自立心が芽生えたり、仲間意識やケアの精神も生まれる。施設の運営や管理に参加して、満足する者もいる。それには、植物の世話や郵便の配達、旗の掲揚などのボランティア活動がある。入居者が率先して、子どもに物語を聞かせたり、本を朗読するような、世代間交流プログラムも有効である。

コハウジングのサンルーム：庭に張り出したサンルーム（グンゲモーセゴー／デンマーク・ヘアレウ、p.178）

入居者同士の知識の共有

アメリカ・ペンシルヴァニア州フィラデルフィア近郊で、フレンズ・コミュニティが運営するCCRC（継続ケア付き高齢者コミュニティ）には、交流を促進するための独特なプログラムがある。そこでは、各自の資質や感情を、他人と共有することが励まされる。互いの特技を交換したり共有することで、連帯感が生まれる。5階建てのアパートメントとして、オランダのスヒーダムにあるハーフェンボーヘンには、入居者たちによるボランティアプログラムがある。入居者は3つのグループ（55〜65歳、65〜75歳、75歳以上）に分かれて暮らしている。年配の者がサポートを求めれば、ほかの入居者が自主的にサービスを提供するようになっている。スタッフが行う食事の配膳補助や、入居者の食事の介助などのプログラムも用意されている。デンマークのシニアコハウジングは、集団生活の規則に従って入居者同士が支え合って生活するものである。パーソナルケアには、外部の専門スタッフがあたる。そこでは、安全性と社会性を求める入居者同士が、快適な集団生活を営んでいる。

50 家族のスペース

入居者の生活に家族が関与するという点でも、シニアリビングはこれまでの長期ケア施設と大きく異なる。家族にはスタッフでは代え難い役割があり、入居者もこのシステムに満足している。

研修や家族相談に使用されるファミリーセンター：家族相談やスタッフの研修、地域サービスに利用される別棟（ハーバー・ハウス／ウィスコンシン州グリーンデール、p.205）（Photo：Skot Wiedemann Photography）

家族の参加

頻繁に訪れる家族のためにも、少なくとも月1回は、彼らを交えたグループイベントの催しが望まれる。代わりに、年4〜6回、大きなイベントを設けている施設もある。入居者と家族がともに食事する機会は、施設に付加価値を与えるサービスでもある。入居者を、外に連れ出したがる家族も多い。玄関先で車の乗り降りが楽ならば、外出の機会も増える。車いすや歩行器に頼る者にとっては、なおさらである。天候が不安定な地域では、車寄せにひさしは欠かせない (p.50)。

面会所

入居者と家族の面会は、プライベートな場所で行われる。これには、共用スペースの落ち着いた片隅があてられることが多い。リビングルームの環境や、テーブルやいすのしつらえが、彼らの談笑にも適していれば理想的である。夏にはサンドイッチをつまみながら家族と過ごせる、ポーチやパーゴラ、あずまや、パティオ、休憩所などが屋外にあれば快適である。

51 コハウジングと共同生活

コハウジングは、デンマークで普及している集住形態である。それには、多世代型コハウジングとシニア型コハウジングがある。シニア型コハウジングには、5～7人から構成されるクラスターから、35～50人が生活する施設までさまざまな規模のものがある。標準的には、ダイニングエリアやテレビラウンジなどが備えられている。シニア型コハウジングの入居者は、そこの安全性を最も重視している。彼らが集まって食事するのはまれだが、60%の入居者は生活に満足しているという。コハウジングでは、共用スペースの管理を入居者に平等に義務づけている。連帯感を育もうとするものである。同居人の誰かが一時的に体調をくずせば、ほかの者が彼の生活の便宜を計らう。入居者によるパーソナルケアの提供は、規則で禁止されている。

コハウジングのアトリウム：2列の住棟に挟まれたアトリウムが、交流に利用される（ムレパーケン／デンマーク・ブラベン）

コハウジングの例

デンマークのブラベンにあるムレパーケンは、何棟かの2層の住居棟やアトリウム棟から構成されている複合施設である。住居棟に挟まれたアトリウムでは、入居者同士の交流が行われている。住居棟のうちコハウジング用のものは、共用スペースとそれを囲む

いくつかの住戸から構成されている (p. 285)。グンゲモーセゴーには、6〜8人が居住するこのようなコハウジングが、2グループある (p. 178)。両者の助け合いや交流の密度には、濃淡が認められる。コハウジングの成功には、共同生活における義務感を共有することが欠かせない。

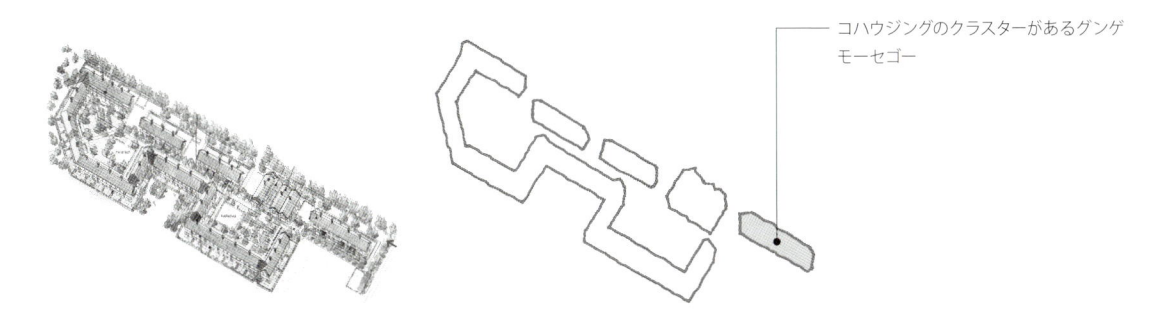

コハウジングのクラスターがあるグンゲモーセゴー

ケアのあり方

コハウジングでは、外部の専門スタッフがパーソナルケアや訪問ケアを提供する。入居者同士は、互いに身の回りの雑用を手伝い合いながら生活している。多世代型コハウジングでは、高齢者にはあまり多くの利点がない。時間の制約が比較的少ない彼らにも、初めは相応の義務が課せられる。しかし、高齢化による衰えが進めば、仲間と公平に分担し合える能力が少しずつ失われてしまうからである。

52
ハードアトリウムとソフトアトリウム

北欧では、空調はともかく、換気設備が用意されたアトリウムが多く見受けられる。フマニタス・ベルグウェグ (p. 162) やグンゲモーセゴー (p. 178) などにもアトリウムがある。住居棟に挟まれた空間の両端を閉じて、上にガラス屋根を載せた形式が一般的である。内部にたまった熱気が抜けるように、最上部に換気設備が設けられている。中の温度が高くなれば、サーモスタットと連動して自動的に作動するようになっている。新鮮な外気は、1階の端部から取り入れられる。省エネで、暖房設備がなくても、極寒の冬には快適な空間である。北海から冷たい季節風が吹くオランダでは、屋外の中庭の代わりにアトリウムがあれば、施設内での移動も楽になる。日差しで温められれば、そこは快適な屋内広場になる。

ハードアトリウムとソフトアトリウム

アトリウムの仕様は、次の3つに分類される。

1. ハードサーフェス型：中央がコモンスペースになっている。特定の目的のために設計されており、空調設備が設けられている。植栽には、鉢植えが用いられる。
2. ソフトサーフェス型：樹木や熱帯植物が育てられている屋内庭園である。歩行用に

通路が舗装されており、中央には砂利やれんがが敷かれている。換気設備と補助暖房設備が設けられている。

3. 融合型：ハードサーフェスとソフトサーフェスの割合が、40〜60％のアトリウムである。さまざまな植物が育つこの空間は、散歩にも適している。3つのうち最も丹念にデザインされている例が多い。空調設備の有無はさまざまである。

アトリウムの熱帯植物園：アトリウムに面した4層分の廊下（クーセラン・パルヴェルコティ／フィンランド・タンペレ、p.290）

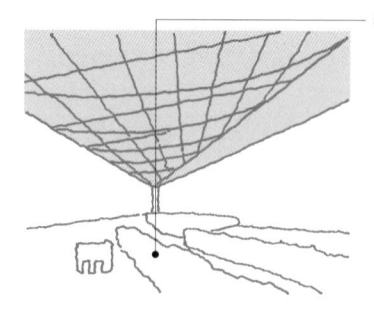

冬でも快適なフマニタスのガラスのアトリウム

アトリウムの利用と日常性

冬のエクササイズにも、アトリウムは最適である。適度な刺激を楽しみながら、歩行運動もできる。大小のイベントや集会に、フレキシブルに対応できるアトリウムもある。住戸の廊下がアトリウムを囲んでいる例も少なくない。廊下を行き来する入居者の目に触れやすいその場所は、彼らの日常生活を彩る場のひとつといえる。

53 夕食後の娯楽

映画鑑賞やテレビ番組を楽しめる、大型スクリーン付きのムービーシアターが普及してきた。かつての映画鑑賞会は、リビングルームに置かれたテレビを囲んでのものであった。今では代わりに、プロジェクターやDVDリコーダー、大型スクリーン、サラウンドスピーカーが利用されている。最新の視聴覚設備のおかげで、臨場感あふれる映像や音楽を満喫できるようになった。

大型画面のテレビ：映画鑑賞やエクササイズに利用される。音質のよいサラウンドスピーカーが併用されている

大型テレビやスクリーンの利用

大型テレビを置く余裕がない自室の代わりに、スクリーンを備えたシアターがあれば喜ばれる。最近の画像や音声は、過去のものとは比較にならないほど良質である。これは視覚や聴覚に障害を抱える者にとってもうれしいことである。入居者は、自宅の大型スピーカーから流れ出ていた大音響の迫力を、忘れられないでいる。効果音を伴った躍動感のある映画のシーンは、刺激的で印象的である。夕食前は、クラシック音楽や心なごむ映像が好ましい。ストレッチやエクササイズでも、ビデオやテレビが利用される。

54 クラブとアクティビティ

アクティビティや旅行、地域イベントを運営する専門業者もいる。これらは、入居者同士の交流の媒体にもなる。使用頻度が高いアクティビティルームは煩雑になりやすいので、玄関ホールやダイニング、リビングルームから離れた位置に設けたい。多層階では、2～3階でバルコニーに面した位置に設けるのが望ましい。

個人ごとの嗜好に合わせたアクティビティ：パズルゲームを楽しむ入居者。完成すると、家族が台紙にはって保管する

アクティビティの個別化

誰もが楽しめるアクティビティより、個人の嗜好を重視したもののほうが喜ばれる。小規模な建物では、特定のアクティビティごとに専用室を設ける余裕がない。ひとつの部屋でも、内容に応じて、床の硬度や照度のレベルが異なるスペースがいくつかあり、家具、什器、備品などを選べれば、理想的である。アートプログラムには、窓と収納、それに小さなシンクが備えられたアルコーブがあれば十分で、必ずしも専用室が必要なわけではない。なかには、防音や安全に留意すべきアクティビティもある。

ライフスタイルに依拠したクラスター

オランダのヴィースプにあるホーヘウェイは、個性的なプログラムで知られている認知症専用施設である。160人の入居者が、15種類のライフスタイルごとにグループ化されている。10～11人から構成された各グループでは、個性的なクラスターが形成される。クラスターでは、音楽や趣味、社会階級、特技などが共通する者同士が、集まって生活している (p. 276)。また、共通した嗜好を持つ仲間と集うには、クラブが欲しい。各人が2～3のクラブに参加することが推奨されている。歌謡やゲーム、詩の朗読、音楽鑑賞、美容、メイクアップなど50以上のクラブが考えられる。

ライフスタイルとクラブの融合

クラブに参加すれば、ほかのクラスターの入居者と交流する機会も生まれる。ライフスタイルを共有するクラスターと、趣味を同じくするクラブの間を日常的に行き来すれば、自然と変化や刺激に触れられるようにもなる。

55
入居者とスタッフのバケーション

北欧の長期ケアプログラムでは、夏のバケーションも特徴のひとつである。スカンジナヴィアの人々は、毎年7～8月の4週間の有給休暇を待ち望んでいる。中産階級以上では、サマーハウスや水上キャビンの所有者も

少なくない。夏を尊ぶ習慣は、彼らのライフスタイルや精神性に強く影響を及ぼしている。このような背景を知れば、家族が入居者をバケーションに連れ出そうとすることを、よく理解できる。近くの海浜リゾートでの週末バケーションから、ギリシアへの10日間の旅までさまざまである。障害のレベルが高い入居者でも、バケーションを楽しもうとする。実施の是非を決めるのは、スタッフでなく入居者自らである。施設外での不便さに備えて、家族などの介添人が同行する。施設が費用を賄うのが、一般的である。

デンマークの高齢者のための行楽地：高齢者とその介添人のためのコテージ（ドロニンゲンス・フェアリエビュー／デンマーク・グレナ）

デンマークのリゾート

高齢者や障害者専用のバケーションリゾートもある。海沿いの小さな町の近くにある、ドロニンゲンス・フェアリエビュー・ホリデータウン（p.284）は、よく知られた専用リゾートである。5人が宿泊できる75㎡のコテージが44棟あり、そのつくりはすべてハンディキャップ仕様になっている。海辺には、車いすでも安全に利用できる桟橋がある。砂浜から離れてプライバシーが確保されたコテージのクラスターは、海辺の景観にもなっている。ここは高齢者だけでなく、子どもの身障者にも通年開放されている。衰えのある者にもバケーションを励ます姿勢は、彼らにも普通のライフスタイルを維持させようとする思想の現れである。

CHAPTER 5

自立への励まし

シニアリビングの入居者は、自立への励ましを受け入れることが困難な状態になる前に、自宅から転居してくる。彼らには、エクササイズや理学療法で身体能力を維持できる程度の余力が残されている。

また入居者は必要なときに介助を求める以外は、プライバシーが確保された自己充足的な部屋で、できるだけ自立的な生活を送っている。屋内外での歩行運動やエクササイズなどのプログラムは、身体能力の維持や向上に欠かせない。さまざまなコミュニケーションシステムも、彼らの自立性の維持に役立っている。

自立性を維持するには、それを励ます環境とスタッフの姿勢が大切である。

56 エイジング・イン・プレイス(その場所で余生を送ること)のすすめ

北欧のケアシステムでは、自立性を最大限に促せる環境に高齢者を置こうとする。このため、自宅での訪問ケアが重視されている。できるだけ長く自宅で生活したがる者でも、高齢化すれば独居生活に不安を感じるようになり、グループハウジングへの転居を考えるようになる。その際、医療やケアが必要だとされる者には、サービスアパートメントが割り当てられる。サービスハウスでは、さまざまな訪問サービスが提供されている。エイジング・イン・プレイスを奨励している北欧では、その設置基準や運営規則が緩やかである。米国のように、衰えが重度化するごとに、入居者を別の施設へと転々とさせるような習慣や規則はない。

寝たきりの老人の部屋の親子扉：寝台でも楽に通過できるように、親子扉(90cm + 25cm) が備えられている（ポスティルヨーネン・ナーシングホーム、p. 216）

ケアと自宅の改修

訪問ケアを受けやすくするには、自宅の改修が必要である。サービスハウスでは、保安装置や通信設備などを設置する、改修プログラムを提供している。手すりの設置や、ストーブやシンク、扉のノブをレバーハンドルに交換する作業も行う。関節炎を抱える者でも使いやすくするためである。排泄や入浴、身づくろい、調理、洗濯、清掃などを楽にするための改修もある。

生涯生活のためのアパートメント

ロッテルダムにあるフマニタス・ベルグウェグ (p. 162) では、エイジング・イン・プレイスのアプローチが試みられている。パーソナルケアが必要になっても、入居者は自室で生活ができる。逐次、調整や改修できるように、住戸にはいくつかの特徴がある。
- ストレッチ浴槽を置ける広さの浴室
- 敷居がない部屋
- 寝台が通過できる親子扉
- 車いす対応のトイレと洗面台
- 高さ調整付きの調理台

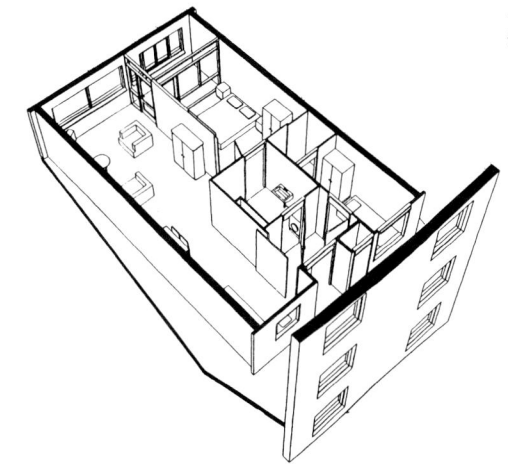

入居者が重度化すれば、改修できるフマニタスの住戸

フマニタスの入居者の年齢層

ここの入居者は、最後まで自室でサービスを受けることができる。入居の対象となるのは55歳以上の高齢者だが、そのうち3分の1は自立生活が可能であり、ほかの3分の1はパーソナルケアを必要とし、残りの3分の1は医療に頼っている。自室でのケアのほかに、エレベーターで低層階に行けば、そこでリハビリテーションサービスを受けることもできる。ここのスタッフは、入居者に自立を促しながら、ケアを提供する。彼らの多くが、できるだけ身の回りのことを自分でする、ここの生活に満足している。なかには寝たきりの老人もいるが、その住環境はこれまでのナーシングホームや病院とは明らかに違う。

その他の施設

地域住民の高齢化が進んでからの改修を前提に、一般の建物を建設する例もある。将来、サービスを提供する必要が生じたらそれに対応できる環境を整備しようとするものだ。オランダ・ブレダにあるベルフジヒトでは、自転車置き場が訪問ケアの事業所に変えられた。また、これまで1階の多目的ルームで提供されてきた食事数がこの10年での増加が顕著なため、ほかの部屋も利用する必要が生じた。

ノルウェーのケアリングホーム政策による施設

ノルウェーにはケアリング政策として、2つの流れがある。ひとつは地域にリハビリテーションセンターやサービスハウスをつくるものである。認知症、リハビリテーション用のショートステイ、一時預かり、および身体障害者などがハウジングの対象である。他方は、入居者の高齢化に応じて改修可能なハウジングである。入居者や地域住民の年齢構成の変化に合わせて、住戸や共用スペースが再配分されるものである。

このうち、出資組合が所有する、ノルウェーのトロンドヘイムにあるスメーズトルヴェイエン(p.294)は、33の住戸が入る3層の建物である。そのうち半数は、自治体の所有によるものである。それらは現在、地域住民に賃貸されている。しかし自治体は、将来、そこを食事や訪問ケアを提供できる施設に改修する権利を保有している。

57
見守りのケアのあり方

入居者に自立性をできるだけ維持させようとする北欧では、できるだけ見守ることが、ケアの基本姿勢である。「学習性無力感」は、身の回りのことが徐々に、そして最後にすべてを他人に委ねるようになる意識の変化を意味している。これとは逆に、北欧では身の回りのことをできるだけ自分ですることが励まされている。高齢者の自律意識や自負心、残存能力などの減衰を抑えようとするためである。

入居者の個性に合わせたエクササイズ：デンマークでは身体の健全性が重視されている（フレデリクスベア高齢者センター／デンマーク・オーフス）

見守りのケアには忍耐が求められる

入居者が身の回りのことを自分でするには、時間がかかる。スタッフは、忍耐強くそれを見守るべきである。たとえば、ひとりで浴室の出入りができない者でも自分で体を洗えたり、タオルを取れなくても体をふけたりする。できるだけ手を差し伸べなければ、彼らが残存能力を発揮できる機会も増える。

58
自立とプライバシーを支えるテクノロジー

通信設備は、施設の生活の質を飛躍的に向上させる。入居者とスタッフが相互に意志の疎通ができる双方向の音声システムでは、緊急時でも迅速で適確な対応が可能である。

記憶喪失の改善に役立つコンピューターテクノロジー：フィンランドでは記憶を呼び覚ますために、民謡と画像を融合したプログラムが使用されている

認知症のためのケアテクノロジー

認知症の高齢者が安全区域から離れれば、警報が発せられるが、GPSの普及で、彼らが自由に行動できる範囲が広がった。北欧では療法や診察にもコンピューターがよく用いられる。記憶を呼び覚ますために、骨董品や民芸品の画像をモニターに映し出すこともある。フィンランドでは、国が作成したプログラムを、サービスハウスでダウンロードして利用している。

マネージメントテクノロジー

薬や食事の提供にも、コンピューターが利用される。ほかにも、食事や日用品のオンライン注文や、施設の維持管理計画の作成、備品の調達、ケアの記録、医師への連絡などにコンピューターが用いられる。

訪問ケアのテクノロジー

訪問ケアでは、連絡や診断にコンピューターや高速通信設備を利用する。施設では、Eメールやインターネットが普及している。コンピューターに不慣れな高齢者にも、かつての電話やテレビがそうであったように、徐々に身近になってきている。遠隔操作による血液検査や診察で、健康診断を行えるプログラムの実用化が期待されている。

リフトとロボット

北欧ではこの10年で、リフトの普及が進んだ。リフトがあれば、ベッドから浴室まで入居者を楽に移送できる。ヨーロッパでは、ケアで腰を痛めたスタッフは、身体障害者に認定される。自治体では、その副次的歳出を抑えるために、積極的にリフトを導入してきた。一方、ロボットについては、今のところ米国や北欧では、飛躍的な発展は見ら

れない。しかし、今後10年で、実用化に向けた研究や開発が急速に進むであろう。

59 さまざまな療法

シニアリビングではさまざまな療法を用いて、入居者の自立性や満足感、自己尊厳の意識、身体能力を高めようとする。理学療法以外でも、精神や身体を増強する糸口になるものは何でも療法といえる。療法は、運動によるもの、感覚や精神に働きかけるもの、および刺激を与えるものに分類される。北欧では、健康の維持を目的とした療法が強く励まされている。以下に15の療法と、それを促進する環境が示されている。

屋外での療法の例：乗車の意識を刺激するために通路脇に置かれた車（ユービル・ホスピタル・リハビリテーション・センター／マサチューセッツ州ケンブリッジ）

- 歩行療法：12m程度おきにいすを置ける広い廊下
- 屋外活動療法：30m程度おきにベンチが置かれた遊歩路
- 外出療法：敷地外の地域施設へと導く遊歩路や歩道
- ストレッチング療法：チェアエクササイズができるアクティビティルーム
- 理学療法室：筋力や呼吸機能を高めるエクササイズや、理学療法などの機器を置ける部屋
- 水泳療法：上半身や下半身の筋力増強に利用される温水プール
- ウエイト療法：女性のために特に上半身の筋力を鍛える機器が置かれた部屋
- 交流と友情：友情を育めるような住戸と共用スペースの構成、および交流プログラム
- IADL（手段的日常動作）療法・ADL（日常動作）療法：自炊や整髪を促す設備
- 作業療法：小筋肉の運動を促す硬質の床と手工芸室
- 感覚刺激療法：感覚を刺激する芳香療法や接触療法、音楽療法などを施すための部屋
- 知的刺激療法：読書や朗読、ゲーム、パズルなどのための静かな場所
- 植物療法：居住者が手入れできる屋内外の植物、および植物を育てられる庭
- ペットと多世代療法：ペットや孫がいる環境
- 宗教・精神療法：思索や礼拝のための場所、および最寄りの教会への交通手段

60
運動と療法の融合

北欧には、理学療法と運動を融合させたプログラムがある。これは高齢者との交流を通して開発されたものである。共通の機器も利用するので、双方のスペースが隣接していることが望ましい。最近では、ひとつの部屋で行われる傾向もある。

効果的な水泳療法：地域にも開放されているスイミングプール
（ヴィルヘルミーナ、p. 167）

デンマークのエクササイズ

デンマークは、理学療法とエクササイズのプログラム開発に熱心なことで知られている。グンゲモーセゴーのサービスハウスでは、共用棟の3階で、理学療法やエクササイズ、作業療法が行われている (p.178)。天井の高さがそれぞれ異なる3つのスペースは、互いに行き来できるようになっている。エクササイズルームと療法室は、庭に面している。トレーニングキッチンでは、自立生活には欠かせない炊事などのADL（日常動作）療法が行われている。これには、発作や骨折の後遺症を抱えた地域住民も参加できる。すべての入居者に、歩行運動が促されている。

フィンランドのエクササイズ

フィンランドのサービスハウスには、プールやサウナが設けられている。もともとサウナは、バスルームに付属する重要な文化的アメニティである。15戸ほどの小規模な施設にさえサウナがある。屋内プール脇のサウナは、エクササイズにも利用される。サービスハウスでは、プールの設置は優先項目である。地域住民にも開放されたプールでは、サービスハウスが運営費用を賄っている。

筋力増強と設備

この10年で、筋力増強トレーニングによる効果が、かなり明らかになってきた。なかでも集中的なウエイトトレーニングでは、その成果は顕著である。ウエイトマシーンやトレッドミル、エアロバイクなどによるリハビリテーションと、シニアリビングの融合を試みている施設もある。ヴァージニア州のフェアファクスにあるイノヴァ・ホスピタル・コーポレーションは、サンライズ・アシステッド・リビングと共同で、病院の敷地

ヴィルヘルミーナのプール

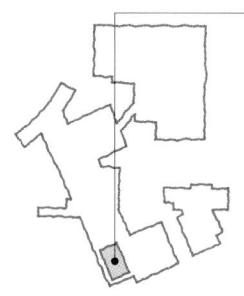

内にシニアリビングを開設した。また、ヴァージニア州にあるサンライズ・オブ・フェア・オークスには、リハビリテーションセンターやショートステイ用の住戸もある。手術やリハビリテーションを終えた高齢者や若者が、そこに数日間滞在できるようになっている。

水泳療法

これは、結合組織や関節の不整合、関節炎を抱える者にとって、最適なエクササイズである。米国では、大規模なCCRC（継続ケア付き高齢者コミュニティ）では屋内プールを備えている。小規模な施設では、代わりに最寄りのリハビリテーションセンターにあるものを利用させてもらっている。北欧のサービスハウスでは、エクササイズのためにプールを設けることが義務づけられている。

ストレッチングと運動エクササイズ

チェアストレッチングやエアロビクスは、最もよく行われるエクササイズある。エクササイズは、午前中か午後の早い時間に行われる。アクティビティドクターが、ビデオと大型モニターを使って指導する。30cmほどの高さの台の上にモニターがあれば、立っていながらでも見やすい。エアロビクスやフィットネスには、カーペット敷きの床が適している。

61
歩行のすすめ

歩行は、最も重要なエクササイズである。歩行がおぼつかない者には、外を1、2周するだけでも大変な運動である。歩行を励ますスタッフや、それを促すような外構設計が求められる。廊下では、歩行が楽しくなるような工夫が欲しい。屋内の廊下や敷地内の通路、街路の歩道などが融合した遊歩路のシステムがあれば、理想的である。

階段の利用を促すために踊り場に置かれたいす：階段を上がる途中で腰を掛けて一息つけれるように、いすが置かれている（エルダーホームステッド・プログラム／ミネソタ州ミネトンカ、p. 295）

屋内の歩行

入居者に、できるだけ歩行を励ますことが大切である。バランス感覚に乏しい者には、車いすでなく、なるべく歩行器や杖の利用を勧めることである。ダイニングルームに向かう廊下の途中に、12m程度おきにいすがあれば、そこに腰掛けて一休みできるようになる。運動で階段の利用を促すには、踊り場にいすが欲しい。片廊下が多い北欧には、そのアルコーブにいすが置かれている例も少なくない。

62 ユニバーサルデザインの適用

身体障害者への対処が発端となったユニバーサルデザインは、その後、他分野へと波及した。その手法や機器、ツールなどを紹介した書籍は豊富にあるが、建築設計に関するものはまれである。シニアリビングでは、住戸や共用スペース、敷地、出入り口などのアクセシビリティや使いやすさが、その適用対象となる。高齢者は、ユニバーサルデザインによる最たる受益者といえる。とはいえ、若者の身体障害者用に取り付けられた握り棒では、彼らには役に立たないのである。

握り棒の取り付け下地になるベニヤ板：あとからでも握り棒の位置を調整できるように、壁下地に18mmのベニヤ板が使用されている

トイレの改修

若者の身体障害者が使いやすい位置に握り棒があっても、高齢者には使いにくい。一般

的に、握り棒の位置は、車いすの利用者の上半身の力が強いことを前提に決められる。しかし、それは筋力が衰えた高齢者(特に女性)には、不適切である。また体格によって、高すぎたり低すぎたりもする。トイレの壁下地を18mmのベニヤ板にすれば、あとからでも手すりの位置を調整しやすくなる。便座から立ち上がるとき、体を押し上げる者もいれば、引き上げる者もいる。下地がベニヤ板であれば、入居者が入れ替わっても容易に対処できる。平均サイズの靴が誰にでも合わないように、握り棒の位置も同様である。

6つのガイドライン

アメリカ合衆国連邦公正住宅法設計基準(1996年)には、次のようなガイドラインがある。

- 斜路：勾配は5％以下とすること。踊り場を9m以内おきに設けること。最小幅は1.2mとし、車いすのすれ違いには1.5mとすること。手すりの位置は床面から80cmの高さである。
- 身体障害者用バスルーム：各機器は1.5m以上の間隔で据え付けられること。外開き扉を用いること。シャワースペースの広さは90×90cm、90×120cm、または80×150cmとし、縁の立ち上がり高さは1cm以下とすること。住戸数の5％程度に身体障害者用バスルームを備えること。
- アダプタブルなバスルーム：中で車いすのTターンやKターンができること。外開き扉または引き戸を用いること。便器の前には75×120cm、バスタブとシャワーの外には75×120cmの余裕を設けること。専用トイレは、幅120×奥行き165cmとすること。
- シャワー：カリフォルニア州の基準によれば、シャワースペースの広さは90×90cmまたは75×150cmである。しかし最適なのは、90×150cmまたは90×120cmである。車いすでの利用のために立ち上がりを省くこと。
- キッチン：流し台の前に90×120cmのスペースが必要である。ベースキャビネットは、高さ68×幅90cmとし、車いすでの利用のために取り省けること。
- 扉：最小寸法は90cm(有効開口幅80cm)である。ラッチ側に45cmの余裕があること。住戸内では引き戸が望ましい。バスルームでは、幅105cmの引き戸があれば、出入りが楽になる。

自宅の設備

自宅で暮らす75～84歳の4分の1の高齢者が、ADL(日常動作)に難を抱えている。85歳以上ではこれが50％に達する。自宅のうち、握り棒の設置があるのは23％、また、車いすに対応しているものは9％であった。コールボタンは5～8％、手すりは8％、さらに斜路は5％に設置されていた。自宅でもバスルームやキッチン、階段は最も危険な部位である。

CHAPTER 6

五感への刺激

高齢化すると、聴覚や視覚、触覚、臭覚、味覚が衰える。感覚の衰えは、刺激への反応を鈍くする。そうなれば、刺激の判別や質の吟味、環境への対応が適確でなくなる。

衰えには、眼鏡や補聴器などによって補えるものと、そうでないものがある。衰えれば、以前よりまぶしさが気になるばかりか、周囲の騒音で会話が難しくなったり、料理の味を感じなくなる。高齢者が快適に暮らせる環境づくりには、検討すべき課題がまだ多く残されている。マッサージ療法や芳香療法、スパバスなどによる効果が注目されはじめている。

設計の最中は、ささいなことでも知覚への影響を考え、快適でわかりやすい空間かどうかを、繰り返し問うてみることである。

63 色彩と柄

高齢者の嗜好や生理にも配慮した、色彩や柄の仕上げを選択することが重要である。高齢化すると角膜が黄化し、識別には十分な明るさや強いコントラストが必要になる。明瞭なコントラストは、視覚の衰えを補う。明るい色彩の部屋は広く、暗いものは狭く見える。濃い背景に明るく書かれた文字は、読みやすい。

カーペットや壁装材の柄：柄のあるカーペットや壁装材が、エレガントなカーテンと対比的に使用されている（ゴッダード・ハウス、p. 173）

さまざまな色彩感覚

生い立ちや文化が異なれば、色彩感覚も異なる。そればかりか、色彩や柄にはそれぞれ固有の象徴性や意味がある。一般的に、赤やオレンジ、黄色などの暖色系を用いた空間では、活気を感じる。一方、青や紫、緑などの寒色系のものは落ち着きを感じさせる。

黄化した角膜では、青は灰色に、白は黄色に、柴は灰色に、さらに青や緑は同じに見えてしまう。また、青やラベンダー色、ピンク色などのパステル系は識別しにくい。明瞭な色彩が好ましく、それには赤やオレンジ、黄色などがある。仕上げの色彩は、周囲の明かりの影響を受ける。白熱灯の下では、白い壁は黄色く見える。昼光色の蛍光灯では、白熱灯や自然光と同じような効果を得られる。補色どうしはコントラストを生むので、緑のカーペットが敷かれた部屋には、赤い色相の家具が適している。反射率は、天井で70～90％、壁で40～60％、さらに床で30～50％が望ましい。

柄

パターンクロスや壁紙を用いても、部屋の雰囲気は変えられる。パステルイエローや薄茶の柄付きの壁紙が望ましく、深みのある色彩で、部屋のスケール感に適した柄が好ましい。いすの背もたれの大きな柄は、広いダイニングルームでは違和感がないが、狭いオフィスでは目障りである。ワンパターンで統一するのがよいかどうかは、好みの問題といえる。

64
テクスチュア、におい、音

病院の屋内の雰囲気は、均質で素っ気ない。その仕上げの色彩や柄、環境光は、生活する空間としては不向きである。居心地よい場所で記憶を呼び覚すにおいや音、香りなどがあれば、その雰囲気は一変する。

屋内の雰囲気をやわらげるアクセサリー：居心地よさを増すために、ソファにぬいぐるみや人形が置かれている。クリプトン加工の生地が用いられている

テクスチュア

さまざまなテクスチュアを用いれば、空間の表情も豊かになる。テクスチュアは、視覚障害者が場所を知る手がかりにもなる。米国では、屋内に石やれんがなどの外装材を用いることはまれであるが、北欧ではれんがやスタッコなどが屋内の壁にも使用される。

におい

食べ物のにおい、なかでもパンを焼くにおいは実に香ばしい。認知症用の施設では、家庭を思い起こさせるためににおいが利用される。クッキーのにおいは、おやつの時間の合図にもなる。北欧では芳香療法が普及している。ポーチやバルコニーには、季節の香りが感じられる。

音

心地よい音楽が刺激となって、記憶が呼び覚まされることがある。夕食前に、音楽が流される施設も少なくない。リビングルームのジュークボックスの音楽も好まれる。入居者が選んだ曲を、ほかの入居者が気に入れば、そこから交流が始まることもある。折にふれて、スタッフが生演奏をするのも妙案である。音は、その場の雰囲気を豊かにしたり、ふだんとは異なるものにする。オランダのヴィースプにあるホーヘウェイ認知症専用施設の廊下には、鳥のさえずりや波の音、ハワイアン音楽が流れており、そこは南海に浮かぶ島の別荘地のようである (p. 263)。人が近づくと、動作感知器が反応して音が出るようになっている。幻想的な壁画や家具、鳥のさえずりや羽ばたきが聞こえるので楽しい空間である。

65
騒音と悪臭対策

ナーシングホームの屋内には、特有の悪臭や騒音がある。特に、失禁のにおいは深刻である。最近の施設では、新素材や技術を用いてこの問題に対処している。いすやソファにクリプトン加工の生地を使えば、尿の浸透を防げる。コンクリートの床に、裏打ち材付きの抗菌性カーペットを敷いても、同様の効果を得られる。換気計画では、廊下などの共用スペースでは正圧の気流が、住戸のトイレの換気シャフトを経由して、屋外に排出されるようにする。これで、共用スペースから悪臭がなくなる。個人用の失禁対策用品も、においの問題の改善に役立つ。

光沢性の仕上げの反射や、騒音で不快なナーシングホームの廊下：カーペットや壁装材、アートワーク、吸音性天井は騒音を抑え、雰囲気を豊かにする

騒音の問題

硬質の仕上げは、騒音を増幅する。清掃がしやすいことを理由に、カーペットが適した部屋にビニール製の床材を用いれば、この問題は拡大する。上質のカーペットは、吸音性に富むばかりか、転倒の際の衝撃をやわらげもする。騒音対策には家具も有効である。ダイニングルームのいすの背もたれにはクッション製の素材を、また、窓際のカーテンには厚手の生地を用いるのが望ましい。

66 弾力性のある素材

カーペットは、高い安全性を持つ床材である。こぼれ落ちた食べ物で汚れやすいダイニングルームや、靴底の泥で汚れがちな風よけ室には、丈夫で掃除がしやすいループカーペットが適している。認知症用のダイニングルームには、裏打ち材付きのビニールシートが最適である。木目調の柄など、魅力的なデザインのものが豊富にある。

バランス感覚に乏しい高齢者にも安全なカーペット：誘い込むような腰壁や開口がある廊下（ヒースストーン・アット・ニュー・ホライゾンズ認知症棟／マサチューセッツ州マールボロ）

けがの防止

バスルームの床には、清掃のしやすいノンスリップのビニールシートが使用される。柄のある住宅用など、種類も豊富である。スタッフが頻繁に使う階段にもカーペットを敷けば、つまずいて転んでもけがの心配がなくなる。家具の鋭角な角や縁も、けがの要因になる。カウンターなどの造り付け家具の角を面取りで処理する。また、テーブルトップでは、ガラスや金属の使用は避けたい。

67
快適な入浴

ナーシングホームでの入浴には、失望させられることが多い。味覚や臭覚、触覚が衰えた高齢者が、何かに気持ちのよさを感じる機会は少ない。気持ちのなごむ入浴は好まれる。ところが、ナーシングホームでは、それが面倒でいやな体験になってしまう。水や入浴に嫌気や恐怖感を示す認知症の高齢者もいる。それにしても、快適で魅力的なバスルームはまれである。シャワーやリフト付きの浴槽、便器、洗面器、棚がひと通り備えられているが、そこは薄暗くタイル張りの寒々しい空間である。

長期ケア施設ではまだまれな気持ちのよい入浴ができる：渦巻き浴槽やディマー付き照明、ヒートランプ、音楽、泡風呂、ろうそくがある浴室（ハーバー・ハウス、p. 205）（Photo：Skot Wiedemann Photography）

寒々しく騒々しいバスルーム

ヒートランプや補助暖房器があれば、すぐにバスルームを温められる。白色（赤外線でなく）の250ワット型ヒートランプは、部屋を明るくするほか、皮膚の状態や打撲の跡を見るにも役立つ。壁が無機質な仕上げの空間では、音が反響する。騒音源にもなるバスルームでは、外部に音がもれ出ないように配慮する必要がある。撥水性と吸音性を兼ね備えた天井材や、厚手のカーテンを用いれば反響を防げる。棚に積まれたタオルでも、同様の効果を得られる。横入り型のバスタブでは、給湯の際に大騒音が発生する。

音楽と芳香療法

部屋を暖かくする以外にも、入浴を快適にする方法がある。入浴オイルやアロマポットを利用する芳香浴は、大変にくつろげる。渦巻き浴槽でオイルを使用すると、故障の原因になる。なごやかな音楽を流したり、部屋の照度を下げてろうそくをともせば、より楽しい入浴になる。衛生を保つだけでなく、気持ちをリラックスさせるために入浴する女性も多い。入居者の楽しみのために、スパマッサージを提供する施設はまだ少ない。

空想と意外性

空想的で楽しい入浴もある。空を模して描かれた天井と壁の風景写真とで、屋外にあるような雰囲気のバスルームにできる。こわがる高齢者の気をそらすために、入浴用のグッズが用いられることもある。ワインを少し口に含んでから、入浴を楽しもうとする者もいる。空想的で気持ちのよい入浴は、タイル張りの寒々とした空間でのものより、明ら

かに好ましい。

スヌーズレン浴
オランダのホーヘウェイやデ・ラントレイトでは、スヌーズレン浴が試みられている。スヌーズレン浴は、言語以外の感覚器官に頼る者への入浴療法で、音楽や香り、マッサージ、映像などが利用される。

68 まぶしさへの対処

電球を半透明のシェードで覆えば、光が分散してまぶしさはやわらぐ。角膜の硬化に加え黄化した高齢者は、まぶしさを感じやすい。まぶしさは、白内障を進行させる。暗い部屋から急に明るいところに出ると、まぶしさを感じる。また、濃い色彩の壁の部屋で、明るい窓に目を転じても同様である。部屋の照度を上げたり、壁の色彩を明るくすれば、全体の明るさが平準化され、まぶしさも緩和できる。暗さを補うには、天窓が用いられることもある。

天窓からの自然光で明るいラウンジ：住戸に入る自然光が、ガラス扉の向こうのラウンジを明るくしている。自然光が加わって部屋の環境光の明るさが増し、まぶしさが抑えられる

まぶしさをやわらげる工夫
ポーチやひさしを用いて、壁際の急激な照度差を緩和しても、まぶしさがやわらぐ。廊下の端部の窓も、まぶしさを生む。廊下の暗さと、窓から入る自然光の明るさとのコントラストによるものである。これを避けるには、側壁に窓を設けることである。空間の奥まで明るさを届ける高窓では、あまりまぶしさを感じない。光源が直接目に入らない間接光も、効果的である。直接光と反射光を生むペンダントライトは、廉価で、良質の明かりを提供する。

CHAPTER 7

幸福感の創出

ナーシングホームや病院には、幸福感が乏しい。ユーモアや思いがけなさは、憂うつな状態を改善する。

　自宅のような居心地のよさや愛情にあふれた環境では、入居者もいきいきとしてくる。ホームシックにかかっている入居者も少なくない。住み慣れた自宅には、日常的な光景や物が至る所にあった。犬が寝転ぶ玄関先の階段、裏庭のバーベキューテラス、母から譲り受けた家具、家族と植えたりんごの木など、思い出深いものばかりである。家庭生活を思い起こさせるものがある施設では、生活も充実する。ペットや子どもたちがいたり、植物が育つ環境では、楽しさも加わる。また、過去の記憶を呼び覚ますには、アートワークが糸口になることもある。

　建物や家具、スタッフ、ほかの入居者、ビジターなどは皆、喜びや笑い、楽しさ、驚き、思いがけなさを与えてくれる。これらに満ちた足りた環境では、入居者は幸福を感じることができるだろう。

69 ペット、植物、子どもたち

ウィリアム・H・トーマス博士が1966年に提唱した介護哲学「エデン・オルタナティブ」によれば、長期ケア施設では、ペットや植物、子どもの存在が望ましい。それらは高齢者に喜びを与え、彼らのノーマリティのレベルを向上させる。

喜びをもたらす子どもたち：メッツァタティでは、高齢者と子どもたちがともに食事の支度をする

子どもがいる環境

子どもが遊ぶ姿や彼らとの交流から、ほかには代え難い満足感を得る高齢者が多い。世代間で交流が行われれば、すばらしい結果が生まれる。マサチューセッツ州のボストン

にあるウィーロク大学は、ストライド・ライト・インターナショナル・センターと共同開発した、世代間交流プログラムで知られている。それには、職員の子どもたちと祖父母向けのデイケアプログラムも含まれている。また、高齢者と子どもを交えた教育にも特徴がある。交流に利用される共有スペースもあるが、子どもには専用保育室が用意されている。

高齢者に率先させること

世代間交流では、高齢者に率先させることが、その質を左右する。子どもたちが遊ぶ姿を見るだけの消極的な交流や、自らも参加する積極的なものを選択できる環境が必要である。遊び場からさまざまな距離でいくついすを置いて、心地よく感じる場所を選んで座れるようにしたい。子どもの騒がしさや雑然さが気になれば、距離やフェンス、ランドスケープでやわらげる。屋内のどこかに、子どもが遊びやすい交流スペースがあるとよい。玩具入れ、それに子どもと大人用の家具がそろえられていれば、そこは遊びや交流の場になる。子どもの騒がしさに鋭敏な入居者もいるので、彼らの気に障らないような場所が望ましい。

空間の共用

同じ敷地に別棟で、保育園とシニアリビングが建てられている例もある。交流は、どちらか一方の施設か、ラウンジや庭などの共用スペースで行われる。マサチューセッツ州のクリーブランド・サークルにあるザ・ヘリテージには、ケア施設と保育園が共用する特別なラウンジがある。ガラスのパーティションと扉で区画されており、意図的にも偶発的にも交流が生じやすいようになっている。ヴァージニア州のサンライズ・オブ・フェアファクスは、メリット・アカデミー私立学校と敷地を共用している。ふだんは学生を招いてケア施設内で交流が行われるが、時には高齢者が出向いて学校行事に参加することもある。施設も学校もサンライズ・コーポレーションの系列機関に属するため、プログラムの構築は比較的容易である。学年ごとに異なる交流プログラムも用意されている (p. 295)。

ヨーロッパの世代間交流

ヨーロッパには、高齢者と子どもの双方にケアを提供する事業者も少なくない。双方のアクティビティに関与する彼らは、世代間交流プログラムも用意しやすい。子どもに親しまれるようなデザインの建物が多く、なかには保育室付きのサービスハウスもある。メッツァタティでは、12人の子どもと14人の高齢者が1棟を共用している (p. 221)。建物の両翼に、それぞれ高齢者の居住エリアとデイケアセンターが配されている。キッチンや洗濯室、オフィス、ダイニングルームなどは、共用施設である。ほかに子どもたちには、専用の遊戯室と休息室が設けられている。両者は、ダイニングルームで一緒に食事をする。施設の至る所で、両者が参加するアクティビティが行われている。住人同士が互いに顔見知りの平穏で小規模な町では、このように2世代を融合した施設の運営は、比較的容易である。

世代間交流のために保育園を併設している
メッツァタティ

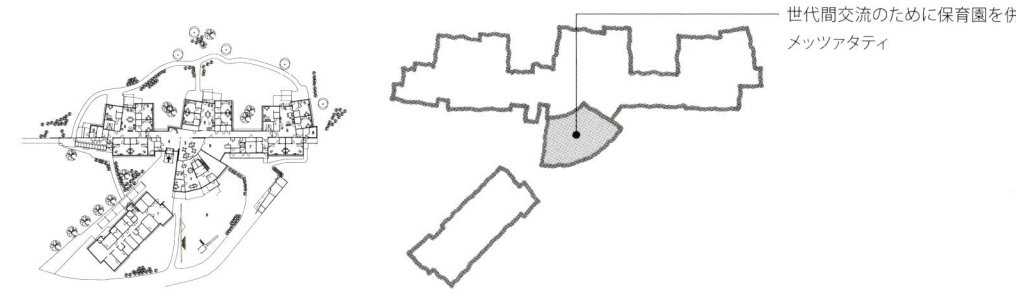

ペット

何かに心を通わせる機会が希薄になりがちなケア施設では、犬や猫などのペットは愛らしい存在である。インコも、飼いやすいので好まれる。動物の飼育には、水場や餌場、遊び場、排泄場、寝床などが必要である。

ペットの居場所

コロラド州のデンヴァーにあるアーガイル・ケア施設では、車いす置き場のアルコーブが猫の寝床になっている。飼育器の普及によって、鳥もよく飼われるようになってきた。庭をフェンスで囲って、うさぎを飼育する施設もある。飼育を禁止している施設を動物を連れて、巡回する業者もいる。

植物

植物は環境の向上に役立つと同時に、それを世話をするという感覚を高齢者に覚えさせる。犬のように愛らしい反応こそないが、丹念に手入れをすればいきいきとしてくる植物の世話を趣味にする高齢者も多い。外出が難しい者には、屋内に観賞用の鉢植えがあるとよい。入居者に植物の世話を任せれば、ものを育む感覚を呼び覚まされ、人間性の回復に役立つほか、生活の質も向上する。

植物の効果

低木や中木、高木などがさまざまに育つ庭には、魅力的な自然美がある。植物を利用して、ダイニングルームなど広い空間を仕切ることもある。また、プレビューイングのために植物を用いるこもある。自然光が届かない場所には、造花が適している。

ヨーロッパの植物

アトリウムは、背丈がある草花や高木の育成にも最適である。ガラス屋根を通して入る生長に必要な日差しや、比較的安定した室温のおかげで、熱帯種の育成も可能である。スカンジナヴィアの屋内植物の利用に対する積極性は、長く暗い冬でも自然に触れようとする欲求から生じている。

70
あたたかみのあるインテリア

気のきいたアートワークに欠けていることも、ナーシングホームの雰囲気が陰湿な理由のひとつである。まれにあるにしても、感情に触れるものは少ないのが実情である。価値のある作品でも、風景画や抽象画では、入居者の感性を触発することはできない。高齢者の気をひくイメージを探すのは、大変難しい。子どもの姿を描いたシーンや、動物やユーモアをテーマにしたものが望ましい。

愉快なノーマン・ロックウェルのイラスト：入居者たちが若かったころの20世紀前半の日常を、ユーモアのセンスで描いている

記憶を呼び覚ますイメージ

子どもやペットのイメージが、記憶を呼び覚ます糸口になることがある。感情に訴えかけるようなメッセージを発する絵画や写真を見て、笑みを浮かべ、それについて語りはじめる入居者もいる。知的解釈を求める抽象絵画は、理解されにくい。認知症の高齢者には、不穏で暴力的なアートは、禁物である。骨董品や民芸品にも、記憶を呼び覚ます力がある。ペンシルヴァニア州のオークモントにあるウッドサイド・プレイス (p. 297) の壁には、方向確認のために異なる色彩の大きなキルトがいくつか掛けられている。住宅に用いられるような備品や素材で満たされたリビングルームには、あたたかみがある。その場の雰囲気をなごませる子犬やぬいぐるみ、シマリス、うさぎなどは、入居者の感情にも触れる。特に女性の入居者にとって、これらはかわいらしい存在である。

71
ユーモアと意外性

楽しげな写真やアートワーク、アクセサリー類を見かける長期ケア施設が少ないのは不思議なことである。笑いによる治癒力や積極性を与える力があるにもかかわらず、その効用があまり活用されていない。ユーモアの

センスを持つ作品には、アートワークなどさまざまなものがある。

ユーモアのある光景：笑いを誘う帽子をかぶってほほえましく見える犬の置き物。
ユーモアは入居者やスタッフに活気を与える

アートワークや写真のユーモアの重要性

米国の画家であるノーマン・ロックウェルは、アメリカの小さな町の20世紀初頭から中ばごろの日常生活をユーモアのセンスで表現している。彼の作品には、当時の記憶を呼び覚ます力がある。子どものころに経験した日常を思い起こさせるシーンは、有意義で喚情的である。

ユーモアのある環境の創出

ユーモアのセンスがある漫画は、笑いを誘う。廊下に、漫画やジョーク、愉快な体験や逸話をテーマにした作品が飾られていれば、その場がいきいきしてくる。見慣れないアクセサリーが不自然な状況であるのを見れば、好奇心がわく。サンライズ・オブ・ミッション・ヴィエホには、ガーデニング用の針金でつくられた、色鮮やかな昆虫や動物が置かれている (p. 184)。一見理解し難い対象でも、好奇心でそれを見極めようとするのは楽しいことである。絵の中の間違い探しをする子どもの懸命な姿は、心ひかれる光景である。葉巻きをくわえた模型の犬がトランプ遊びする姿は、愉快である。

喜劇

漫画家やユーモア作家の過去の作品には、楽しかったころの昔を思い出させる力がある。1950年代から60年当時のジョークや喜劇映画のなかには、最近のヒット作よりおもしろいものもある。

72 回想と追憶

療法に古道具や昔の写真、骨董品が利用されることがある。認知症のために行われるバリデーション療法では、記憶を呼び覚ますために、懐かしい写真や古道具が積極的に用いられる。屋内に置かれた昔の生活用品は、入

居者の精神を刺激するのにも役立つ。ふだんは箱の中に保管されている古道具を取り出して、話題にすることもある。観察しようと、それに触れる認知症の高齢者もいる。

回想のための年代物の衣類：整髪や化粧、爪切りなどで使用される化粧台。今後は自己表現のために、身だしなみが大切になってくる（Photo：Jerry Staley Photography）

記憶を呼び覚ます写真

卒業や結婚、出産など人生の節目の写真には、記憶を呼び覚ます効果がある。入居者が生まれ育った地域の昔の写真も同様である。それには、集会施設や大きな交差点、商店街などの風景写真がある。地域の美術館や大学、商工会議所に保存されている資料の複製を利用する。

CHAPTER 8

住戸の設計

入居者にとって自室は、最も身近なプライベートな空間である。一日の大半を過ごしたり、私物を飾れる場所である。自宅で愛用していた家具は、楽しい記憶を呼び覚ます糸口になる。

住戸では、特に安全性が求められる。多くの危険が潜んでいるバスルームは、使いやすい握り棒やトイレ、シャワー、それに滑りにくい床の仕上げなどが備えられる。自分で明るさや換気、室温を制御できることも大切である。プライバシーの確保や生活の自立性に役立つ設備が整えられた自室から、ダイニングルームなどの共用スペースに行きやすいことも欠かせない。

満足な日常生活のためには、バスルームやトイレ、簡易キッチンなどの設備や、私物を置けるのに十分な広さが必要である。家族が泊まれるゆとりもあれば理想的である。

73 自己完結型ハウジング、外部依存型ハウジング

オランダでは、入居者の自立と自由への関心が高い。ハウジングにはふたつの形式がある。ひとつは、外部のサービスに頼る外部依存型ハウジング（自立型）であり、もう一方は、施設運営の一環として食事やパーソナルケアなどが提供される、自己完結型ハウジング（サービスサポート）である。これは米国のハウジング・アンド・サービスモデル、およびアシステッドリビングに相当する。

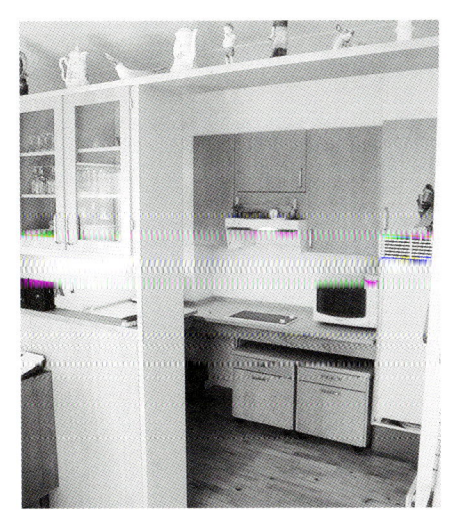

外部依存型ハウジングにはフルキッチンがついている：入居者による自炊やスタッフによる調理に使用されるキッチン（フレデリクスベア高齢者センター／デンマーク・アールフス）

支援型と自立型

高齢者の属性が異なれば、彼らに適するハウジングの形式も同様に異なる。自己完結型は衰えが重度化した高齢者や認知症の者に、一方、外部依存型は夫婦やエイジング・イン・プレイスを求める者に適している。後者がうまく機能するには、北欧のように、訪問ケアのシステムが整備されている必要がある。しかし、システムが未熟にもかかわらず、これを好む者が米国には少なくない。最近の住戸は大型化してきている。自立型では、広さの平均が33m^2である。エイジング・イン・プレイスのための部屋の浴室には、スタッフが入浴を介助できるほどの広さが必要である。

オランダのモデル

フマニタス・ベルグウェグのように、最近のオランダの施設の住戸は、訪問ケアや食事の宅配を受けられるほど広い (p. 162)。フルキッチンと浴室がついているサービスハウスの住戸では、51〜60m^2である。ケアや食事、アクティビティは、隣接するサービスセンターから提供される。しかし、入居者の衰えが重度化すれば、この種のハウジングは機能しにくくなるであろうとの危惧も一部にある。最近の、ロス・アンデッシュ・ガード (p. 210) やヴィランランタ (p. 200) では、最も衰えの進んだ者に重点が置かれている。その認知症用の住戸は23〜30m^2であり、広い共用スペースを囲んで配されている。

ロス・アンデッシュ・ガードの開放的な共用スペース

デ・ペルフロムホフのケーススタディ

デ・ペルフロムホフは、2種類のハウジングが融合した施設である。フルキッチンと浴室付きで広さが60〜65m^2の自立型住戸 (169戸) と、32m^2の支援型住戸 (46戸) から構成されている (p. 282)。前者では昼食だけが提供されるが、後者では日に三度の食事が提供される。ここの入居者は、別の施設の18m^2ほどの住戸から転居してきた。その際、いずれかを自由に選択することができた。広い自立型と、狭いが充実したサービスを受けられる支援型の希望者は、同数であった。どちらの年齢層も残存能力のレベルも、ほぼ同等であった。

74
玄関の工夫

玄関の天井を少し低くすれば、親密さを演出できる。扉脇に間接照明やブラケット型ライトがあれば、顔を照らせる、明かり溜りができる。床の仕上げを変えれば、たたきの代わりになる。大切な私物やアートワーク、骨董品、家族の写真などで飾れるように、アルコーブがあれば理想的である。そこは部屋の"第一印象"の場でもある。大きな住戸では、傘立てやコート掛け、洋服棚も欲しい。

ナーシングホームにある簡易キッチン付きの住戸：個性的な住戸での生活は、積極性が生まれる。私物を持ち込めるほどの広さの住戸である（ポスティルヨーネン、p. 216）

部屋の玄関

一般住宅のような雰囲気の玄関づくりには、扉脇に小窓や照明器具を添えることである。マサチューセッツ州のハイアニスにあるキャプテン・クラレンス・エルドリッジ高齢者集合住宅(p. 78)では、小窓とダッチドア、それにキッチンに囲まれたアルコーブがある。廊下に接したそこは、隣人との談笑にも利用されるセミパブリックゾーンである。プライベートゾーンには、ベッドルームやバスルームがある。オランダのアルメーアにあるデ・オファーロープのキッチンにも窓やダッチドア、アルコーブがある。キッチンとベッドルームは、背の高いキャビネットで仕切られている。北欧には外気や騒音の遮断、プライバシーの確保などで、風よけ室を備える住戸もある。

75
個性的な住戸

部屋での満足のいく生活には、個性的なしつらえが欠かせない。それには、愛用の家具や私物を置くことである。部屋には住宅をイメージさせる壁紙や床仕上げ、照明器具、キッチンキャビネット、それに窓が欲しい。アクセサリーや、気のきいたことわざやジョークを掲示したコルクボードで、廊下のアルコーブを個性的にす

るのも妙案である。写真や記念品で、自己紹介を兼ねることもできる。アルコーブに家具やアートワークが置かれることもある。

個性的な雰囲気の住戸：壁紙の帯や木目調のビニールの床、ペンダントライト、住宅用の家具、アクセサリーが部屋のヒューマナイジングに役立っている（ウッドサイド・プレイス、p. 297）

設置基準による家具

ベッドやナイトスタンド、ベッドテーブルの設置を求める規則もある。備え付けの家具があっても、個性的な部屋づくりは可能である。病院用のベッドは、ケアには便利だが、趣に欠ける。好みの柄のベッドカバーやアクセサリーでカモフラージュすれば、個性的な見映えになる。

ウッドサイド・プレイスのケーススタディ

ペンシルヴァニア州のオークモントにあるウッドサイド・プレイス (p. 297) の $14\,m^2$ の部屋には、快適に過ごせるように、さまざまな工夫が施されている。床の木目調のビニールシートは、見映えがよく維持もしやすい。部屋の2面には9 cm幅の棚があり、小物を置けるようになっている。衣類を掛けられるように、棚の数か所にフックがついている。住宅用のペンダントライトが、直接光と間接光で部屋を明るくしている。一般住宅のような雰囲気づくりには、腰高の低い窓とその方立てのプロポーション、額縁のデザインなどが役立っている。

北欧の住戸のつくり方の例

ヨーロッパでは住宅用の建材がよく使用される。屋外ではスタッコやれんが、ガラスなど住宅ではまれな建材も見られるが、屋内には明らかに住宅を意識したものが用いられている。リース期間が比較的長いので、入居者が入れ替わっても、部屋の仕上げを張り替えることはない。自宅で愛用していた照明器具や、キッチンベンチなどの家具を持ち込む入居者もいる (p. 231)。北欧では、カーペットの代わりに、木目調のビニールシートやラミネートシートがよく用いられる。比較的広い住戸には、造り付け棚やクロゼットも備えられている。

76
安全なバスルーム

バスルームの設計では、安全性への配慮が特に重要である。そこで入居者は、立ち上がりやしゃがみ込み、かがみ込み、移動、回転などさまざまな動作を行う。トイレやシャワーでバランスを失って、転倒してけがをする危険がある。衰えが重度化した高齢者の40％は、歩行器や杖、車いすなどの利用者である。少なくとも戸数の10％にはアクセシブルなバスルームが、すべてにアダプタブルなものが設けられることが望ましい。

使いやすいロールインシャワー：窓付きのバスルームの隅にシャワーがある。天井にはリフトレールがついている（ロス・アンデッシュ・ガード、p.210）

アダプタブルなデザイン

アダプタブルなバスルームでは、入居者のニーズに合わせた調整が可能である。幅広のドアやひざを入れられるカウンター、可動式キャビネット、スイッチや握り棒の取り付け下地などを備えている。必要に応じて機器の追加も可能である。

アクセシブルなデザイン

アクセシブルなバスルームには、幅広のドアや車いすが旋回できるスペースの余裕、低めのカウンター、レバー、いす、握り棒、カウンター下のひざ入れ、コールボタン、手元のスイッチや制御器などが備えられている。スタッフが介助できるように、十分な広さもある。

バスルームの扉

バスルームには、幅1mの引き戸が便利である。身体障害者には最も使いやすく、革ひもを引いて開閉できればなおさらである。米国では幅90cmの外開き扉がよく使用される。内開きでは、中で転倒した者の救出が難しい。幅が105cmもあれば、介助を伴って車いすで入るにも十分である。部屋の入り口からバスルームをのぞき込まれないように、入り口のほうに向けて開くべきである。扉や壁にフックがあれば、衣類を掛けるの

に便利である。認知症の入居者にトイレの使用を促すのに、便器を照らす例もある。動作感知器の前を通過すると、中の照明が点灯する。

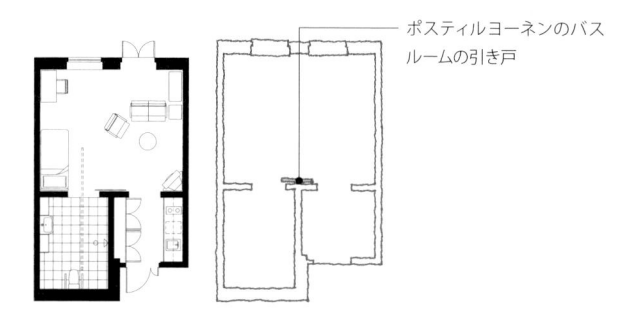

ポスティルヨーネンのバスルームの引き戸

トイレのデザイン

便座の高さは、43〜45cmが好ましい。高さ調節に、厚い便座を用いることもある。高めの便座では、立ち座りが楽である。しかし、高すぎると足が床につかなくなる。これでは座る位置を調整できないばかりか、立ち上がるときに不安定で危険である。便器の横には握り棒が、手の届く位置には紙巻き器が、便器とシャワーの間にはコールボタンが欲しい。転倒時に備えて、シャワー脇にも幅木の高さでボタンあれば万全である。トイレに気づきやすくするために、ベッドから見える位置に便器を設置する例もある。

洗面所のデザイン

入りやすい洗面所に、使い勝手のよい機器が備えられていれば理想的である。横使いの洗面器では車いす用の蹴込みスペースは不要だが、正面使いの洗面台には、後から幕板を取り省けるようにする必要がある。北欧では、車いすの利用者のために、このようなキャビネットが用いられている。タオルやせっけん、薬を置くのに棚も設置したい。幅90cmほどのキャビネットに鏡付けがあれば、自分で顔色を見たり、整髪できるようになる。ひげ剃りや化粧には、拡大鏡が便利である。

シャワーのサイズ

シャワーのサイズは、90×120cmが最適である。それより小さいと、介助を伴ってのシャワーが難しくなる。75×150cmでは幅が狭すぎ、周囲に飛び散った水でぬれた床で、滑って転倒する危険が生じる。奥行きが150cmもあれば、握り棒が遠くなってしまう。安全のために、水栓がある正面の壁には縦付けの握り棒が、横や背後には横付けのものが欲しい。ハンディシャワーがあれば、座ってでもシャワーを浴びやすくなる。シャワーチェアのほかに、高さ調整付きのシャワースツールもあれば便利である。お湯の最高温度を43度にしておけば、熱湯を浴びてやけどを負う危険がなくなる。

北欧のロールインシャワー

ヨーロッパでは、ロールインシャワーが普及している。バスルームの隅に、車いすで使用できるシャワーを設けたものである。床全体が防水仕様で、シャワーコーナーの排水口に向けて勾配がつけられている。浅く広い浴槽が用いられている例もある。ロンドンにあるサンライズ・オブ・フログナル・ハウスには、シャワーより入浴を好む者のため

に、浴槽が備えられている。

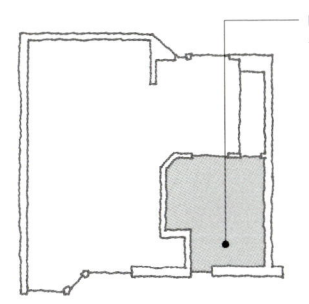

ロス・アンデッシュ・ガードのロールインシャワー

その他の留意事項

滑りにくい床で、住宅で見られるような柄のある壁仕上げが望ましい。部屋全体を十分明るくするには、3つの照明器具が必要である。洗面台の上と部屋の中央、それにシャワーの上にひとつずつ配置すること。熱源にもなる250ワットのヒートランプがあれば、さらに明るさは増す。便器と壁の色彩にコントラストがついていれば、それとわかりやすくなる。雰囲気の乏しさを補うには、壁の帯柄が効果的である。

77
簡易キッチンとフルキッチン

部屋の簡易キッチンは、象徴的にも機能的にも役立つ。それがあれば部屋での生活にも幅が出てくる。自室で調理ができれば、食事の選択肢も増える。冷蔵庫にダイニングルームから持ち帰ったフルーツやサンドイッチ、アイスクリームなどを保存できる。米国ではシンクと冷蔵庫、電子オーブン、キャビネット付きの幅1.5〜2.4mの簡易キッチンが見られる。エイジング・イン・プレイスが重視されている北欧では、フルキッチンが備えられる。自炊の習慣がない米国でも、冷蔵庫やシンク、電子オーブンは便利に使われている。

北欧のキッチンデザイン

高度に組織化された訪問ケアシステムに依存し、エイジング・イン・プレイスが重視されている北欧では、フルキッチンの設置が一般的である。そこで、毎日高齢者に朝食を用意するスタッフもいる。キッチンがあれば、自宅での日常生活の記憶が呼び覚まされるほか、炊事を通した自立性の維持も可能になる。住戸が大きくなるにしたがって、付属設備も充実してくる。クックトップと電子オーブン付きのキッチンを備える認知症用の住戸もある。

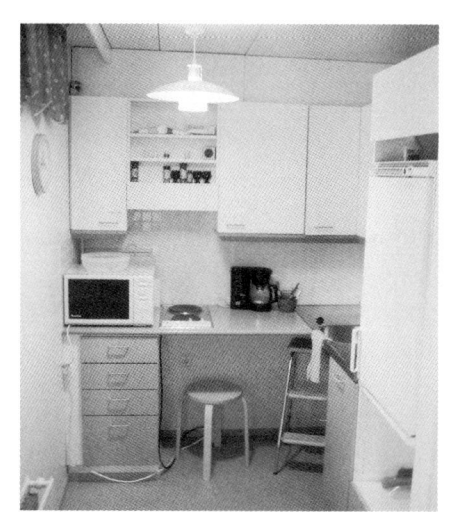

北欧で普及しているフルキッチン：規則に従って設置されたコンパクトキッチン（メッツァタティ、p. 221）

その他の留意点

調理には明るさが必要である。適度な環境光や手元の明るさを得るには、吊り戸棚下に光源が欲しい。可動式の食品棚では、かがんだり腰を折らなくてもすむ。カウンターと吊り戸棚の間に浅い棚があれば、頻繁に使う調味料などを置いておける。可動式キャビネットや食品棚、鍋入れが一体となる特注製品もある。

78
大きな窓と低い腰高

住戸を広く感じさせるには、大きな窓で腰高を低くし、高さ2.8mほどの天井を設けることである。腰高には、25〜60cmの幅がある。低めのものでは、ベッドに横たわっていても外の景色を眺めやすい。45cm以下の場合は、窓に強化ガラスを用いるのが望ましい。少なくとも1.8×1.8mの窓が欲しい。天井の高い部屋で欄間を設ければ、奥まで外の明るさが届くようになる。

腰高の低い大きな窓：屋外への眺望と明るさをもたらす窓。窓台の下にはヒーターがある（グンゲモーセゴー、p. 178）

窓の種類と形式

窓には、認知症の高齢者が逃げ出せないことが求められる。引き違い窓や上げ下げ窓は、操作性もよく、多くの施設で使用されている。

ヨーロッパの窓

北欧の市街地にある施設では、フレンチバルコニーや出窓がよく見受けられる。日よけに、電動式のオーニングを用いている例も少なくない。

79 住戸の広さと種類

住戸の広さには、26〜56 m^{2}と幅がある。そのうち50〜60％はワンルームである。最適な広さには、さまざまな論説もあるが、最近の高齢者には大きなものが好まれる。個性的な住戸づくりには、ベッドルームを私的な写真や置物で飾れるようにすることである。ヨーロッパでは、ワンベッドルームへの求めが強い。

簡易キッチン付きの個室：簡易キッチンと食卓がある部屋のアルコーブ（サンライズ・オブ・ミッション・ヴィエホ、p.184）（Photo：Jerry Stalet Photography）

ヨーロッパの住戸の広さ

フマニタス・ベルグウェグなどの標準的なサービスハウスの住戸は、51〜60 m^{2}のワンベッドルームである (p.162)。ハウジングとサービスが分離した住戸には、フルキッチンが備えられ、その面積はさらに大きくなる。最近では、70 m^{2}以上のワンベッドルームも珍しくない。北欧では、家族やスタッフと一晩過ごせる程度の広さが好まれる。精神や身体に衰えのある高齢者用では、21〜28 m^{2}である。部屋にベッドやほかの家具を置いて生活するには、ワンルームでも最低28 m^{2}は確保したい。

80
温度調整

室温が適切でない部屋は、不快である。それでは、生活が悲惨になるばかりか、健康を損ねてしまう。最近の施設の空調では、個別制御システムが採用されている。部屋の中央の露出型サーモスタットで作動させる。ビルトインサーモスタットでは、使いにくく効きも悪い。

アトリウムの温度を調整するための換気装置：温度の上昇で自動的に開く換気窓
（ハッセルバッケン・セニオボリゲル／ノルウェー・トロンドヘイム、p. 292）

温度調整の難しさ

相部屋では、温度調整が難しい。横並びで置かれたベッド付近では、窓側と廊下側とでは温度が異なる。換気扇に向かう気流が常にあるバスルームでは、肌寒さを感じる。そこに窓があればなおさらであり、補助ヒーターが必要になる。新鮮な外気は、空調システムから供給されるが、小窓が開閉できれば便利である。ヨーロッパでは、熱源に壁際の放熱器を用いることが多い。空気の対流を調整するために、壁で給気口の開閉ができるようになっている。

81
重度化した高齢者の移送

歩行できないくらい重度化した高齢者には、ベッドの出入りにリフトを利用する。このレベルの者は、ナーシングホームに転居させられるのが普通である。しかし、自室にとどまったままの入居者がいれば、そこで彼らを安全に移送する手段が必要になる。リフトはヨーロッパで普及しはじめている。

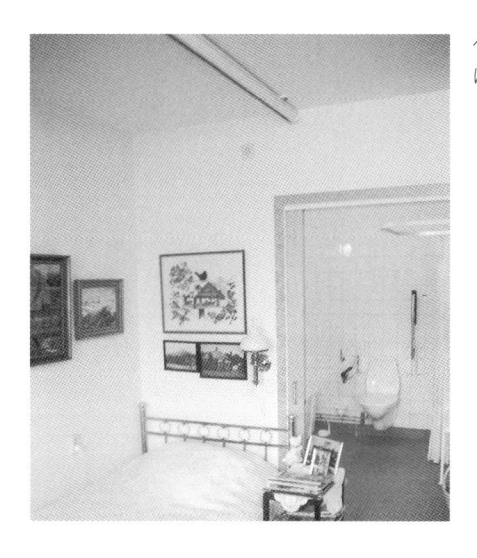

ベッドとバスルームを結ぶレール：入居者をベッドからバスルームに移送するのに利用する電動式リフト（ポスティルヨーネン、p.216）

移動式リフト・固定式リフト

医療機器メーカーが製作する機器に、U字型の移動式ものがある。滑車とリフトで構成されており、その使用には、比較的広いバスルームとベッドルームが求められる。容量が大きく、速度も遅い。北欧で普及しているリフトは、天井レールから吊り下げられている。複数方向にも動かせるが、ベッドとバスルームの間を単純往復するものがほとんどである。リフトは入居者を車いすに乗せ替えたり、トイレやシャワーに移送するのに利用される。リフトがあれば、寝たきりの老人でも、ひと時ベッドを離れられるようになる。

82
収納スペース

室内の収納スペースは、重宝である。容量があるほど、入居者に喜ばれる。目的ごとに適切に配されていれば、

使いやすくもなる。キッチンには食品庫、洗面室にはタオル棚や薬品棚、ベッドルームには衣装棚、入り口にはコートや大きな物を保管できる納戸があれば理想的である。浅い棚もあれば、そこを大切な私物で飾れるようになる。とはいえ、収納の数や位置には限りがあるので、入居前に大切なものを処分しなければならないこともある。豊富な収納を必要とする者には、シニアリビングは不向きである。

段差パイプ付きのクロゼット：その日に着る衣類が、着衣の順に掛けられた段差パイプと、隣の衣装棚。キャスター付きで使いやすい（ヒルクレスト・ホームズ／カリフォルニア州ラヴェーヌ）（Photo：Irwin. Pancake Architects）

貸し倉庫

建物のどこかに、入居者用に貸し倉庫があれば便利である。とはいえ、十分すぎては、不用な私物を処分しないでそこに保管しようとする者も出てくる。倉庫の設置や管理には、費用もかかる。ヨーロッパの住戸には、造り付けの収納が設けられている。そのほとんどは玄関脇のキャビネットであり、フルサイズのクロゼットを備えるのは珍しい。大きなたんすを持ち込むには、ベッドルームが適している。

83
相部屋

相部屋には、利点と欠点がある。戸数の12.6％が相部屋との調査報告もある。ルームメイトとの交流や生活の安全を求めて、相部屋を希望する者もいる。費用の25〜35％節約できることに魅力を感じている者もいる。

相部屋のデザイン：相部屋を希望する夫婦や姉妹、友人同士もいる。米国では、入居費を抑える手段にもなっている

相部屋のデザイン

相部屋としてでも使用できる住戸が、全体の15〜20％は欲しい。当初は個室として使用されるにしても、長期的には臨機応変な運営が可能となる。ワンルーム形式の相部屋では、ベッドの並列を避けたい。代わりに、ワンベッドルームを相部屋として使うことである。そこでは、リビングルームが第二のベッドルームとして使用される。そこにガラスの格子扉をつけて、キッチンやバスルームも明るくすることもできる。入居者が高齢化すれば、相部屋の需要も増加する。サービスへの費用が増大し、部屋料を賄う資金に不足が生じるからである。そこで彼らは、ケアのこまやかさとプライバシーの質の交換を考えはじめる。相部屋がまれなヨーロッパでは、夫婦でも隣り合った個室に入居することが多い。

84
部屋から楽しめる屋外空間

直接バルコニーやパティオに出られる部屋は、魅力的である。気候が穏やかな地域には、バルコニー付きの住戸が多い。デザインの工夫しだいで、しゃれた外観にもなる。車いすを使うには、1.5〜2.1ｍの幅を確保したい。出入り口の敷居が平坦なことも重要である。バルコニーがなければ、代わりに外に出られるリビングルームやダイニングルームが欲しい。

同時に近景と遠景が見えるコーナー窓：屋内外を視覚的につなぐ天井まで届く窓
（ハッセルバッケン・セニオボリゲル／ノルウェー・トロンドヘイム）

ヨーロッパの庭とバルコニー

デンマークのナーシングホームには、部屋から直接出られるプライベートガーデンが設けられている。デンマークでは、屋外で過ごすことが健康的だとされている。ノルウェーのラウノオスにあるラウノォストゥン高齢者センターでは、ベンチや鉢植えの植物があるパティオに、部屋から出られるようになっている。屋内との連続性がある美しい中庭には樺の木が育ち、年中そこにいたくなる。

85
フレンチバルコニー

フレンチバルコニーは魅力的である。ガラス窓で覆われたそこにいすを置いて腰を掛ければ、外にいるように感じられる。虫よけに、スクリーンを取り付けることもできる。南や西向きのものでは、日よけのひさしが欠かせない。

狭い部屋を広く感じさせるフレンチバルコニー：段差を気にせずに、外の空気に触れられるばかりか、部屋を広く感じさせる

ヨーロッパのフレンチバルコニー

北欧では、フレンチバルコニーがよく見受けられる。ノルウェーのオスロにあるビーデル・ソンドレ・ノルドストランド (p. 292) や、フィンランドのオウルにあるヴィラ・ヴィクロ (p. 291)、ロス・アンデッシュ・ガード (p. 210) は、フレンチバルコニーを上手に活用している例である。大きな窓から入る自然光が、住戸を明るくしている。

CHAPTER 9

スタッフの働き

魅力的な環境では、スタッフも気持ちよく働ける。そこで責任感の強いスタッフが、ケアにあたれば最高の環境である。彼らが快適と思えば、入居者もそう感じるに違いない。スタッフには、精神的にも物理的にも相当の対応力が求められる。

スタッフたちは、報酬以上に熱心に尽くそうとする。その重労働やケアをする姿勢は、尊敬されるに値するものだ。彼らは教師のように、その仕事から仕事以上の満足を得ている。献身的な彼らの姿からは、ケアに対する社会の成熟度がうかがわれる。優秀なスタッフは、親身で入居者の世話をしようとする。入居者ごとに専任スタッフを配すれば、健康状態の変化に気づきやすくなり、迅速な対処も可能になる。スタッフの転職率の高さは、大きな問題である。スタッフ比率が高いほど、入居者との個人的な関係が生まれやすくなる。

86 専任スタッフ

スタッフオフィスの位置は、主廊下やエレベーターの近くがよい。家族や入居者が、訪れやすいようなつくりも大切である。施設の中央にあれば、スタッフ同士のコミュニケーションが促進され、どの住戸へも行きやすくなる。オフィスの外で働くことが多い彼らには、小部屋があれば十分である。電話の応対や書類の作成には、プライバシーの守秘が必要である。家族や入居者が気軽に声をかけられるように、窓口が欲しい(p. 89、260)。レースのカーテンで、プライバシーのベールをつくれる。オフィスが魅力的であれば、ついそこに行ってみたくもなる。家族との話し合いに、応接室もあれば理想的である。

主体性を促される入居者：月2回、運営や管理について話し合うスタッフと入居者

入居者をよく知るスタッフ

入居者数が60～70人の施設では、入居者の名前を覚えて個人的な関係をつくりやすい。入居者を個別によく知るスタッフが、少なくともひとりはいるようにしてほしい。北欧では、正・副のスタッフが割り当てられる。入居者の心理や健康状態、ケアのレベルをよく知るのは、彼らである。正の者が不在の折には、代わりに副の者が相談を受けることになっている。入居者や家族とのコミュニケーションを通して、彼らの習慣や嗜好を知ることが大切である。スタッフと家族の月例の打ち合わせは、ケアプランのチェックや改善にも役立つ。

87 非日常的なアクティビティ

施設は、さまざまなアクティビティが行われる舞台ともいえる。スタッフは、各所を創造的に活用する方法を考えるべきである。ポーチやパティオ、庭などは、誕生会やアイスクリームパーティ、おやつ、本の朗読、記念日の式典などにも利用できる。このようなアクティビティが、入居の視察に来た者を魅了することもある。

自発的で非日常的なアクティビティの励まし：上半身の筋力が鍛えられる廊下でのボーリング（ハースストーン・アット・ホライゾンズ認知症センター／マサチューセッツ州マールボロ）

パームクレストの「クルーズ」

カリフォルニア州のロング・ビーチにあるパームクレスト・ナーシング・センターでは「異国への夏のクルーズ」が催される。食事時に、民族衣装を身にまとったスタッフが、異国の文化を紹介しながら寸劇やパフォーマンスを行うものである。フランスやジャマイカ、南洋などがテーマになる。このようなイベントは、入居者に喜ばれるばかりか、家族同士の交流を促進する。

非日常的なイベント

以前、認知症用の施設を訪れたときに、庭でフラフープコンテストが行われていたことがあった。ストップウォッチを持って競うスタッフを、入居者が熱心に応援していた。このように誰もが夢中になれるイベントでは、交流が促進される。装飾や音楽でにぎや

かな行事が、毎週のよう計画されている施設や、メキシコの独立記念日にその文化や歴史を紹介するものもある。ペットや子どもたちとの触れ合いにも、偶然の発見や驚き、喜びがある。庭のアイスクリームパーティや、午後の裏庭のレモネード、夕食前のポーチのスイカ切りは、どれもが入居者に過去を思い起こさせる楽しいイベントである。

祝祭のための装飾

ロビーなどを飾って楽しげな雰囲気をつくれば、入居者の気持ちも軽やかになる。彼らが自主的に企画したイベントでは、楽しさも倍増する。祝祭日が近づいて、玄関や車寄せに季節の飾り付けが加われば、それから四季を感じたり、特別な日が近いと気づけたりもする。

88 スタッフへの配慮

ケアスタッフは、ふだんは目立たないヒーローである。彼らの献身的な働きが、入居者の充実した日常を支えている。ケアスタッフにも、一息つけるようなラウンジが欲しい。ロッカーや簡易キッチン、自動販売機、トイレ、それに食卓が備えられていれば理想的である。自然光の明るさや、ランドスケープへの眺めもあるとよい。好天の日に気持ちのよいパティオは、喫煙所にもなる。スタッフラウンジの位置は、厨房の近くなどが考えられる。

アルコーブに置かれたテーブルのナースステーション：入居者との触れ合いが促進されるように、サービスキッチンや机、アルコーブがナースステーションになっている

ヨーロッパでの予防対策

ヨーロッパの施設には、スタッフ用にシャワーやロッカーが設けられている。スタッフオフィスには、記帳や休憩のための机やソファが置かれている。専用の運動機器を備える施設もある。ケアで腰を痛めないための予防策としてである。

CHAPTER 10

認知症のためのデザイン

シニアリビングの入居者のなかには認知症の者もいる。彼らへのケアを提供する施設の設計には、いくつかの要点がある。

脱出防止の対策を講じながら、彼らが屋内外を自由に徘徊できるような計画が求められる。ADL（日常動作）プログラムでは、彼らに炊事や洗濯、清掃、交流を行わせて、自宅と同じような生活を送れるようにする。彼らは自室にいるよりも共用スペースで他人と過ごす傾向が強い。

精神は正常だが身体に衰えのある者と、認知症の高齢者を分離すれば、より適確なスタッフの研修やライフスタイルプログラミング、療法を施せるようになる。

89 小規模のクラスター

認知症用のハウジングの入居者は、いくつかのクラスターにグループ化されて、集団で生活をする。彼らは共用スペースを徘徊したり、グループ活動に参加してその日の大半を過ごす。彼らにとって住戸は、単なる休憩や就寝の場所である。この行動パターンを知って、多くの建築家が「家の中の家」という構成を考えるようになった。住戸の広さはさまざまである。米国では、ハーバー・ハウスのように、10～15人で構成されるクラスターが普通である (p. 205)。ヨーロッパのクラスターではさらに規模が小さくなる。デンマークでは、6～8人が最適だとされている。これには、ポスティルヨーネンなどの例がある (p. 216)。クラスターにはリビングルーム、キッチン、ダイニングルーム、アクティビティルーム、バルコニー、庭、パティオ、およびポーチが備えられている。比較的狭い住戸となる半面、入居者がその日の大半を過ごせるように広い共用スペースがある。

3棟のバンガローでクラスター化されている入居者（ウッドサイド・プレイス、p. 297）やスタッフが効率的に働けるように、12～20人の入居者で構成されているクラスター（クーパー・リッジ、p. 195）

13人から構成されているハーバー・ハウスのクラスター

6〜8戸から構成されているポスティルヨーネンのクラスター

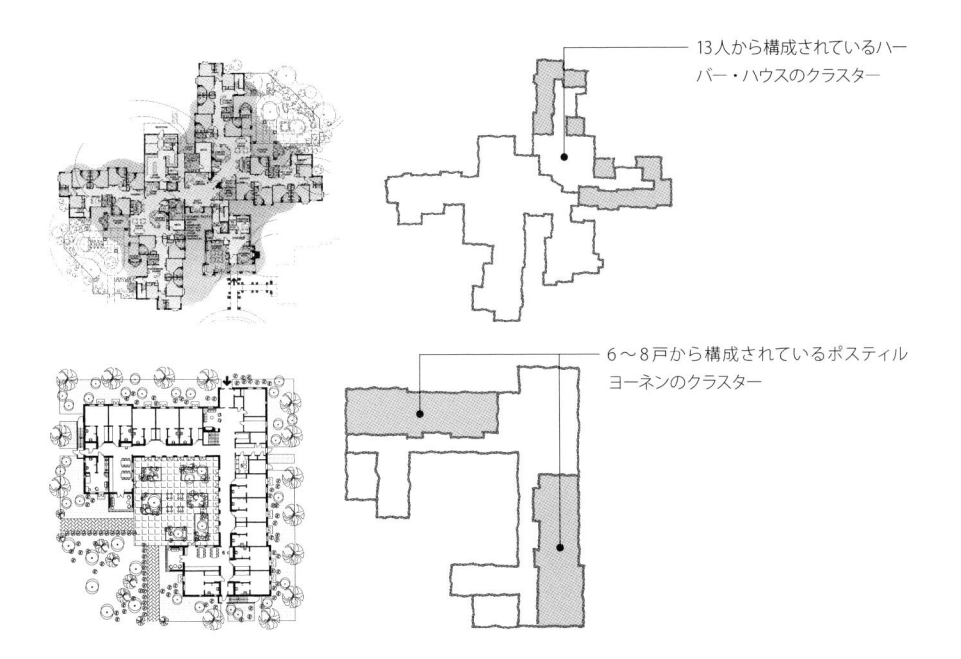

クラスターのヒエラルキー

比較的小規模なクラスターでは、行動範囲やアクティビティが制限される。空間にはヒエラルキーがなく、生活の変化にも乏しい。また、スタッフ比率が高くなり、それで運営費も増大する。一方、12〜15人から構成される大規模なクラスターには、さまざまなスペースやアクティビティ、娯楽がある。しかしその半面、親密さや家庭的な雰囲気を欠くことも多い。小規模なクラスターでは、家庭用のテーブルを囲んで、食事やアクティビティが行われる。クラスターの中心はキッチンである。そこがナースステーションやライフスキルセンターを兼ねている。米国では、食事の宅配業者が用意した食事が、クラスターのキッチンに運ばれてくる。北欧には、ロス・アンデッシュ・ガードのように、素材から料理を調理することが重要なアクティビティだと考える例もある(p. 210)。

北欧のクラスターの考え方

北欧の認知症用施設では、4〜6つのクラスターが集積されているのが一般的である。各クラスターでは、入居者が6〜8人ごとにグループ化されて暮らしている。全体では、24〜48人となる。炊事や食事がグループごとに行われる。メインとなる昼食は、施設の外から供給されるが、比較的質素な朝食と夕食はここのキッチンでつくられる。オランダのヴィースプにあるホーヘウェイには、大きな可動式キッチンを備えるクラスターがひとつある(p. 23)。ほかのクラスターには、スタッフに伴われた入居者が下階のスーパーマーケットで購入した食材を、クラスターに持ち帰って調理できるように、固定式のキッチンが設けられている(p. 256)。このように、入居者の嗜好に合わせた食事や調理法が、クラスターごとにとられている。

クラスターの構成

クラスターの構成は、敷地の形状やグループ化の方針などでさまざまである。U字型のクーパー・リッジでは、2つのクラスターに挟まれて共用スペースが設けられている

(p. 195)。ホムレフーセネでは、住戸と開放的な共用スペースが廊下をまたいでおり、キッチンやリビングルーム、ダイニングルームなどが、オープンプランになっている。ヴィランランタでは、ダイニングルームの両側に、それぞれ4つの住戸が配されている(p. 200)。

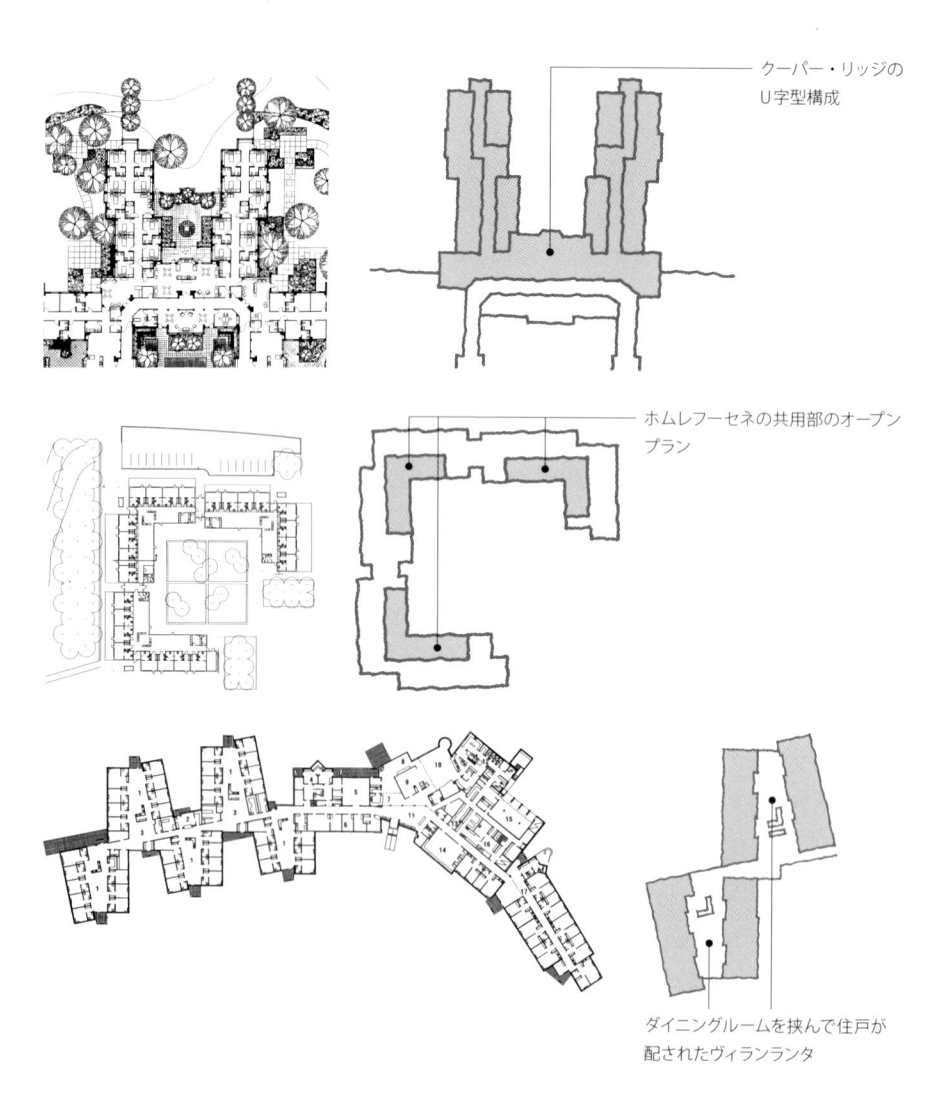

クーパー・リッジのU字型構成

ホムレフーセネの共用部のオープンプラン

ダイニングルームを挟んで住戸が配されたヴィランランタ

90
社会的徘徊

徘徊は、認知症の高齢者に共通する行動である。その原因は、まだ解明されていない。迷子になったと錯覚して、自宅を探して歩き回るともいわれている。歩き続けても出発地点に戻れる回遊路は、歩行運動にも安心である。デヴィッド・ホグランドによって提唱された「社会的徘徊」(1999) は、連続して配されたいくつかの「彼らにとって印象的で意味ある場所」を巡るものである。それらのデザインを魅力的にすることで、歩行中の体験の質を高めようとするものである。なんの思慮もなしに、徘徊する者もいる。また、何かを探し出せなことにいら立つ者もいる。社会的徘徊では、途中での交流や休憩、観察、探索、アクティビティなどで、入居者の気を引こうとする。

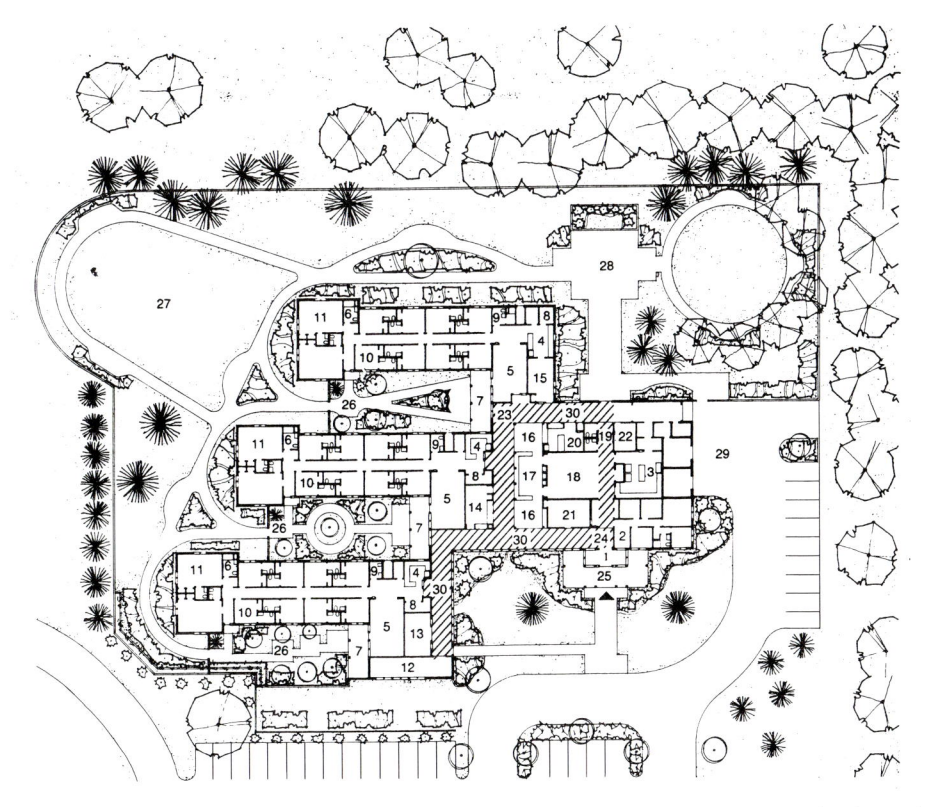

社会的徘徊ができる、ウッドサイド・プレイス：興奮状態の入居者でも迷わずに徘徊できる回遊路。途中にリビングルーム（上の平面図の5）やカントリーキッチン (20)、アクティビティルーム (13、14、15、16、17)、大広間 (18) がある。

社会的徘徊の5つの事例

これが最初に適用されたのは、ペンシルヴァニア州のオークモントにあるウッドサイド・プレイスのバンガローや暖炉、キッチン、アクティビティルーム、玄関を巡る回遊路である。クーパー・リッジの廊下沿いには、3つの"家"やアクティビティルーム、窓際の腰掛け、ラウンジ、アトリウムの扉がある (p. 196)。オーストラリアの北東部のクイー

ンズランドのトゥーウォンバ・ガーデンにあるミナ・ムラ・ロッジは、15の住戸から構成されている比較的小規模な複合施設だが、そこでは回遊路が住戸やダイニングテーブル、2つの庭を結んでいる。オランダのハーレムにあるアントン・ピーケホフェは、シンプルな六角形のドーナツ形の平面である。アルコーブと中庭を望む小さな談話室が、回遊路沿いに配されている。50の住戸から構成されているオハイオ州にあるサンライズ・オブ・ガーナには、4つの"家"を結ぶ回遊路がある。中庭に面したガラスのアーケードに沿って、アイスクリームパーラーやアクティビティスペース、屋外庭園との出入り口が配されている。

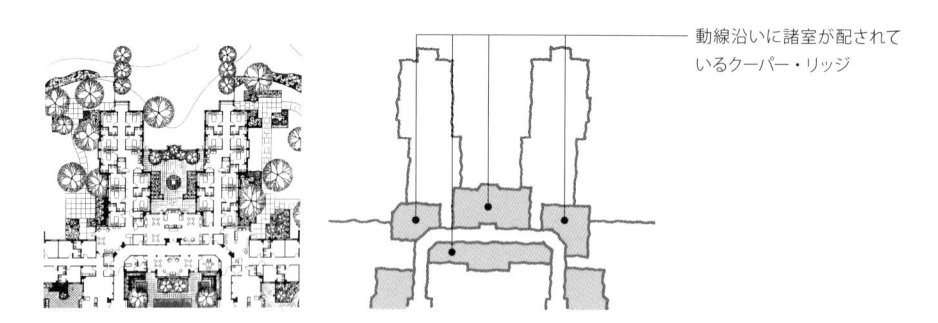

動線沿いに諸室が配されているクーパー・リッジ

徘徊の特徴

廊下で壁に突当ると、混乱する者もいる。そこで彼らは次の行動を思い浮かべることができずに、引き返すことすらできない。代わりに、何かの部屋になっていれば、それを見て戻る気になり、徘徊を続ける。屋内外で自由に徘徊できることも大切である。夕暮れ時に生じる日没症候群が、徘徊を誘発することもある。

91
方向認知の工夫

ケヴィン・リンチは著書『都市のイメージ』の中で、初めて訪れた街で迷ったときに生じる孤独感について説いている。孤独感は認知症の高齢者にも、日々生じる。その解決策として、「建築的差異」の活用がある。目を引くような空間デザインや装飾で、その場に気を引かせようとするものである。方向を確認できるように、壁に大きなメカジキのオブジェを飾る施設もある。印象的な空間が展開する回遊路沿いでは、秩序が生まれて、入居者も迷わなくなる。カラーコーディネートは、空間認識の手法としては、あまり効果的でない。床や壁の色彩を違えるだけでは、気づきにくい。

空間認識のための建築的差異：カラーコーディネートはあまり効果的でない。廊下の窓の内側のプランターのように、ふだんとは異なる対象は、ランドマークになる

明瞭な表示

簡単に自室を判別するには、明瞭な表示が求められる。扉ごとに色彩を替えるだけでなく、入居者が気づきやすくするために、ほかにも工夫がある。廊下の突き当たりに、別荘の模型を置いている例もある。その隣が自室になっている。

92 脱出防止と隠し扉

なかには新しい環境の生活になじめないで、脱出しようとする者もいる。入居直後のころは、それが一時的なバケーションだと思い込み、それに合わせて身の回りを整えようとする者や、間違えた居場所から自宅に帰ろうとする者もいる。仕事を片づけに、職場に戻ろうとする者もいる。比較的体力に恵まれた者が、脱出を成功させる。彼らは窓を押し開き、フェンスをよじ上って脱出する。防止策で出入り口扉を隠蔽したり、窓の開放性に制限を加えるなどの工夫が必要である。

認知症用施設の隠し避難扉：壁と同じ壁装材が張られた扉にチェアレールを取り付けて、周囲の壁に同化させたり、意外な場所に設置してわかりにくくしている

住戸の施錠

施錠や避難の方法を定める基準や規則がある。施設ごとに異なる特殊性もあるので、適用の際、その柔軟な運用を関係部署と協議する必要がある。ふだんはキーコードで、火災時には自動的に開錠する電気錠は、最も信頼できる施錠システムである。

目立たない出口

周囲の壁の仕上げ材やトリムを避難扉にも適用すれば、効果的なカモフラージュになる。壁と同じ色彩でフラッシュ扉を塗る例や、手前にレースのカーテンを掛け、さらににプランターを置く例もある。廊下の突き当たりの避難扉は、ふだんは気づかれにくいように、できれば側壁に設けたい。人権を尊重するデンマークでは、認知症用の施設での施錠が禁止されている。安全上の問題も多いが、そこから創造的な対策がさまざまに生まれている。

ウッドサイド・プレイスでの教訓

ペンシルヴァニア州のオークモントにあるウッドサイド・プレイスで実施されたPOE（入居後評価）では、出入り口扉の問題が指摘された。風よけ室の扉が、目立つ位置にあったからである。そこを出入りする家族をしばらく観察していた入居者が、その動きに乗じて脱出しようとしたことがあった。家族用の通用口は、入居者の目には触れない位置に設けたい。訪ねてきた家族と別れるときに生じる感情の変化が、脱出の糸口になることもある。

93 気を引くアクティビティと明るさ

慎重な平面計画によってでも、脱出を防止できる。入居者は他人が参加するアクティビティや、窓から入る自然光などに心引かれる。スタッフや家族が使用する扉から離れた場所でのアクティビティが望ましい。また、屋外の明るさに引かれる入居者には、庭に面した場所が好まれる。隅の暗い場所にある扉は、気づかれにくい。またスタッフオフィスや作業室の近くにあれば、監視しやすくなる。サンライズ・オブ・ミッション・ヴィエホでは、平面の隅から居住エリアに入れるようになっている。また、アクティビティスペースが、庭に面して設けられている(p.184)。このように、建築計画を慎重に行えば、安全で自己充足的な空間をつくれる。

隣室の様子をうかがえるガラスの壁：目前の対象しか認識できない認知症の者のために、隣室との視覚的つながりが必要である。廊下の天窓から入る自然光が、ガラスを通して部屋にも届いている（ヴィダル・クリニック／スウェーデン・ジャルナ、p.288）

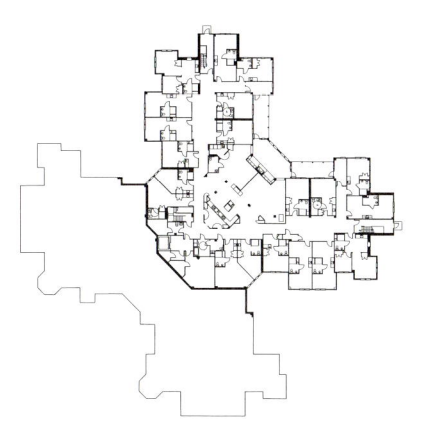

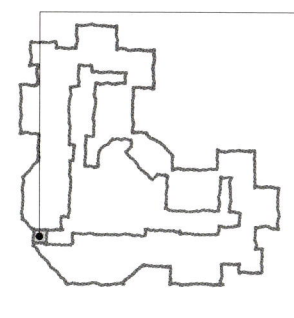

平面の隅に配置されているサンライズ・オブ・ミッション・ヴィエホのエレベーター

94 認知症と知覚

認知症の高齢者は、目前にある対象しか知覚できない。彼らは扉の向こうにあるものを想像できないばかりか、視野の外にあるものに気づこうとしない。これが脱出対策にフラッシュ扉が有効であったり、中を見透かせるクロゼットが必要な理由である。掛けてある衣類にすぐに気づけるように、壁に棚やフックが欲しい。ワイヤーメッシュの棚も効果的である。

行く先が見えることが必要な認知症の入居者：腰壁や柱、天井、床などが変化する回遊路の先にあるダイニングルーム（サンライズ・オブ・ロックビル認知症専用施設／メリーランド州）

見通しのきくデザイン

棚やガラス扉付きのキャビネットがあるキッチンでは、炊事もはかどる。ガラス扉の衣装棚も、便利である。隣の空間を見通せる腰壁やガラス壁も使用される。また、部屋の用途がすぐにわかるように、それにふさわしい家具や装飾も欲しい。ソファや暖炉、書棚があれば、そこはリビングルームである。ファミリーサイズの食卓と、その隣にキッチンが見えれば、そこはダイニングルームである。適確なプロポーションや仕上げの部屋に適切な家具が置かれていれば、そこに意味が生じてわかりやすくなる。

95
日常作業のアクティビティ

認知症の施設に家庭にあるような日常性をつくり出すことは、建築家や事業者にとって創造的な行為である。これは、入居者が多数いるグループには不向きである。日常生活や作業に慣れた環境では、入居者は違和感を覚えない。彼らへの親密な施設づくりでは、空間や家具、キッチンやランドリーなどへの配慮が欠かせない。日常作業を上手に行えると、彼らは安心し、心地よさを感じる。療法に用いられる日常作業は、ADL（日常動作）プログラムと呼ばれている。

認知症の入居者が参加するADLプログラム：食卓の準備や炊事、後片づけを好む入居者には効果的な療法である

北欧の日常作業の例

キッチンやランドリーは、どちらもノーマライジングのために大切な空間である。入居者が炊事で使うキッチンには、清潔さや安全性が求められる。オランダのヴィースプにあるホーへウェイ (p. 281) やロス・アンデッシュ・ガード (p. 210) のキッチンでは、料理が素材から調理されている。炊事は、日常生活を意識化させる手段でもある。

キッチンの日常作業

日に三度の食事の支度や後片づけなどで、食事は一日の大半を要する日常作業である。その一連の作業が平常に行われるかどうかで、施設運営の評価が分かれる。入居者が身近に感じ、彼らでも使いやすいキッチンが求められる。特に女性は自宅で慣れ親しんでいた場所でもある。食事以外にもキッチンは、スナックなどで日に何度か利用される。

キッチンのアクティビティ

ADL用のキッチンには、食器の準備や皿洗い、戸棚の整理以外にも多くのアクティビティがある。北欧では、カウンターの拭き掃除や床掃除が重視されており、その効果も顕著である。ロス・アンデッシュ・ガードやヴィランランタ (p. 200) のキッチンは、ナースステーションも兼ねている。

米国のキッチンの例

クーパー・リッジのオープンキッチンは、隣接する左右のダイニングルームに給仕でき

るようにデザインされている(p. 195)。入居者がADLプログラムで使用する皿やコップ、食器棚、ディッシュウォッシャー、冷蔵庫などが備えられている。安全のために、オーブンやレンジ、コーヒーメーカー、トースターなどは、鍵付きの棚で保管されている。

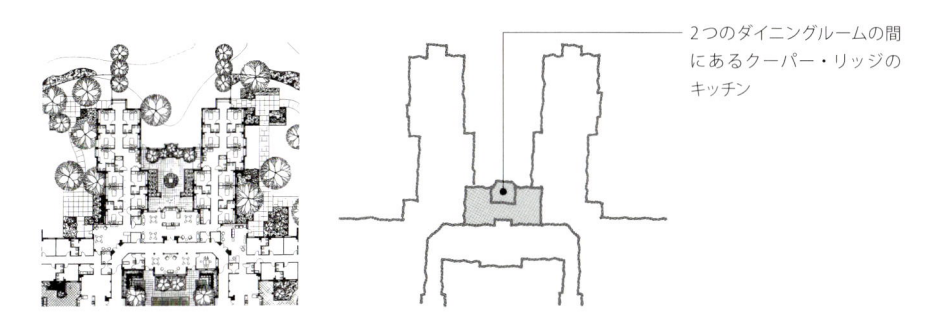

2つのダイニングルームの間にあるクーパー・リッジのキッチン

北欧のキッチンの例

北欧では、素材から調理することが一般的だが、それには多くの機材や広い場所が必要である。米国では、セントラル厨房で1次加工されたものが、サービスキッチンに運ばれてくるのが普通である。ロス・アンデッシュ・ガードのキッチンは、アイランド型である(p. 210)。カウンターと吊り戸棚の間の棚には、頻繁に使用される調味料などが置かれている。ディッシュウォッシャーやオーブンが、高さ30 cmの台の上に据えられているおかげで、腰を折らなくてもすむようになっている。また、重い調理器具に便利な可動式キャビネットが備えられている。食器棚の扉は、中を見やすいガラス製である。また、手元の作業がしやすいように、吊り戸棚の下にも照明器具が取り付けられている。

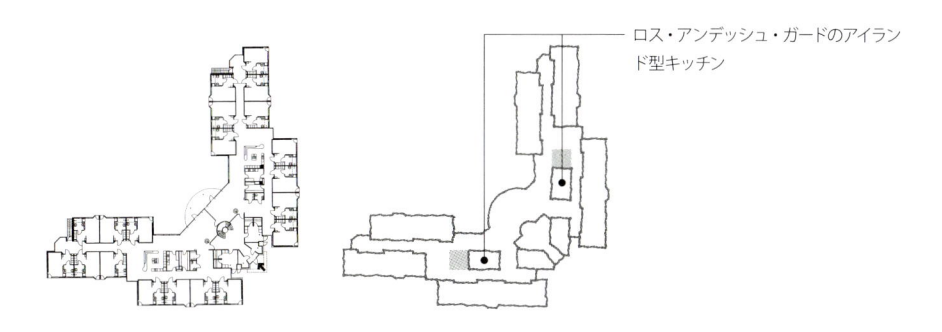

ロス・アンデッシュ・ガードのアイランド型キッチン

日常作業の洗濯

テーブルクロスやナプキンを折るのも、楽しいアクティビティである。汚れた衣類を洗濯機に入れたり、洗濯物を取り出してたたむこともよく行われる。グループで行う洗濯や折りたたみのADLは、交流をも促進する。また、それが糸口となって、思い出を語りはじめる者もいる。このようなアクティビティの活性化には、中央に配された洗濯室があるとよい。これでは、洗濯中のスタッフでも、呼び出されても住戸に行きやすくなる。洗剤の管理には、慎重さが欠かせない。定量を安全に提供するディスペンサーも欲しい。

見て楽しむ洗濯

家族とともに、自分の衣類の洗濯を楽しむ者もいる。施設には、家庭用と業務用の設備

が必要である。失禁で汚れた衣類には、殺菌のために熱湯や化学洗剤が使用される。化学洗剤は、鍵付きの部屋に保管される。なかには、他人の洗濯する姿を見て楽しむ者もいる。

化粧と化粧台

整髪や化粧、口紅やネイルケア、香水、帽子、スカーフ、衣装などで身だしなみを整えるのは楽しいことである。ADLプログラムでの化粧には、化粧台と2〜3脚のいすが使用される。近くに、衣類や帽子、スカーフを掛けるフックも欲しい。周囲の仲間から、メイクをしてきれいになった自分をほめられると、うれしいものである。化粧には、主人公と数人の観察者が参加する。

日常作業の化粧

化粧や身づくろいは、ひとりでも家族に介助されながらでもできる。多くの女性にとって化粧は、手なれた創造行為である。衛生管理のため、化粧品の共用は避けたい。持ち運び用の化粧小箱が、各自にあるのが理想的である。家族イベントで、子どもに化粧することも妙案である。他人を美しくするのは、楽しく満足なことである。

特別な衣装

普段着の上からまといやすいスカーフやセーター、コート、ショール、それに帽子などが、アクティビティによく利用される。着飾ることを楽しむ入居者は少なくない。制帽を見て、職業や場所を思い出す者もいる。スタッフや家族と帽子を取り換え合う遊びは、楽しく自発的な行為である。ダンスや結婚式の特別な衣装にも、記憶を呼び覚ます効果がある。このアクティビティには、衣装掛けや衣装棚、いすが必要である。さまざまな生地や毛皮に触れて感触を楽しめるように、それらが壁に掛けられている例もある。

日常作業のタイプライターや卓上計算機

この日常作業は、かつてデスクワークをしていた者に効果的である。仕事で頻繁に計算や書類作成をしていた者は、施設でもこのかつて慣れ親しんだ作業を楽しんで行う。単純な加算やタイプライターでの手紙の清書で、手持ちぶさたな時間を埋めるのである。机の上にタイプライターと卓上計算機、デスクライトをそろえれば、そこがワークステーションへと様変わりする。机は、手紙を書いたり、クリスマスカードにサインするにも便利である。

スポーツロッカー

スポーツロッカーは、運動機器やスポーツ用品の出し入れに使われる。代わりに、廊下やラウンジの備品庫を用いることもできる。そこには、ダーツやプラスチック製のボーリングのピン、風船、バレーボールのネットなどが入っている。また、ロッカーは、ふだんは使用しないエクササイズ機器の保管にも用いられる。大学や高校、プロのスポーツチームのペナントやステッカーがはられたスポーツロッカーには、華やかさがある。しかし、スポーツに関心を示すのは、男性が多い。

工作台の日常作業

施設では少数派だが、男性の関心を引くアクティビティも必要である。彼らにとって、工作台は魅力的である。鳥小屋のペンキ塗りや材木の研磨などは、手先の器用さを求めるクラフトアクティビティである。工作台には腰掛けや万力、工具、それに業務用の照明器具が欲しい。なかには、ねじ回しやペンチで窓を取りはずそうとする者もいるので、工具の選択や保管には慎重さが求められる。

96 家の中の家

認知症用の施設には、次の3つの形式がある。(1)認知症専用施設、(2)身体障害者と精神障害者の混合施設、それに(3)「家の中の家」である。それぞれに利点と欠点がある。認知症専用施設は単独で建てられ、そこに入居できるのは認知症の患者だけである。これには、サンライズ・オブ・リッチモンド(p.296)やクーパー・リッジ(p.195)、ハーバー・ハウス(p.205)などの例がある。混合型の施設はまれにしか見られないが、これは精神障害者と身体障害者がひとつの建物で同居するものである。フマニタス・ベルグウェグ(p.162)やポスティルヨーネン(p.216)などがその例である。専用型と混合型の利点を兼ね備えた、「家の中の家」は、認知症の専用区画を持つ比較的大規模なシニアリビングの形式である。このモデルにはヴィルヘルミーナ(p.167)やゴッダード・ハウス(p.173)、サンライズ・オブ・ミッション・ヴィエホ(p.184)、サンライズ・オブ・ベルヴュー(p.190)、ヴィランランタ(p.200)、ロス・アンデッシュ・ガード(p.210)などがある。

認知症用キッチンの大テーブル：食事やアクティビティなどで随時使用される6〜8用のテーブル (サンライズ・オブ・ウェストタウン／ニュージャージー州)

専用型

単独で立つ施設や、別棟のケア棟と敷地やロビーを共用しているものがある。6〜8人用に改修された戸建て住宅から、60人が入居する施設まで、規模もさまざまである。北欧では24〜48人が6〜8人ごとにグループ化された、4〜6つのクラスターによって構成されているものが多い。専門研修を受けたスタッフがプログラムを実施するには、この程度が適切である。米国では、12〜15人の比較的大人数によるクラスターが主流である。早期認知症の高齢者では、容易に扉を見つけて別のクラスターに移動してしま

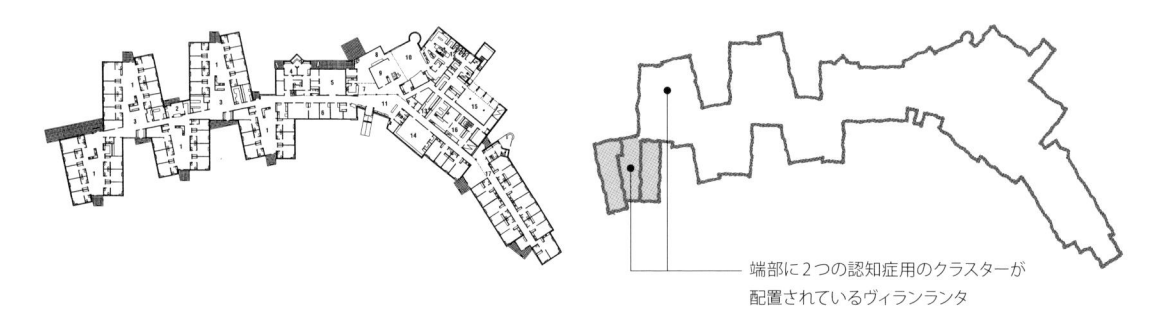

端部に2つの認知症用のクラスターが
配置されているヴィランランタ

うので、グループ生活が成立しにくい。

混合型

デンマークでは、最近までこの形式が採られていた。また、混合することで、精神障害者には刺激的で有益な環境が生まれると考える事業者も米国にいた。しかし、認知症に関する研究が進むにつれて、両者の混合による問題が明らかになってきた。認知症の入居者が3分の1以下の小規模なクラスター以外で、両者を混合すれば双方に動揺が生じる。また異なるニーズに対応するのに、スタッフの特別な訓練や療法が求められるようになり、効率的な運営の妨げになる。認知症用の保安システムは、他者には過剰である。

「家の中の家」

これは、ほかの2つのモデルの欠点を克服し、かつその利点を生かしたモデルである。施設で一般住戸に入居した者が、後になって認知症が重度化しても、同じ建物で専用の部屋に移れることが、最も優れた特徴である。それが20戸程度であれば、サービスや食事の提供、施設の管理を全体で一元化できるので、余分な運営コストが発生しない。認知症の入居者数が全体の30％以下の施設で、この形式は効果を発揮する。付属的存在の認知症用の住戸が、建物全体のイメージを損なうこともない。

97
感覚器官を刺激するスヌーズレン

スヌーズレンは「鼻呼吸と居眠り」を意味するオランダ語である。デンマークでは、重度の発達障害を抱える患者とのコミュニケーションのために採られてきた療法である。言語以外の感覚器官に頼る者に、特に効果的である。スヌーズレンでは、音楽や香り、入浴、マッサージ、映像、人形や動物のぬいぐるみが利用される。リラックスできるように、話しかけながら行われる。

感覚に訴えるスヌーズレン：認知症の入居者とのコミュニケーションに、なごやかな音楽、ろうそく、照明ディマー、芳香療法を用いるスヌーズレン（ホーヘウェイ／オランダ・ヴィースプ）

スヌーズレンの方法

スヌーズレンは、静かな小部屋で行われる。視覚を楽しませるために、色彩が豊かで抽象的な映像が映し出される。また、リラックスできるように、浴槽は大きめである。天井や壁にも映像が投影され、ゆったりしたテンポの音楽や思い出深い曲が流される。入居者にとって意味のある香りを用いる、芳香療法も併用される。言語でコミュニケーションできない者でも、臭覚によって記憶が呼び覚まされることがあるからである。入浴中に、温水マッサージも行われる。音楽の旋律には、認識機能の深層に最後まで残された記憶を呼び覚ます力がある。米国では興奮した入居者を落ち着かせたり、個別療法を施す部屋としても、スヌーズレンルームが普及しはじめている。

98 屋外との出入り

気候の地域性にかかわらず、庭に出られるようになっている施設が多い。屋外で過ごすことを好む北欧では、天候が安定した季節には、庭の利用が盛んである。屋内の閉塞感に鋭敏な者は、外の散歩で開放感を得ようとする。常時の外出を許されている者には、庭との自由な出入りが欠かせない。出入り口脇に帽子やコート、スカーフ、手袋を用意する施設もある。悪天候時の着用を意識させるためである。庭の眺めは、気持ちを落ち着かせる。庭のデザインでは、安全性の確保が最優先課題である。

リビングルームやダイニングルームから見えるポーチ：屋内外が融合する施設には、開放的な雰囲気がある（ウッドサイド・プレイス、p. 297）

認知症用の庭のフェンス

庭のフェンスの高さを1.8～2.4 mとし、その通用口には、気づかれにくい隠し扉を使用する。格子型やパネル型などのフェンスが用いられる。格子型で向こう側に駐車場やアクティビティが見えると、入居者が落ち着けない。安全性の高いパネル型や塀では、高さが2.4 mもあれば、閉塞感が生まれてしまう。下部の1.8 mと上部の0.6 mを違えたデザインが望ましい。よく見受けられるのは、高さ1.8 mの塀である。脱出を考えるのは、10人のうち1人である。フェンスは、容易によじ上れないことが重要である。

認知症用の庭

庭を歩き回って運動ができるように、回遊路が欲しい。それが8の字形になっていれば、さまざまな経路を選択できるようになる。日中は、部屋の扉を開錠して、庭と自由に出入りできれば理想的である。途中に鳥やチョウ、りすなどの動物や昆虫がいれば楽しさも増す。台の上に据えられたプランターボックスがあれば、花の手入れをする気にもなれる。広い庭では、園芸用の作業台や水栓、備品庫、それに予備の土壌が必要である。性別を問わず、ガーデニングを好む者が多い。口にしても安全な植物を選ぶことが欠かせない。

認知症用のバルコニー

上階では少なくとも30 m² 程度のバルコニーが欲しい。そこに、腰掛けやアクティビティスペース、日陰があること。脱出する気が起こらないように、フェンスには2.2 mほどの高さが必要である。上部に返しを取り付けるのも妙案である。屋上庭園は、開放的な交流の空間にもなる。

99
興奮状態の入居者への対処

快適な環境にいても、興奮しがちな入居者もいる。クラスターを少人数で形成することが望ましい。6〜8人のクラスターが、最もなごやかである。広さを十分に確保するのも、有効な手段である。12〜15人のクラスターでは、800㎡ほどの規模がよく見受けられる。興奮した入居者が、落ち着きを取り戻せるように、静かな部屋があるとよい。それにはスヌーズレンルームが最適である。あいている時間には、スタッフの研修や家族との話し合いにも利用される。

日没症候群対策の高輝度照明：日没症候群対策で、28器の昼光色照明を用いて2,160 lxの照度が保たれているリビングルーム（ヴィルヘルミーナ、p. 167）

日没症候群

日没時に動揺する入居者が多い。これは一日の終わりごろに現れる、原因不明の症状である。症状を軽くしようと、この時間帯の室内の明るさを増している例もある。ヴィルヘルミーナなどには、通常の2〜3倍の数のダウンライトが設けられている。スカンジナヴィアでは、長く寒く暗い冬に生じる憂うつの予防に備えて、昼光色の光源が用いられるが、その効果は明らかではない。

バリデーション療法

バリデーション療法は、米国のソーシャルワーカーであるナオミ・フェイルによる報告書『痴呆症の人との超コミュニケーション法』で発表された。ここでは、患者を正そうとするリアリティオリエンテーション療法とは逆の接し方をする。現実に正しく認識させようとする代わりに、バリデーション法では、矛盾した自身の認識をときほごそうとする。患者が妄想（例：私は現在、1945年を生きている）を抱いたとしても、スタッフは共感しながらその背景を探求し、矛盾を解くのを助けようとする。ライフスキルステーションや屋外で行われる。

100
認知症の高齢者の住戸

認知症の高齢者が使用する住戸や共用スペースには、いくつかの工夫が求められる。方向感覚やADL（日常動作）を助けるものもある。入り口でダッチドアを半開状態にしておけば、廊下から部屋の中をうかがえるようになり、自室の判別もしやすくなる。スタッフの監視もきくようになるので中に入居者がいても安心である。廊下の壁に放たれた部屋の窓も、同様に役立つ。夜間でも、中に入らないで部屋をチェックできるようになる。

灰色の背景に際立つ白い機器：バスルームにコントラストがあれば、認知症の入居者でも識別しやすくなる

身づくろいの介助

スタッフは、入居者に自分で身づくろいをしてほしいと考えている。以前はベッドの上に、スタッフが正しい着衣の順に衣類を重ねて置いていた。最近では、段差パイプ付きの衣装棚が利用されている。幅60cmの収納が隣にあれば、ほかの衣類も入れておける。パイプにはその日に着る衣類が、着衣の順に掛けられる。収納には、中が見えるワイヤー製の棚や引出しが望ましい。

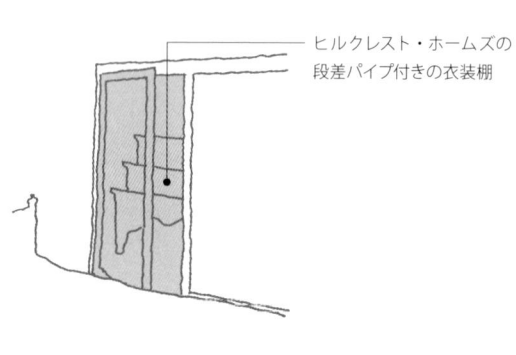

ヒルクレスト・ホームズの段差パイプ付きの衣装棚

排泄の促し

失禁くせのある認知症の入居者は、排泄を忘れがちである。トイレの近くの動作感知器で、照明が点灯して便器を照らすようになっていれば、それに気づいて排泄を思い出せるようになる。便器の白さが際立つ、濃い色彩の壁も有効である。プライバシーの必要に応じて開閉できる引き戸は、開放状態でもじゃまにならないので便利である。

メリーランド州サイクスヴィルにあるクーパー・リッジの中庭 (p. 195) (Photo：Robert Ruschak)

PART II

ケーススタディ

平穏や雑然、身を守る安全な場、気を引くもの、これらすべてが家での生活の質に影響を与える。

建築家チャールズ・ムーア

※原著で紹介されている15プロジェクトのうち、他章との関連が比較的希薄な3つ（クラウン・コーブ、サンライズ・オブ・リッチモンド、ホムレフーセネ）は削除している。

　ケーススタディは、同一の用途でいくつかの建物を分析して、それらに共通する特徴、個別に見られる特異性を知ろうとするときに有効な研究手法である。また、これを通して、設置基準や運営方針がどのように適用されているかを、実例ごとに具体的に検証することもできる。コンセプトやプログラム、敷地、所有形態などの条件がそれぞれ異なる施設は、どれもがそれらの特性が包括的に具現化された、機能的な実体である。そこに、シニアリビングに対する、建築家や事業者ごとの解釈を見いだすこともできる。規則や基準に依拠して画一的にできている米国のナーシングホームと違って、シニアリビングは高齢者をサポートするための環境に対する考え方によって、さまざまに異なる。ここでは、アシステッドリビングのようなナーシングホーム（ポスティルヨーネン、p. 216）から、ハウジングアンドサービスモデル（グンゲモーセゴー、p. 178、フマニタス・ベルグウェグ、p. 162）までを、広く対象としている。ケーススタディを通して、多様なケアと建築のあり方を知れるようになっている。

書物としての事例

事例を通して、理念や手法が実際どのように適用されているかを知ることができる。あたかも書物のように、それらから経験や教訓を学びとることができる。「入居後評価」は、施設のデザインや機能以外を読み解くには有能な手段である。私は1991年に100施設、1999年に95施設の視察を行ったが、それはあたかも人々や建物と対話するような体験であった。このようにして施設ごとに異なる背景や立地、経済性、文化、理念などを知ることができた。どの施設もそこで働くスタッフたちも、高齢者によりよい生活を提供するためにあることに変わりはないが、諸国がもつ特異な事状によってさまざまな運用が見られた。

15のケーススタディ

対象としているのは、1990年代に実施された2回の視察で訪れた、195施設から選んだ15施設である。プロジェクトごとに図面や写真、基礎統計、運営方法の解説などを通して、その特徴がわかるように整理されている。入居者の属性を知ることは、誰のための施設なのかを知るうえで重要である。建物の物理的な特徴だけに焦点を置いたケーススタディでは、環境と人（入居者、家族、スタッフ）の関係が見落とされてしまう。施設の設計に、入居者の個性が反映されていることに気づくことが大切である。また、完成した建物が彼らの生活に与えた影響を知るには、POE（入居後評価）が有効である。

各ケーススタディは、建築概要や入居者概要、表紙の写真で始まっている。それに施設概要や施設の特徴が続き、途中に配置図や平面図、部分写真などが挿入されている。

その要点を一般概要、建築概要、および入居者概要に分類して、次のように整理する。

一般概要

ここではデザインとケアが融合し、そこで優れた運営が行われているプロジェクトや、関連団体から表彰されたものを取り上げている。文化的背景や立地（都市や郊外）、スケール（14〜195戸）、建築様式に偏りが生じないように配慮し、次の項目について記載することにした。

■一般概要

施設名	住戸構成	住戸面積	地域施設	地域給食	ケア型/ナーシングケア型
1. フマニタス・ベルグウェグ	195（1ベッドルーム）	70	あり	あり	ALS/HCS
2. ヴィルヘルミーナ	60（長期ケア）	30	あり	あり	ALS/HCS
	48（リハビリ）	23			
	26（認知症）	23			
	37（サービスフラット）	51			
3. ゴッダード・ハウス	37（ワンルーム）	33	なし	家族＋友人限定	ALS
	34（1ベッドルーム）	42			
	4（2ベッドルーム）	56			
	40（認知症）	28			
4. グンゲモーセゴー	56（1ベッドルーム）	56	あり	あり	ALS
	20（2ベッドルーム）	67			
	12（3ベッドルーム）	79			
	12（コハウジング）	28			

5. サンライズ・オブ・ミッション・ヴィエホ	38（ワンルーム） 24（1ベッドルーム） 24（コンパニオンスイート）	30 51 42	なし	家族＋友人限定	ALS
6. クラウン・コーヴ	75（ワンルーム）	37	なし	家族＋友人限定	ALS
7. サンライズ・オブ・ベルヴュー	40（ワンルーム） 15（1ベッドルーム） 15（コンパニオンスイート）	29 49 39	なし	家族＋友人限定	ALS
8. サンライズ・オブ・リッチモンド	32（スタジオ） 12（1ベッドルーム） 26（コンパニオン）	28 46 39	なし	家族＋友人限定	ALS
9. クーパー・リッジ	60（ワンルーム）	19	デイケア	家族＋友人限定	ALS/HCS
10. ヴィランランタ	40（長期ケア） 10（サービスハウス）	21 44	あり	あり	ALS/HCS
11. ハーバー・ハウス	36（ワンルーム） 8（コンパニオンスイート）	25 38	学習センター	家族＋友人限定	ALS
12. ロス・アンデッシュ・ガード	40（ワンルーム）	28	訪問ケア	家族＋友人限定	ALS
13. ホムレフースネ	24（ワンルーム）	28	あり	家族＋友人限定	ALS
14. ポスティルヨーネン	24（ワンルーム）	31	なし	家族＋友人限定	ALS/HCS
15. メッツァタティ	12（ワンルーム） 2（1ベッドルーム）	28 42	あり	あり	ALS

ALS：アシステッドリビングサービスの提供がある
ALS/HCS：アシステッドリビングとナーシングホームの機能がある
F1F only：家族と友人への食事の提供がある

建築概要

施設の立地は、郊外や大都市、小都市に分散している。用途には7種類あり、「家の中の家」は5つのケーススタディに共通している。建築構成は多様で、アトリウム型や中庭型、多棟型、L字型、X字型などがある。階数は平屋から12階建てで、そのうち3分の1を平屋が占め、次いで2～3階が多い。

住戸では、23～28 m²のワンルームタイプが最も普及している。全1,138戸の平均は40.5 m²である。特に広いグンゲモーセゴーとフマニタス・ベルグウェグを省けば、31.8 m²である。ヨーロッパの施設の食事は、サービスセンターなどから配給されている。米国では、ほとんどの施設で家族や友人とともに食事できるようになっている。

北欧には、医療やパーソナルケアも提供している施設がいくつかある。さまざまなケア環境が複合しているヴィルヘルミーナは、米国のCCRC（継続ケア付き高齢者コミュニティ）のようである (p.167)。また、「生涯生活のためのアパートメント」の理念が具現化されているフマニタス・ベルグウェグでは、自立生活者と、ナーシングケアを受けている寝たきり老人が同居している (p.162)。ポスティルヨーネンはナーシングホームだが、米国のアシステッドリビングと同じ仕様で設計されている (p.216)。

入居者概要

入居者の平均年齢は、82～86歳に集中している。若年層が多いグンゲモーセゴー (p.178) とフマニタス (p.162) では、それぞれ75歳と80歳である。また、若年層の認知症の入居者もいるクーパー・リッジでは、77歳である (p.195)。年齢幅は54～104歳である。単身者の女性が多いのは、寿命の男女差7歳が影響している。グンゲモーセゴーやフマニ

■建築概要

施設名	所在地	住戸数	立地環境	用途	建築構成	階数	竣工
1. フマニタス・ベルグウェグ	ロッテルダム	195	U	生涯生活アパートメント	アトリウム	12	1996
2. ヴィルヘルミーナ	ヘルシンキ	123	U	サービスハウス	複合	8	1995
3. ゴッダード・ハウス	マサチューセッツ州ブルークライン	115	U/S	アシステッドリビング＋認知症	U+L	3	1996
4. グンゲモーセゴー	ヘアレウ	100	S	アパート＋サービスハウス	20棟	2	1993
5. サンライズ・オブ・ミッション・ヴィエホ	カリフォルニア州ニューポート・ビーチ	86	S	アシステッドリビング＋認知症	X	2/3	1998
6. クラウン・コーヴ	カリフォルニア州コロナ・デル・マル	75	S	アシステッドリビング＋認知症	C	5	1999
7. サンライズ・オブ・ベルヴュー	ワシントン州ベルヴュー	70	S	アシステッドリビング＋認知症	L	4	1998
8. サンライズ・オブ・リッチモンド	ヴァージニア州リッチモンド	70	S	アシステッドリビング＋認知症	H	1	1999
9. クーパー・リッジ	メリーランド州サイクスヴィル	60	R	認知症	3 U's	1	1994
10. ヴィランランタ	キルヴェシ	50	R	サービスハウス	線形	1	1992
11. ハーバー・ハウス	ウィスコンシン州グリーンデール	44	S	認知症	X	2	1999
12. ロス・アンデッシュ・ガード	ヴァステルハーニンゲ	40	S	アシステッドリビング＋認知症	L	3	1999
13. ホムレフースネ	アルベルツルンド	24	S	認知症	L	1	1997
14. ポスティルヨーネン	ヘルヴィーケン	24	R	ナーシングホーム	中庭	2	1994
15. メッツァタティ	ヘルシンキ	14	R	サービスハウス	線形	1	1990

U：都市
S：郊外
R：地方／小都市

■入居者概要

施設名	平均年齢	年齢層	入居者数	夫婦	要入浴介助比率	認知症比率	失禁比率	要トイレ介助比率	車いす利用者比率
1. フマニタス・ベルグウェグ	80	55-96	250	44%	36%	10%	—	27%	18%
2. ヴィルヘルミーナ	85	—	178	—	100%	—	—	40%	—
3. ゴッダード・ハウス	86	62-96	120	8%	83%	38%	18%	25%	8%
4. グンゲモーセゴー	75	70-95	64	41%	31%	15%	—	8%	18%
5. サンライズ・オブ・ミッション・ヴィエホ	86	75-98	85	19%	57%	63%	42%	54%	21%
6. クラウン・コーヴ	87	56-96	75	11%	40%	49%	37%	—	21%
7. サンライズ・オブ・ベルヴュー	84	62-98	81	17%	65%	36%	43%	58%	14%
8. サンライズ・オブ・リッチモンド	84	67-98	81	17%	51%	30%	31%	37%	23%
9. クーパー・リッジ	77	54-93	60	0%	60%	100%	25%	40%	5%
10. ヴィランランタ	80	68-104	60	3%	100%	27%	38%	80%	10%
11. ハーバー・ハウス	83	71-96	36	0%	100%	100%	50%	70%	1%
12. ロス・アンデッシュ・ガード	82	60-92	40	10%	75%	45%	62%	62%	13%
13. ホムレフースネ	82	73-97	24	0%	38%	100%	48%	38%	25%
14. ポスティルヨーネン	85	61-94	24	0%	58%	63%	67%	67%	46%
15. メッツァタティ	83	65-97	14	0%	100%	22%	43%	57%	14%

タスの平均年齢が低いのは、夫婦入居者が多いことが要因となっている。

入居者が求めるケアとサービスは、プロジェクトごとに異なる。入居者の平均年齢が最も若い上記2つの施設では、入浴やトイレの介助へのニーズが低い。また、認知症専用施設では、入浴やトイレの介助、失禁対策へのニーズが高い。とはいえ、入居者の残存能力とニーズの幅は広く、それらに応じたさまざまなプロジェクトがある。車いすを利用している者の比率は1〜25％、また入浴介助では31〜100％である。

CHAPTER 1

HUMANITAS BERGWEG
フマニタス・ベルグウェグ

所在地：オランダ・ロッテルダム
設計者：EGM建築設計事務所
事業者：フマニタス財団

建築概要
住 戸 数：195戸
階　　数：12階
立　　地：市街地
用　　途：生涯生活のためのアパートメント
建築構成：アトリウム型
住戸構成：ワンベッドルーム（195戸）
標準住戸面積：70 m^2
地域施設：あり
地域給食：あり
竣　　工：1996年4月

入居者概要
平均年齢：80歳
入居者数：250人
入居者属性：男（42人）
　　　　　　女（98人）
　　　　　　夫婦（55組）
年 齢 層：55～96歳
要入浴介助比率：36％
要トイレ介助比率：27％
失禁比率：—
車いす利用者比率：18％
認知症比率：10％

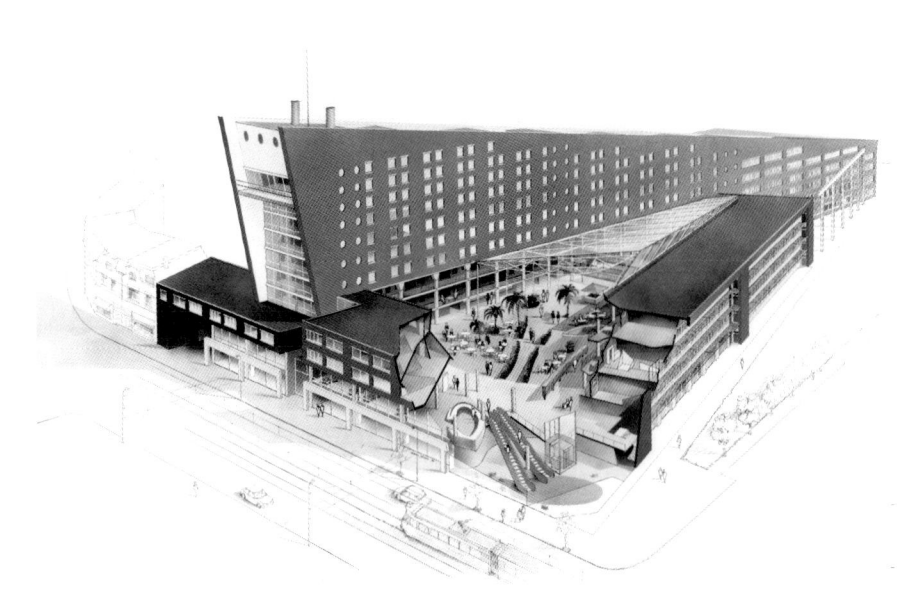

全体アクソメ：敷地北側のエスカレーターで上階のアトリウムへと向かう。3層分のアトリウムと周囲の廊下（Courtesy EGM architecten bv）

施設概要

フマニタス・ベルグウェグは、「生涯生活のためのアパートメント」である。衰えのある高齢者にも、住居とサービスが提供されている。ロッテルダムの市街地の中心に位置しており、地域住民の27％が65歳以上である。数キロ離れたところからでもよく目立つ形態である。計195戸、2つの住戸棟に挟まれてアトリウムがある。一方の棟は長さ150mで4〜12層、他方は4層である。3層分のアトリウムの両側には、住棟の廊下が面している。ナーシングサービスやケアサービス、ヘルプサービスを受けている入居者の数は、それぞれ全体の3分の1にあたる。彼らのニーズの高度化に応じて、住戸が改修できるようになっている。バスルームは、車いすやストレッチャーでも利用できる広さである。ここの入居者は、自立を励まされながら、ケアを受けている。彼らにはできるだけ身の回りのことは自分ですることが求められている。ナーシングサービスを受けている者も同様であるため、ここでの生活は、ほかのナーシングホームでの生活と比べてより、自立性に富んでいる。多様なケアレベルの入居者が混合して住めるように、サービスレベルごとの専用区画はない。アトリウムは、地域住民にも開放されている。住民たちもレストランやラウンジ、バーを訪れたり、医師や理学療法士、作業療法士のケアを受けられるようになっている。

公共空間としてのアトリウム：張弦梁に半透明のガラス屋根が架かるアトリウム。ランドスケープやブリッジ、レストラン、いすやテーブル、ラウンジ、池、ビストロなどが配されにぎやかである（Photo：Marcel Van Kerckhoven）

1. エスカレーター
2. アトリウム
3. レストラン
4. リビングルーム / ラウンジ
5. オフィス

1階平面図：三角形で構成されている施設。アトリウムが回廊で囲まれている（Courtesy EGM architecten bv）

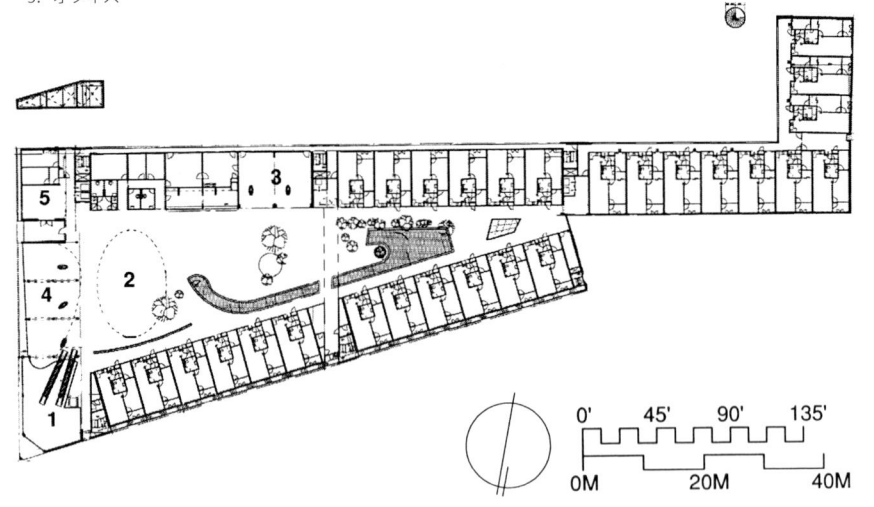

施設の特徴

「生涯生活のためのアパートメント」の考え方に基づいている

オランダでは、第二次世界大戦以降、サービス付きの狭小な住戸を高齢者に供給してきた。しかし、この「生涯生活のためのアパートメント」の開設のおかげで、彼らもより快適な環境で老後を送れるようになった。この施設は、慢性疾患を抱えている夫婦に特に好まれている。入居者には、「能力を使うか、失うのか」の意識が徹底されており、できるだけ身の回りのことを自分ですることが求められている。また、ここでは、Op Maat（入居者の生活パターンに合わせたケア）を重視した運営が行われている。ケアマネジャーがコーディネートするケアプランの作成には、配偶者や友人、ボランティア、家族なども協力する。施設内には訪問ケアの専門業者も入っている。

施設はハウジング付きの地域センターとして建設された

以前、病院があったこの敷地の周辺には、徒歩で行ける範囲にさまざまなサービスがある。地域住民にも開放された大きな公共空間の創出が、開発の目的でもあった。1階の店舗の上がアトリウムになっている。店舗は、街路のにぎやかさの創出に役立っている。アトリウムへは、敷地の北の角にあるエスカレーターで行く。そこのレストランやラウンジ、バーには、誰もが入れるようになっている。入居者は自室でも食事ができる。ほとんどの住戸が、フルキッチン付きのワンベッドルームである。ここでは賃貸用の住戸がすべてだが、分譲用に別のプロジェクトが進行中である。住戸から1階の店舗へは、エレベーターを使用する。地域の高齢者でも、クリニックや療法室、デイケアセンターのサービスを受けられるようになっている。

アトリウムは住棟から望める

誰でも利用できるアトリウムは、地域の集会所かショッピングモールのようである。ガラス屋根が張弦梁の上に架けられている。ブリッジで結ばれた2棟のそれぞれ中央には、エレベーターが配されている。テーブルといすが置かれたアトリウムには、噴水や池、郵便受けもある。回廊から、そこに育つ珍しい植物を見下ろせるようになっている。当初、浮浪者が滞留する問題もあったが、徹底した管理の結果、今では快適な環境が保たれている。

ケアやサービスでは、エイジング・イン・プレイスが励まされている

ハウジングとサービスの分離が、この考え方の実施を促進している。入居者の所得や健康状態、年齢は多様である。過剰なケアは過小なものより悪徳と考えられており、なるべく入居者が身の回りのことを自分ですることを前提に、ケアが提供されている。配偶者や家族、友人、ボランティアを活用したシステムを導入して、運営コストを低く抑えている。ケアプランの立案には、入居者や家族などがケアマネジャーに協力する。自室でのケアを求める者には、訪問ケアの事業者が対応する。標準サービスに加えて、ニーズに応じたオプションも用意されている。それにはホスピスやデイケア、地域住民への夜間ケアなどが含まれる。認知症が重度化してほかの施設に移された入居者が、これまで5人いた。発達生涯を持つ者も、現在25人いる。「生涯生活のためのアパートメント」には人気が集中しており、入居待ちリストには、数千人分の登録がある。ナーシングホームよりかなり広い住戸を設けたにもかかわらず、入居費用を35％程度低く抑えている。これは、独自のケアシステムによるところが大きい。

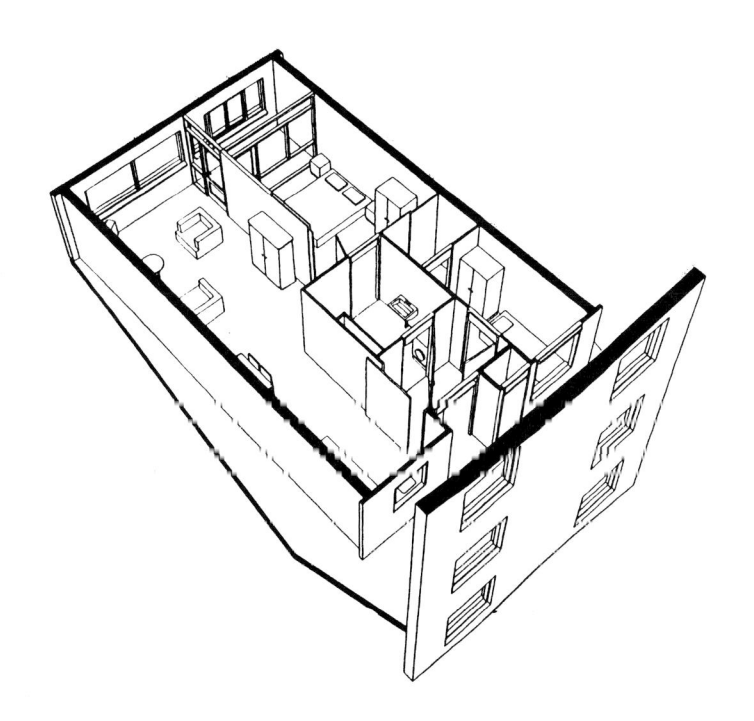

住戸アクソメ：高齢化に応じた改修ができるように設計されている。ベッドがそのまま通れる幅の入り口、ストレッチャー付きの浴槽を置けるバスルーム、高さ調整が可能なキッチンカウンター、サンルーム、およびアダプタブルなバスルームが特徴である（Courtesy EGM architecten bv）

住戸はアダプタブルである

ここに転居すれば永住できることは、高齢者にとって大変魅力的である。入居者が高齢化しても対応できるように、改修可能な住戸を設けている。キッチンの窓や入り口のガラス扉越しに、廊下の明るさが部屋に届くようになっている。ストレッチャーが通れるように、幅90cmの扉の脇に、幅25cmの可動パネルがついている。標準的な住戸の広さは70m^2であり、その中ほどにはバスルームが設置されている。少数だが、78m^2のコーナー住戸もある。バスルームへは、ベッドルームと玄関ホールの双方から入れるようになっている。ベッドルーム隣のサンルームへは、リビングルームからも出られる。

エイジング・イン・プレイスを励ますように、住戸が設計されている

改修可能な住戸には、さまざまな特徴がある。キッチンやバスルームでは、安全性が最大限に配慮されている。ロールインシャワー付きのバスルームは、ストレッチャー浴槽を置けるほど広い。キッチンやリビングルームの引き戸は幅広で、開放したままでも使用できる。トイレの握り棒は、移設可能であるほか、必要に応じて追加も可能である。キッチンカウンターは、高さの調整が可能である。キャスター付きの棚や、レバー式の水栓やドアハンドル、煙感知器、開閉操作が楽な窓や扉、コンピューター制御の錠なども備えられている。

CHAPTER 2

WILHELMIINA
ヴィルヘルミーナ

所在地：フィンランド・ヘルシンキ
設計者：トゥオノ・シートネン
事業者：ミナ・シッランパー財団

建築概要
住　戸　数：123戸＋48床（リハビリ）
階　　　数：3〜8階
立　　　地：市街地
用　　　途：マルチレベルサービスハウス
建築構成：複合型
住戸構成：長期ケア住戸（60戸）
　　　　　　リハビリテーションベッド（48床）
　　　　　　認知症住戸（26戸）
　　　　　　サービスフラット（37戸）
標準住戸面積：30㎡（長期ケア）
地域施設：あり
地域給食：あり
竣　　　工：1995年9月

入居者概要
平均年齢：85歳（長期ケア）
入居者数：60人（長期ケア）
入居者属性：―
年　齢　層：―
要入浴介助比率：100％
要トイレ介助比率：40％
失禁比率：―
車いす利用者比率：―
認知症比率：―

市街地の狭小な敷地に立つ施設：さまざまな素材や形態を用いて、建物のスケール感を抑えている

施設概要

ヴィルヘルミーナ・ハウジング・アンド・サービスセンターでは、リハビリテーション、認知症ケア、および高齢者用ハウジングを提供している。ヘルシンキの中心地にある、高密度な複合施設である。60戸の高齢者用ハウジング、37戸のサービスアパートメント、26の認知症用の住戸、ならびに48床のリハビリテーションベッドから構成されている。プールやレストラン、理学療法室などが配されているサービスセンターには、さまざまな分野の専門医もそろっている。3〜8階の建物では、コンクリートやタイル、木、スタッコ、れんがなどが使用されている。全体的には、いくつかの施設を集積したように見える。ハウジング棟には、各階15戸、計60戸のユニットが配置されている。各階には、それぞれ5戸から構成されている3つの「家族クラスター」がある。各クラスターは、パティオやバルコニーに出られる専用のリビングルームやダイニングルームを持っている。また、共用リビングルームも各階中央に用意されている。ここでの療法やサービスは、地域住民にも開放されている。

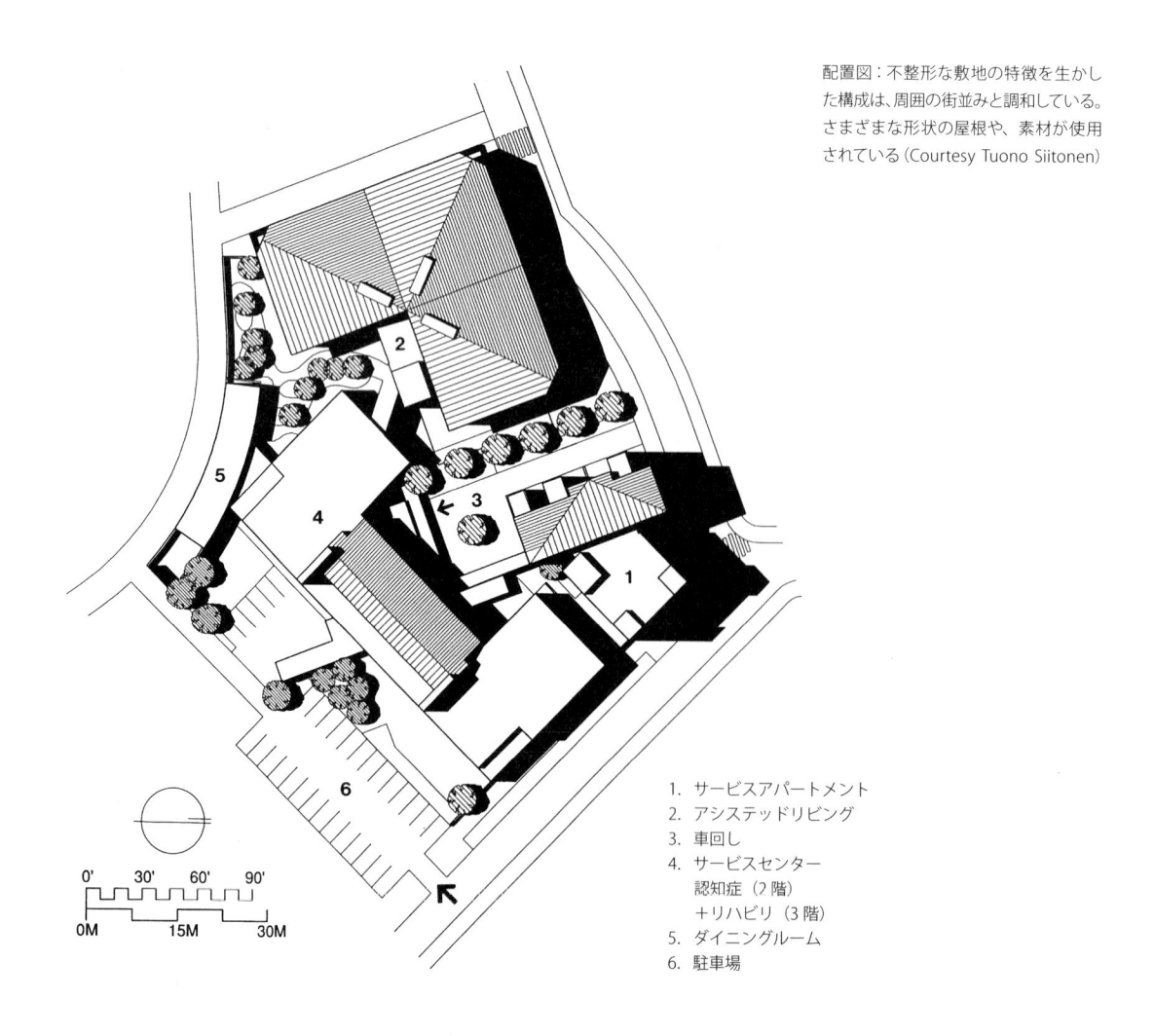

配置図：不整形な敷地の特徴を生かした構成は、周囲の街並みと調和している。さまざまな形状の屋根や、素材が使用されている（Courtesy Tuono Siitonen）

1. サービスアパートメント
2. アシステッドリビング
3. 車回し
4. サービスセンター
   認知症（2階）
   ＋リハビリ（3階）
5. ダイニングルーム
6. 駐車場

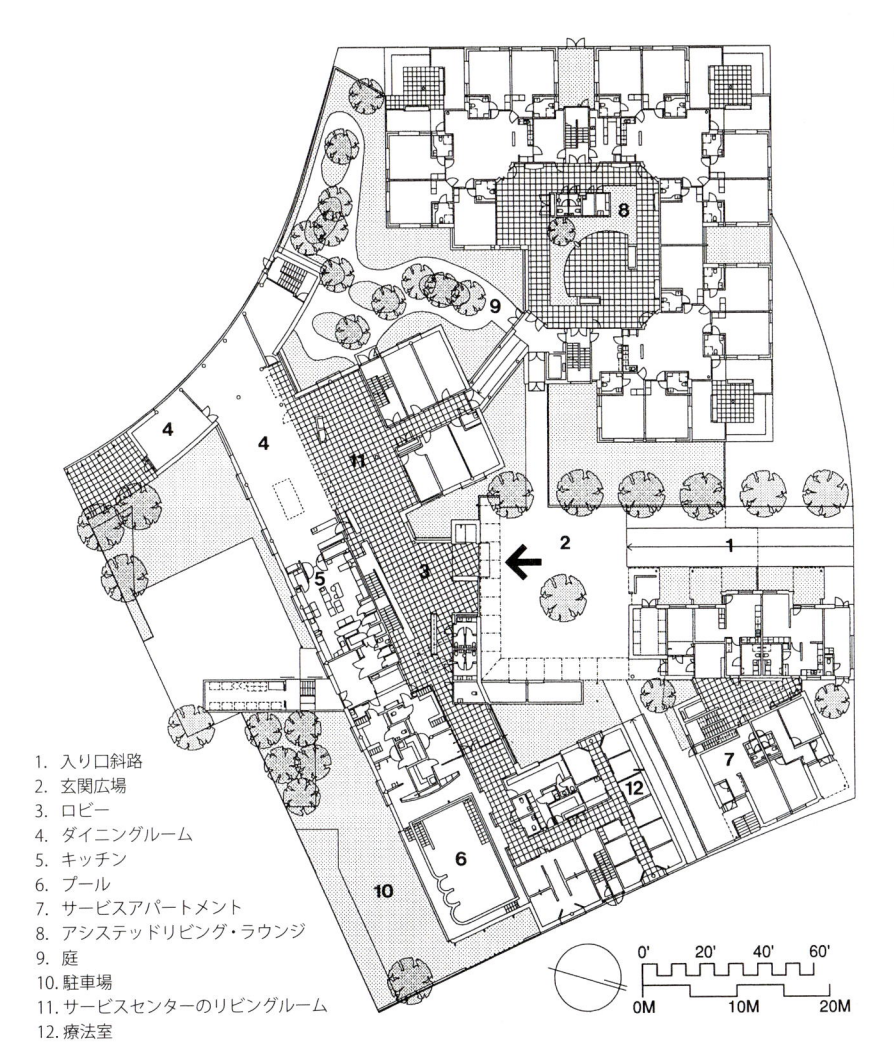

1階平面図：3部門の施設から構成されている。北側にはサービスハウジング、西側にはアシステッドリビング、南側には認知症とリハビリテーション用住戸付きのサービスセンターが配置されている。車の旋回広場が中央にある（Courtesy Tuono Siitonen）

1. 入り口斜路
2. 玄関広場
3. ロビー
4. ダイニングルーム
5. キッチン
6. プール
7. サービスアパートメント
8. アシステッドリビング・ラウンジ
9. 庭
10. 駐車場
11. サービスセンターのリビングルーム
12. 療法室

施設の特徴

終身ケア型のサービスハウス

ヴィルヘルミーナは、さまざまな形式のハウジングを含んでいる複合施設である。最も自立性のレベルが高い者には、37戸のワンルームとワンベッドルームがあてられている。彼らは自室で自炊したり、レストランで食事する。別棟の上部の4層には、60戸のアシステッドリビングが配されている。各階では、5つごとの住戸が3つのクラスターを形成している。入居者はクラスターごとにダイニングエリアで食事する。この2階には、各13人、2グループの認知症用のクラスターが入っている。住戸の広さは23㎡である。また3階は、48床のショートステイ・リハビリテーション用の住戸である。さまざまなアクティビティや療法サービスが提供されている中央棟では、医師や歯科医、老齢学の専門家、神経学者などの専門家による治療を受けられるようになっている。

5戸が共用するコーナーバルコニー：4層のアシステッドリビング棟の3隅は、バルコニーになっている。木の横桟が、効果的に日陰をつくり出している（Photo：Jussi Tianen）

敷地中央に自動車旋回広場が配されている

3棟から構成されている全体は、複雑な形態になっている。北側では、それぞれ5層と8層の棟が、中央の自動車旋回広場を挟んで建てられている。建物のデザインには、多角形の敷地の形状が生かされている。別棟の3層の共用棟の1階には、玄関やキッチン、ダイニングルーム、スイミングプール、医務室、療法室が入っている（p.105）。その上階には、認知症とリハビリテーション用のベッドが置かれている。この建物の共用スペースとアシステッドリビング棟は屋内廊下で、また、サービスアパートメント棟は屋根付きの通路でそれぞれつながっている。共用棟とアシステッドリビングの間は、小さな庭になっている。

さまざまな素材と色彩の組み合わせで、建物のスケール感を抑制

複数の小規模な建物が融合している様子と、仕上げの色彩や素材の扱いが印象的な施設である。サービスアパートメント棟では、赤れんがやスタッコを用いて、スケール感を抑えている。共用棟のファサードでは、スタッコや木製のがらり、コンクリート、2色のれんが、ガラスブロック、淡い青のガラスなどが使用されており、その表情には深みがある。高さの印象をやわらげるために、がらりやれんが、コンクリートなどによる水平要素も適用されている。サービスアパートメント棟のバルコニーのデザインにも特徴がある。5階まではガラスの手すりだが、その上の3層では手すり桟が用いられている。また、認知症とリハビリテーション用の住戸が入る中央棟では、フレンチバルコニーのような窓に特徴がある。さらに、アシステッドリビング棟のバルコニーでは、トラスで支持された屋根が建物の隅を際立たせている。

衰えのある入居者用に5つの住戸クラスターを用意

アシステッドリビング棟では、60戸が4層の各階で3つのクラスターへとグループ化されている。これらのクラスターは、L字型平面の3つのコーナーに、それぞれ配置されている。玄関がある1階からは、共用棟や庭に行けるようになっている。各クラスターには、ダイニングルームやリビング、キッチン、バルコニーが設けられている。入居者は自室や共用棟のレストランで、食事をとることができる。リビングルームに面して、広いバルコニーもある。1階ではプライバシーの確保と日よけのために、バルコニーの外側に木製スクリーンが備えられている。また、各階の中央には、多人数でのグループアクティビティのために共用スペースが配されている。平面の中ほどに位置していても、南側のくぼんだ部分から入る自然光のおかげで、明るい空間である。階の確認用に、青や緑、赤のカラーコードが用いられている。

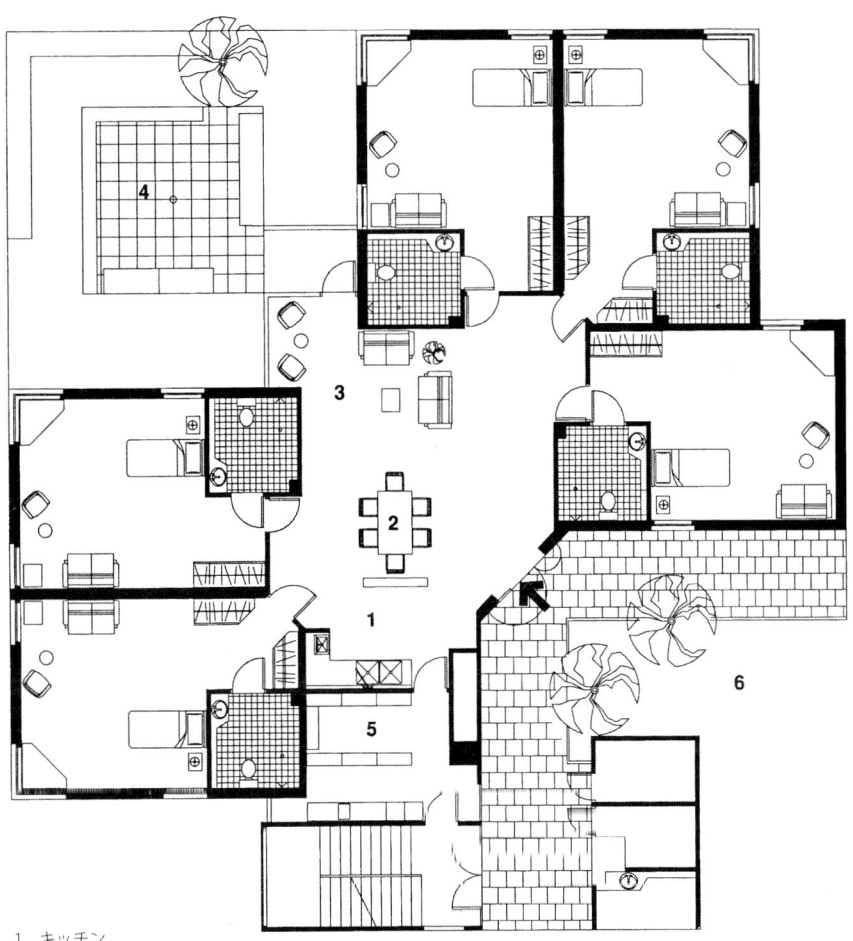

アシステッドリビングのクラスター：5つの住戸がリビングルームやバルコニーを共用している。個室には、バスルームやコーナー窓、換気窓が設けられている

1. キッチン
2. ダイニングルーム
3. リビングルーム
4. バルコニー
5. 倉庫
6. アトリウム

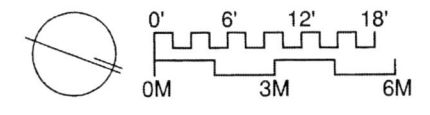

コーナーウィンドウが住戸の特徴

アシステッドリビングの住戸の広さは、30㎡である。バスルームは、ベッドルーム側の欄間から入り込む自然光のおかげで、明るい。夜には、バスルームの明かりが外にもれて、常夜灯の代わりになる。シャワーは、ロールインタイプである。腰高の低いコーナーウィンドウのおかげで、十分な明るさと2方向への眺望が確保されている。

Op Maat（入居者の生活パターンに合わせたケア）を実施

ヴィルヘルミーナでは、オランダの Op Maat が採用されている。スタッフが立てたケアプランを適用するのではなく、入居者の生活パターンに合わせるものである。食事の時間も、フレキシブルである。食事にレストランを望む者がいれば、それに応じて支度が整えられる。マッサージ療法などもさまざまに施されている。理学療法やプールの利用者の半数は、地域住民である。カフェと認知症のリビングルームは、昼光色の照明で明るい。28㎡のカフェには、38機のダウンライトが備えられている。

サービスフラットからの優れた眺望

敷地の北側にあるコンパクトな8層の建物には、40〜59㎡のサービスフラットが37戸入っている。基準階には、それぞれ5戸が配されている。各住戸には、大きなバルコニーとキッチンが設けられている。ベッドルームとリビングルームの間の引き戸や、バスルームのロールインシャワーと洗濯機の備えなどにも特徴がある。

認知症とリハビリテーション用の住戸が提供されている

2階は、13戸からなる認知症クラスターになっている。住戸の広さは、23㎡である。ショートステイも、この階で行われる。木の床が、この空間の雰囲気をなごやかなものにしている。リビングルームは、28機の昼光色照明で明るい(p.153)。リハビリテーション用の住戸は、典型的な病院のようなつくりである。滞在期間は2〜4週間が多く、すべての年齢層に利用されている(p.62、231)。

CHAPTER 3

GODDARD HOUSE
ゴッダード・ハウス

所在地：マサチューセッツ州ブルークライン
設計者：チルズ・バートマン・ツェッカース建築設計事務所
事業者：ゴッダード・ハウス

建築概要
住 戸 数：115戸
階　　数：3階
立　　地：市街地・郊外
用　　途：アシステッドリビング＋認知症
建築構成：U字型＋L字型
住戸構成：ワンルーム（37戸）
　　　　　ワンベッドルーム（34戸）
　　　　　ツーベッドルーム（4戸）
　　　　　認知症住戸（40戸）
標準住戸面積：39m^2（ワンベッドルーム）
地域施設：―
地域給食：なし（家族と友人に限る）
竣　　工：1996年12月

入居者概要
平均年齢：86歳
入居者数：120人
入居者属性：男（16人）
　　　　　　女（94人）
　　　　　　夫婦（5組）
年　齢　層：62～96歳
要入浴介助比率：83％
要トイレ介助比率：25％
失禁比率：18％
車いす利用者比率：8％
認知症比率：38％

周辺環境に調和する建物：灰色のサイディングや切妻壁、片流れ屋根、煙突、ポーチで、スケール感を抑制している（Photo：Edward Jacoby Photography）

施設概要

ゴッダード・ハウス社には、地域の高齢者にもサービスを提供してきた歴史がある。ここから数キロ離れた姉妹施設に、1849年に設立され、米国では3番目に古いゴッダード・ナーシングホームがある。そこではハウジングと医療が提供されている。ゴッダード・ハウスは、ボストンの活気ある旧市街地で、ブルークライン病院の23,900 m²の敷地内に建てられている。白い窓枠が特徴の3層のシングル葺きの建物が、地域のヴィクトリア様式の街並みと調和している。75戸のアシステッドリビングと40戸の認知症用の住戸から構成されている。複雑な平面に、切妻壁やポーチ、ドーマーウィンドウを用いた建物は、抑制がきいた外観で親しみやすい印象である。リビングルームやカフェ、アクティビティルーム、カントリーキッチンなどの共用スペースが丹念につくり込まれている。比較的広いアシステッドリビングの住戸の中には、ツーベッドルームも4室ある。認知症の入居者は、10人ごとに4つのクラスターにグループ化されている。高校生やウェルズレイ・カレッジで美術療法を学ぶインターン、地域住民などが参加するボランティアプログラムが実施されている。

施設の特徴

複雑な形状でスケール感が抑制された建物

L字型とU字型平面が融合した複雑な形態の建物である。敷地の形状を反映した構成のおかげで、道路に面したファサードは短くできている。3層、115戸の大規模な建物では、これは重要である。1階のポーチや大きな切妻壁、3階のドーマーが全体のスケール感を抑えるのに役立っている。シングルスタイルの建物は、この地域の伝統的な街並みに

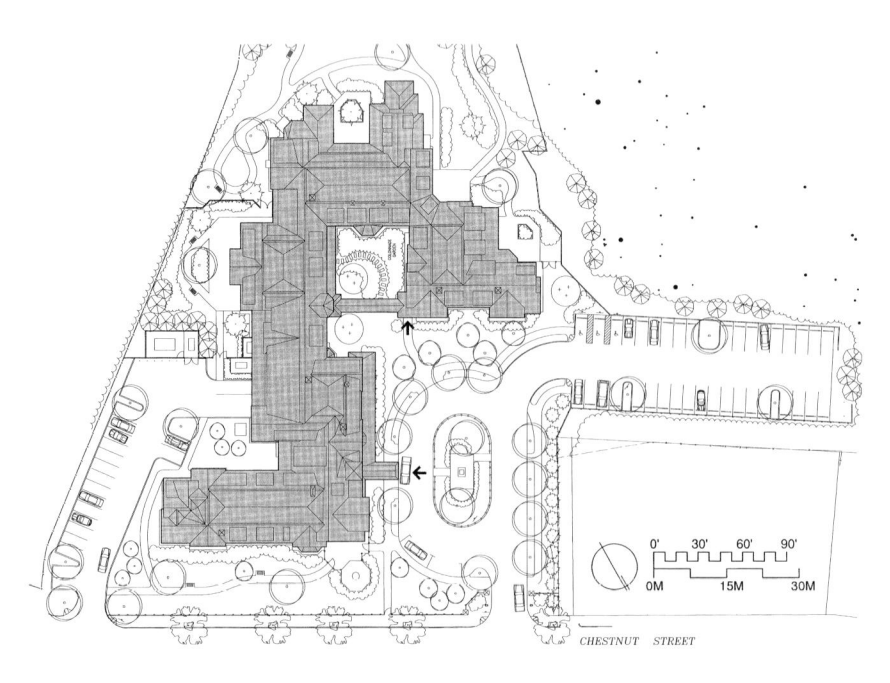

配置図：敷地の形状に合わせて雁行する平面が、建物のスケール感を抑制している。建物の周囲には遊歩路が巡らされている。敷地の南側は湿地に接している（Courtesy CBT Architects）

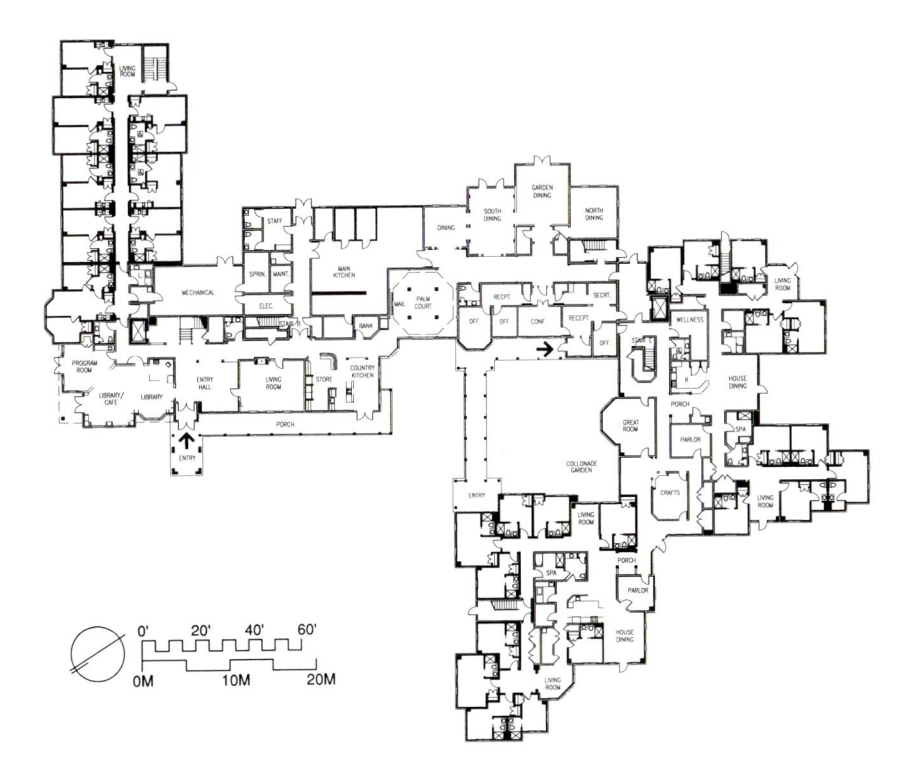

1階平面図：内には短い廊下を、外には豊かな表情を持つ平面である。廊下沿いに配された共用部では、さまざまなイベントが催される（Courtesy CBT Architects）

調和している。シングルの灰色と、窓枠やポーチの支柱の白とがコントラストを生んでいる（p.67）。ドーマーや出窓、ポーチ、煙突で個性的な外観である。玄関先には車寄せや広い駐車場がある。ここではアシステッドリビングと認知症用施設が、「家の中の家」として構成されている。

丹念につくられた抑制されたスケール感の共用スペース

さまざまな共用スペースが、1階の廊下沿いに配置されている。玄関ホールやライブラリー、カフェ、アクティビティルーム、リビングルーム、カントリーキッチン、パームコート、ダイニングルームなどのデザインは、どれもが個性的である。適度に視覚を刺激する鮮やかさや深み、あたたかみがある色彩を使い分けるなどで、丹念につくられた空間は一般住宅のようである。3つのダイニングルームは、いずれも魅力的なレストランといえる。ほかに全12席のプライベートダイニングもある。

共用スペースごとに用途が与えられている

敷地に入ると、まずポーチが目に入る。特に夏にはよく利用されている。ブックストアカフェのようなカフェライブラリーは、テレビ番組の視聴などのアクティビティにも利用される。濃紺の壁のリビングルームには、暖炉がある（p.108）。日当たりのよいカントリーキッチンは、最も人気ある交流スペースである。そこは、100％コーナーとして機能している。50席分のいすを用意できる、パームコートは、小さなパフォーマンススペースでもある。そこで毎月、演奏会や演劇が催される。

自立性やプライバシー、個性が尊重されている

ゴッダード・ハウスは、姉妹施設から継承した質の高いケアで知られている。ここでは、入居者の個性に合わせたサービスプログラムが提供されている。リハビリテーションや集中医療を必要とする者のために、ジャマイカパームにある養護施設と姉妹提携を結んでいる。住戸の15％が中産階級の入居者のためにあてられている。最寄りの高校の高学年には、入居者との談話サークルがある。また、ウェズレイ・カレッジからは、毎学期ふたりのインターンが送られてくる。ゴッダード・ハウスには、14〜85歳の25人が参加する充実したボランティアプログラムがある。

屋外空間や遊歩路の整備

この魅力的な敷地の周囲には、大変親しみやすい地域環境がある。好天の日には、近くの公園や交差点まで散歩に出かける入居者も多い。敷地の一方は、市街地ではめずらしい貯水池に接している。認知症の入居者が徘徊できるように、ほかの三方の庭を遊歩路が巡っている。建物の正面にあるあずまやにも人気がある。玄関脇のポーチは、夏の午後には、そこで過ごす人でにぎわう。ライブラリーやカフェ、ダイニングルームに面してパティオがある。認知症用の庭へは、共用スペースから出られるようになっている。

広い住戸

33m^2のワンルームや、39m^2のワンベッドルームなど、アシステッドリビングにはいくつかの種類の住戸がある。なかでも簡易キッチン付きの住戸が多い。ワンベッドルームは、家族が宿泊できるほどの広さがある。部屋では、ベッドからトイレが見えるようになっている (p.252)。大きなツーベッドルームには、出窓も設けられている。認知症用の住戸の広さは、23m^2である。

さまざまな表情の共用部：住宅に見られるスケールや色彩、柄が用いられている（Photo：Edward Jacoby Photography）

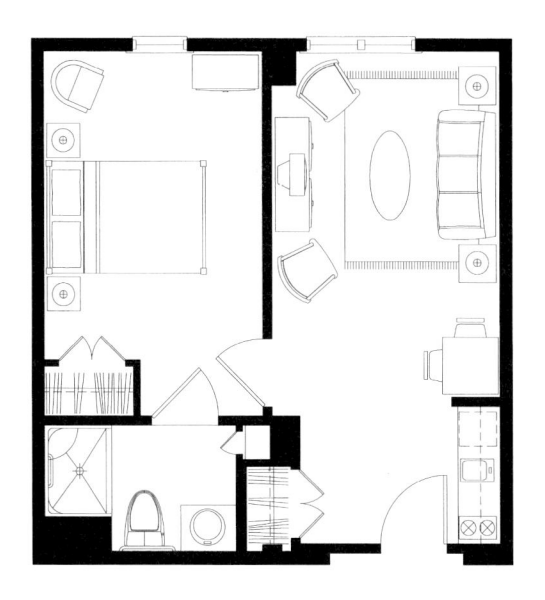

住戸平面図：39 m^{2}のワンベッドルームが過半を占める簡易キッチンは、2口コンロと冷蔵庫付きである (Courtesy CBT Architects)

2層に配された4つのクラスター

20戸ごとに区画された、2層の認知症用の居住区が西側にある。その上の3階はアシステッドリビングになっている。「ホームステッドプログラム」として知られるここの認知症用のプログラムは、40人を対象にするものである。各階では20戸が、10戸ごとにクラスター化されている。各クラスターにはダイニングルームやキッチン、スパ、リビングルームが配されている。クラスターは再分割されて、それぞれ5戸の小グループになる。これで、入居者同士が家族のような関係を持ちやすくなる。各階は、庭やデッキ、手工芸室、大広間に行けるように計画されている。住戸には、シャワーとトイレ、洗面台が備わったバスルームが設けられている。美容室やウェルネスオフィスへは、すべての住戸から行けるようになっている。アシステッドリビングとは別に専用玄関がある。運動や思索のためにデザインされた庭には、植物や鳥小屋、遊歩路が配されている。歩行運動のために1階に下りるには、2階のバルコニーからスロープを利用する。

CHAPTER 4

GYNGEMOSEGÅRD
グンゲモーセゴー

所在地：デンマーク・ヘアレゥ
設計者：ツーア・ニールセン・マーティン・ルーボゥ建築設計事務所
事業者：グレルサクセ市

建築概要

住 戸 数：100戸
階　　数：2階
立　　地：郊外
用　　途：高齢者センター
建築構成：団地形式(20棟)
住戸構成：ワンベッドルーム(56戸、高齢者＋家族)
　　　　　ツーベッドルーム(20戸、家族)
　　　　　スリーベッドルーム(12戸、家族)
　　　　　コハウジング(12戸、高齢者)
標準住戸面積：60 m^2(高齢者)
地域施設：あり
地域給食：あり
竣　　工：1993年10月

入居者概要

平均年齢：75歳(高齢者)
入居者数：64人(高齢者)
入居者属性：男(7人)
　　　　　　女(31人)
　　　　　　夫婦(13組)
年 齢 層：70～95歳
要入浴介助比率：31％
要トイレ介助比率：8％
失禁比率：—
車いす利用者比率：18％
認知症比率：15％(中度)

住戸とコミュニティセンターを結ぶ通路：敷地を貫通する通路に沿って、フェンスで囲まれた庭を持つ住戸が並ぶ。1階は高齢者用、2階は家族や若年層用である (Photo：Martin Rubow)

施設概要

デンマーク特有のコンセプトである、「融合とノーマライゼーション」が具現化されているプロジェクトである。コペンハーゲン郊外のヘアレゥにあるこの100戸のハウジングは、56戸のワンベッドルーム（44戸は高齢者用）、12戸の高齢者用コハウジング、および32戸の家族用の2〜3ベッドルームから構成されている。高齢者用の住戸は1階、またはエレベーターでアクセスできる東側の2階に配されている。2層分のアトリウムがあるコミュニティ棟には、カフェやラウンジ、集会所、理学療法室、作業療法用キッチン、エクササイズルームが設けられている (p. 273)。中央広場は車寄せや駐車場にも利用される。スタッフが駐在するコミュニティセンターには、理学療法やエクササイズの機具が置かれている。療法士は入居者ごとに適した運動やエアロビクス、ストレッチトレーニングなどのプログラムを用意している。訪問ケアは入居者や地域住民に提供されている。いくつかの住棟を貫通通路がつないでいる。6つごとの住戸から構成されている2つのコハウジングクラスターは、集団生活を希望する高齢者に、新たなライフスタイルを提供している。

施設の特徴

交流とサービスの融合

このプロジェクトのテーマのひとつに、「融合」がある。ここでは、高齢者と若者、ハウジングとサービスが融合されている。約半数の44戸では、子どもがいる世帯が暮らしている。敷地の西隣には小学校もある。入居者の総数は125人である。昼食やエクササ

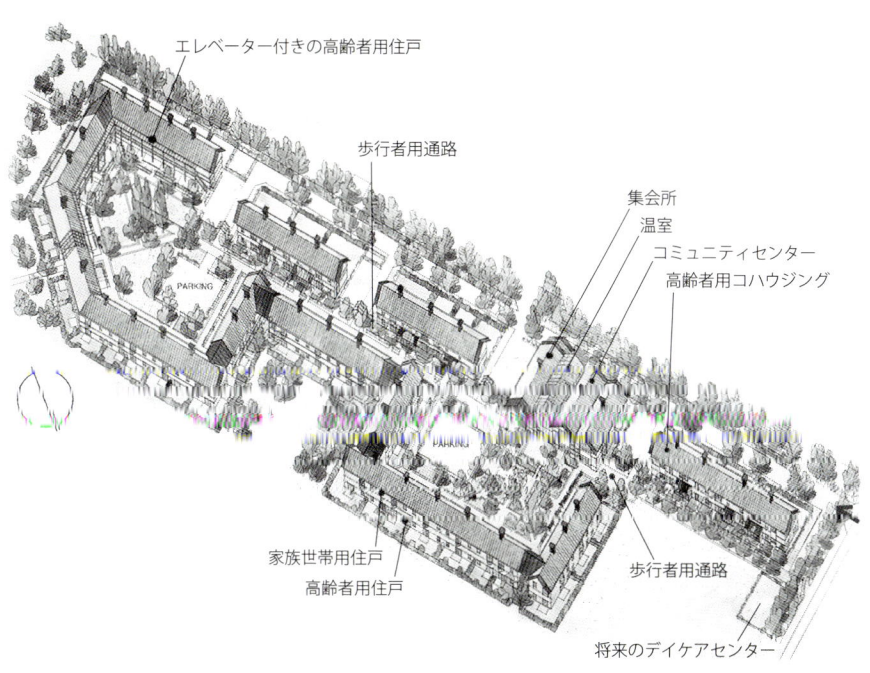

全体アクソメ：住戸棟やコミュニティ棟が敷地の南側に並ぶ。北側には2つの中庭と駐車場、西側にはコハウジングのクラスターがある。中央はコミュニティセンターになっている (Cortesy Thure, Nielsen and Rubow Architects)

アトリウムがあるコミュニティ棟：北側の小さな庭を望む2層分のアトリウムは、入居者の昼食スペースにも利用される（Photo：Martin Rubow）

イズ、理学療法などのサービスが提供されているコミュニティセンターが、交流にも利用されている。訪問ケアや訪問医療の事業者も入っている。

貫通通路が特徴である

庭付きの住戸が、歩行や自転車、緊急車用などの、幅5mほどの通路に挟まれて計画されている。隣人との交流が生まれやすいように、住戸の通路側には、キッチンやダイニングルームが配されている。通路とパティオは、つたが絡まるフェンスで仕切られている。テーブルやいすが置けるほどの広さのパティオへは、キッチンから出られる。貫通通路は、住戸やコミュニティセンター、庭園を結んでいる。住戸のガーデンパティオやバルコニーには、湿地への眺めがある。

コミュニティセンターではエクササイズやリハビリテーションサービスも提供

2層の交流センターには、カフェや集会所、訪問ケアの事業所、エクササイズルーム、理学療法室が配されている。昼食にも利用される、日差しで明るいガラスのアトリウムでは、植物が育っている。30人ほどの利用者の約半数は、ここに住む高齢者である。少なくともひとつのサービスを利用している高齢者が、70％以上いる。外部の地域キッチンから配給される食事が、住戸やカフェで、入居者や地域住民に提供されている。50人ほどを収容できる集会室もある。

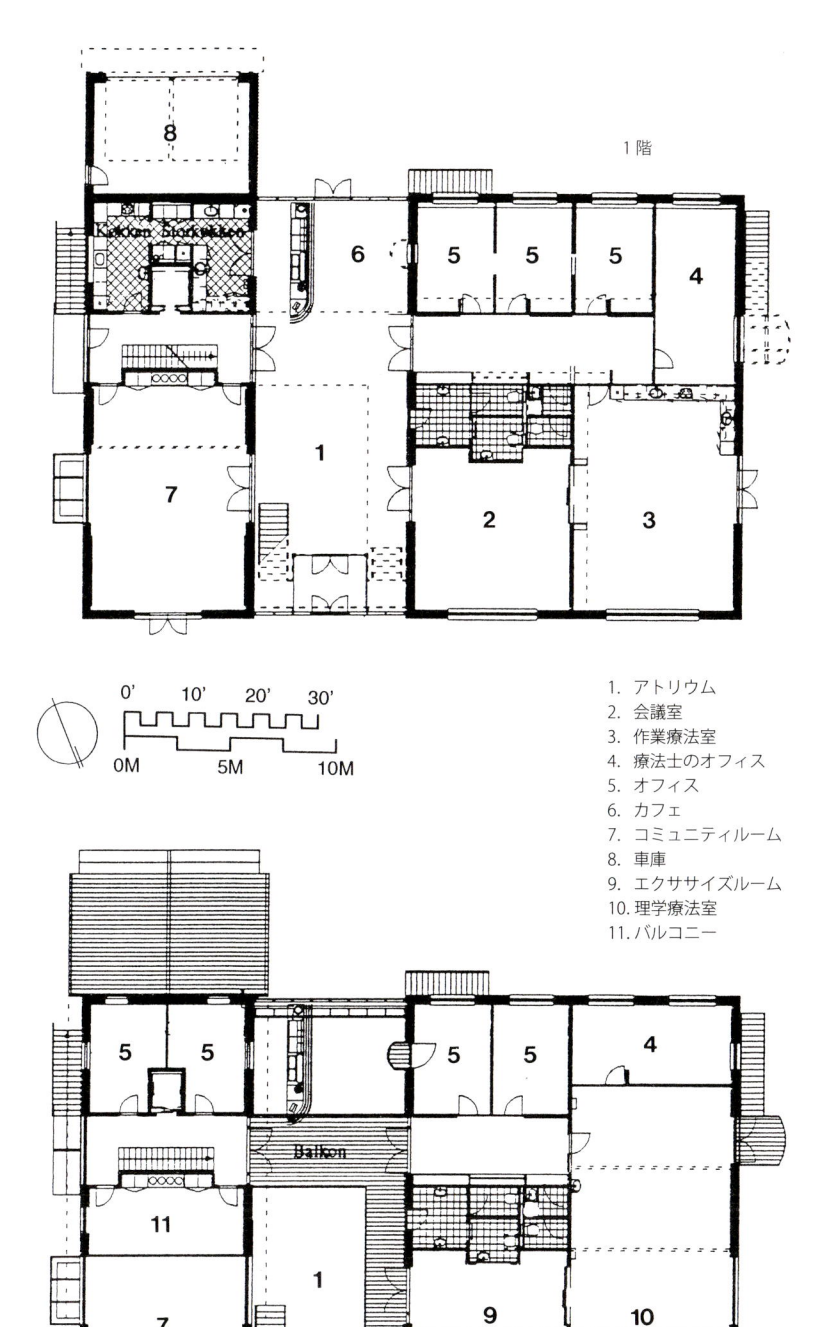

コミュニティ棟の平面図：1階にはカフェや会議室、コミュニティルームが、そして2階には理学療法室、トレーニングキッチン、エクササイズルーム、訪問ケアのスタッフオフィスが配されている（Courtesy Thure, Nielsen and Rubow Architects）

1階

1. アトリウム
2. 会議室
3. 作業療法室
4. 療法士のオフィス
5. オフィス
6. カフェ
7. コミュニティルーム
8. 車庫
9. エクササイズルーム
10. 理学療法室
11. バルコニー

2階

訪問ケアによる介助サービスを提供

入居者や地域の高齢者への訪問ケアサービスが、デイセンターのスタッフによって、提供されている。入居者のうち、20人が入浴介助を、また5人がトイレ介助を必要としている。比較的若い年齢層の入居者が多いため、要介助者の数が比較的少ない。ここはナーシングホームではないが、ある程度衰えが進んでも生活を続けられるようになっている。しかし認知症が重度になった者には、別の専用施設への転居が求められる。地域の認知症のグループが、週2回、ここでデイケアを受けている。

理学療法とエクササイズの融合

ここでは理学療法とエクササイズを融合して提供している。脳卒中による後遺症を抱える者のためのリハビリテーションとして、作業療法が行われている。それぞれ5人の理学療法士と作業療法士がコミュニティセンターに駐在している。理学療法室には、マットやエクササイズチェア、平行棒、下半身用ウエイトなどの機器がそろえられている。エクササイズスペースの隣には、エアロバイクや上半身のトレーニングマシン、トレッドミルが置かれている。2つのアクティビティを融合した理学療法は、医学的というより生理学的といえる。

住戸には大きな窓がある

大きなキッチンとバスルームが備えられたワンベッドルームの広さは、55～67 m^2 である。リビングとダイニングルームには、腰高の低い大きな窓がある (p.129)。奥行きが

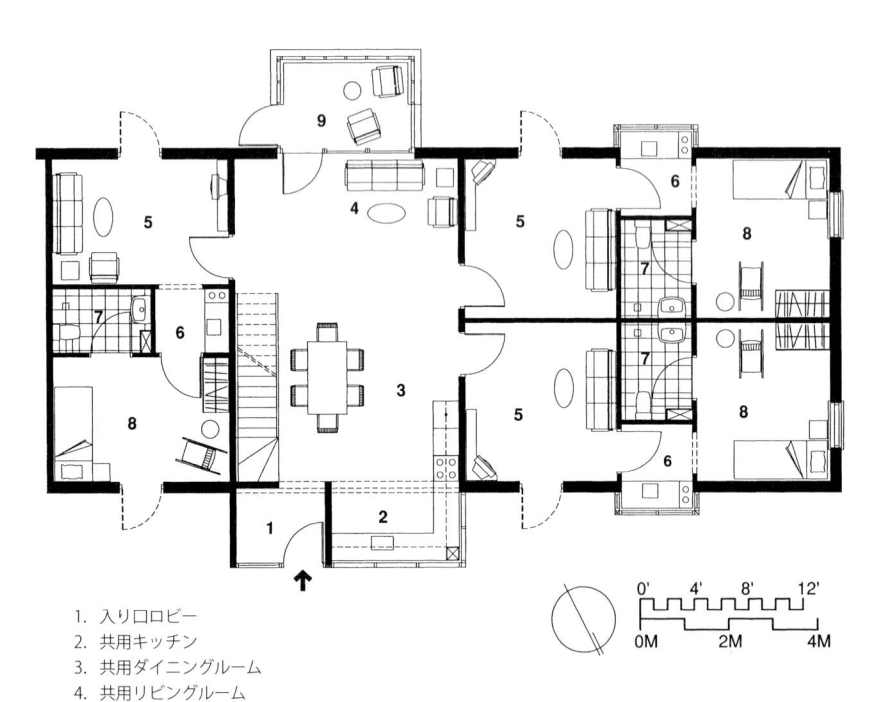

1. 入り口ロビー
2. 共用キッチン
3. 共用ダイニングルーム
4. 共用リビングルーム
5. リビングルーム
6. 簡易キッチン
7. バスルーム
8. ベッドルーム
9. サンルーム

コハウジング棟1階の平面図：共同生活を希望する6人が、この2層の建物に暮らしている。ともに食事をするなどして友情を育んでいる。共用キッチンやリビングルーム、サンルームが1階に設けられている

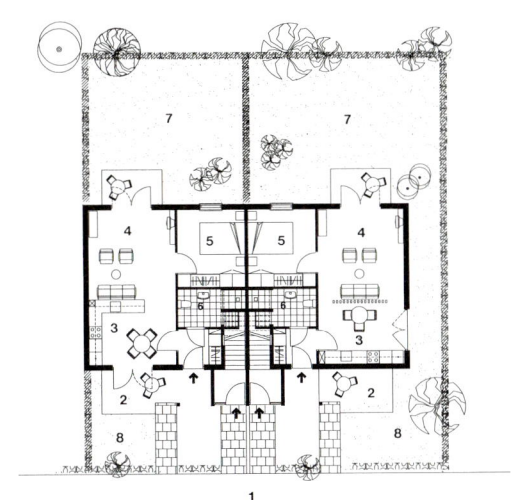

住戸平面図：通路沿いのランドスケープに挟まれるように、住戸が計画されている。リビングルームやキッチンからパティオに出られるようになっている。2階の住戸へは、中央の階段を使う

1. 歩行者用通路
2. パティオ
3. キッチン
4. リビングルーム
5. ベッドルーム
6. バスルーム
7. 裏庭
8. 前庭

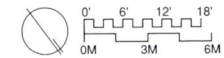

浅い (7.5 m) 室内は、とても明るい。リビングルームから、バルコニーやパティオに出られるようになっている。中庭に面して、キッチンや玄関、ダイニングルームが配されている。風よけ室は、安全やプライバシーの確保、および温度制御に役立っている。玄関ホールに面してバスルームを設けているため、奥のベッドルームとの間には、扉が3か所ある。ロールインシャワー付きのバスルームには、造り付けの収納も配されている。床のフローリングのおかげで、部屋の雰囲気は落ち着いている。2階の住戸のガラスのひさしから入る自然光が、部屋の奥まで明るくしている。

コハウジングは健康と自立を促す

デンマークには、さまざまな種類のコハウジングがある。西側の2つのコハウジングは、交流とプライバシーを同時に求める者のために設計されている。78～80歳の高齢者が入居している。住戸の広さは28 m^2 である。キッチンやリビングルーム、サンルーム、ダイニングルームなどの共用スペースを持つ、2層、1,229 m^2 の建物には、6戸が入っている (p. 92)。ひとりでも食事できるように、各戸に簡易キッチンとバスルームが備えられている。誕生日など特別な日にも集って、交流が行われる。

身体に障害を持つ人はコハウジングには住みにくい

エレベーターがなく階段幅も狭い2層のコハウジングは、身体に障害がある人には住みにくい。コハウジングには、健康な入居者が適している。ダンゲモーセゴーでは、グループに夫婦が含まれるより、すべてが独身女性のほうがうまく機能している。コハウジングでは、日常的な交流への参加が欠かせない。新たな入居候補者には、グループメンバーとなじめるかどうか、事前にインタビューが行われる。交流が深まるにつれ、他人への寛容さが重要になってくる。6人が最小単位とされている。

CHAPTER 5

SUNRISE OF MISSION VIEJO
サンライズ・オブ・ミッション・ヴィエホ

所在地：カリフォルニア州ニューポート・ビーチ
設計者：ヒル・パートナーシップ
事業者：サンライズ・アシステッド・リビング

建築概要
住 戸 数：86戸
階　　数：2～3階
立　　地：郊外
用　　途：アシステッドリビング＋認知症
建築構成：X字型
住戸構成：ワンベッドルーム(24戸)
　　　　　コンパニオンスイート(24戸)
　　　　　ワンルーム(38戸)
標準住戸面積：39 m^2
地域施設：なし
地域給食：なし(家族と友人に限る)
竣　　工：1998年11月

入居者概要
平均年齢：86歳
入居者数：85人
入居者属性：男(20人)
　　　　　　女(49人)
　　　　　　夫婦(8組)
年 齢 層：75～98歳
要入浴介助比率：57％
要トイレ介助比率：54％
失禁比率：42％
車いす利用者比率：21％
認知症比率：63％

親しみやすい雰囲気づくりに役立っているポーチ：この地域に見られるスパニッシュコロニアル様式を用いている。ポーチが建物のスケール感を抑制するのに一役買っている(©Larry A. Falke Photography)

施設概要

サンライズ・オブ・ミッション・ヴィエホ (p.296) は、2〜3層、86戸のアシステッドリビングと、1層の認知症用の施設から構成されている。白いスタッコの壁や、濃い色調のアクセント、白い窓枠、赤い瓦屋根が使用されている、スパニッシュコロニアル様式の施設である。コンパクトなX字型平面では、住戸から共用スペースまでの距離が短くなっている。共用スペースは、1階の正面玄関付近と2階の中央に配されている。端部には、7つの住戸とそれを囲むリビングルームがある。上階の4つのリビングルームは天窓のおかげで、窮屈さが緩和されている。建物のスケール感を抑えている正面のポーチが、スパニッシュ風の農家のような外観づくりにも役立っている。「家の中の家」である庭付きの認知症専用区画は、そこで半ば完結した生活を送れるようになっている。10ごとの住戸が2つのクラスターにグループ分けされており、双方はリビングルームやキッチン、スパ、スタッフオフィスを共用している。住戸形式には3種類あり、その半数は必要に応じて相部屋としても使用できるように設計されている、コンパニオンタイプである。今後、入居者の症状が重度化すれば、相部屋での使用が増加するであろう。

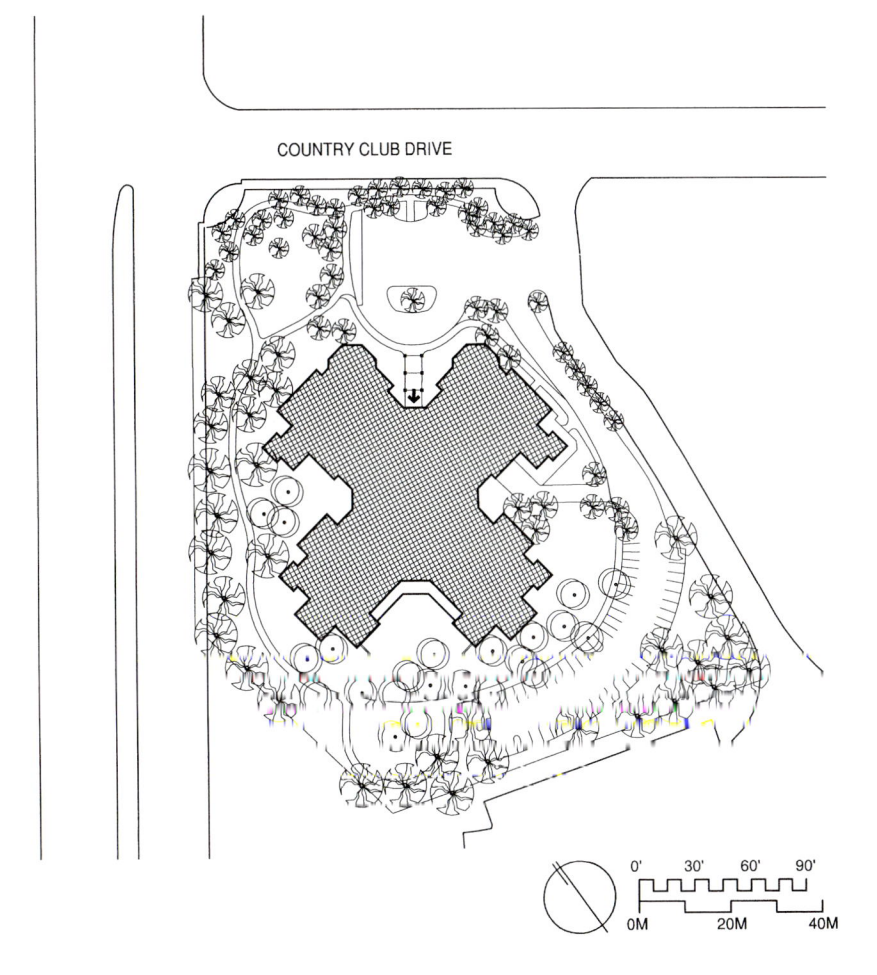

配置図：交通量が多い道路の交差点に立つ施設である。ベンチが置かれた遊歩路が、建物の周囲を巡っている。玄関先を落ち着いた雰囲気にするために、駐車場を建物の背後に配している
(Courtesy Hill Partnership)

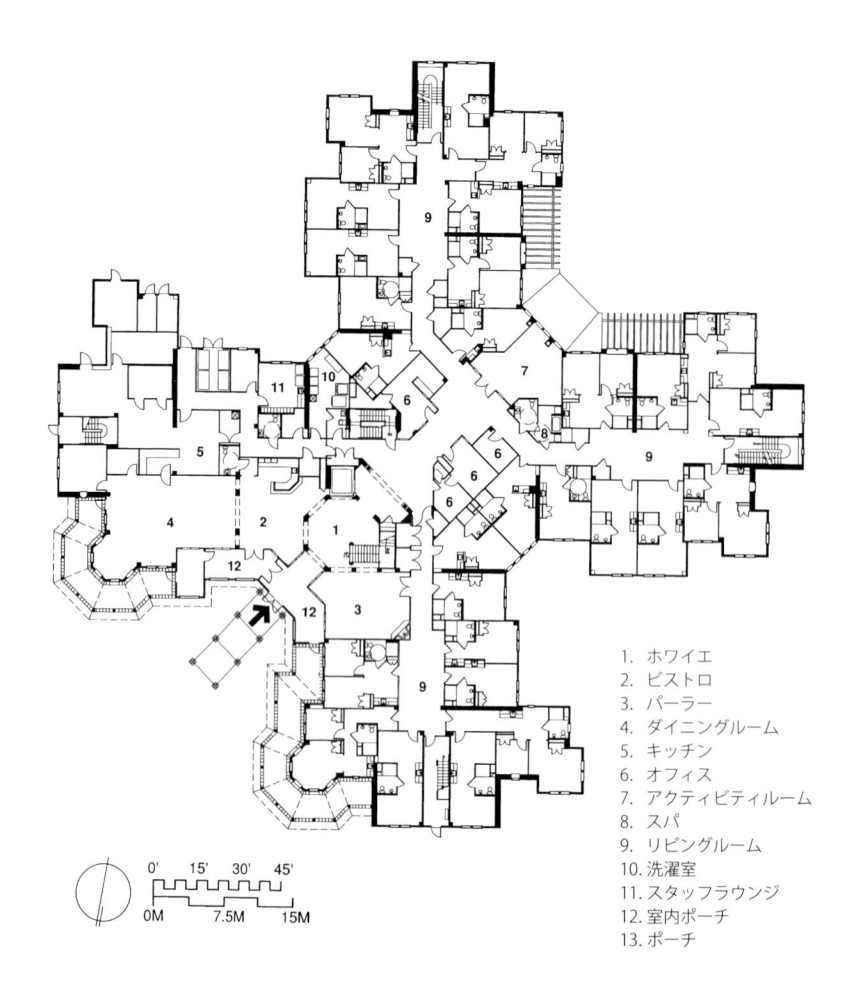

1階平面図：3つのクラスターから構成されているX字型平面の施設である。玄関回りやアクティビティルームに向かう廊下に沿って、共用スペースが配されている（Courtesy Hill Partnership）

1. ホワイエ
2. ビストロ
3. パーラー
4. ダイニングルーム
5. キッチン
6. オフィス
7. アクティビティルーム
8. スパ
9. リビングルーム
10. 洗濯室
11. スタッフラウンジ
12. 室内ポーチ
13. ポーチ

施設の特徴

道路からの第一印象が魅力的な施設

事業者にとってプロトタイプであるこの施設は、11,340㎡の敷地に建っている。スパニッシュコロニアル様式のデザインは、立地の地域性を反映したものである。周囲にランドスケープが施されている車の出入り口は、隣のカントリークラブと共用されている。建物のスケール感を緩和するのに役立っている1階のポーチが、ビジターを歓迎しているようである。正面脇のバーベキュー広場が、建物の周囲を巡る遊歩路のスタート地点になっている。ベンチの周りに育つ植物で魅力的な休憩所が、45m以内おきに配されている。

視覚的につながっているオープンプランの玄関ホールと共用スペース

吹抜けになっている玄関ホールからは、周囲の共用スペースを見渡すことができる。そこには、パーラーや暖炉、ビストロ、ダイニングルーム、アクティビティルーム、コンシェルジェ、2階へと向かう大階段が配されている。オープンプランには、さまざまな防火措置が施されている。

天窓がある2階のスペースは「セントラル・パーク」

玄関ホールの大階段を上った2階には、天窓で明るい廊下とそれを囲むウェルネスオフィスやアクティビティルーム、美容室、洗濯室、スタッフオフィスがある。セントラル・パークと呼ばれているこの空間には、屋外用のテーブルやベンチが置かれている。諸室に囲まれているため、一日中にぎわいが絶えない。

日常的な環境でパーソナルケアやサービスを提供

ここでは、ナーシングホームに移されるほど重度化した者のケアにも力が入れられている。富裕層の入居者が多い。スタッフは独自の研修プログラムを段階的に受けており、彼らの報酬もそれに比例している。入居者ごとにサービスプランが作成され、担当者が割り当てられる。部屋の使用料と、ケアの質や量に応じた費用の合計が、入居費の月額なっている。ここでは、入居者の選択性と自由が重視されている。たとえば、食卓は2人掛けである。それに、コーヒーやジュース、フルーツ、クッキー、無糖キャンディなどを、昼夜問わずに手に取れるようになっている。ペットの飼育も可能である。子どものために、屋内の専用コーナーや外の遊び場が設けられている。

家族が親しみを感じる環境とボランティア活動を重視

家族が訪問を楽しく感じることが大切である。夜間でも自由に出入りができるほか、彼らは入居者とともに食事をすることもできる。共用スペースでは正圧の空気が住戸に流れ込み、バスルームから排気されるシステムのおかげで、部屋の外ではにおいを感じさせることがない。ボランティアプログラムには送迎や散歩の介助、思い出話、庭の手入れ、読書、美術や工芸、ペットの世話、楽器の演奏、クッキーづくりなどがある。ウェルネスのスタッフが、月1回、家族や入居者の担当スタッフと入居者評価を行う。ホス

天窓で明るい「セントラル・パーク」：周りをアクティビティルーム、洗濯室、美容室、ウェルネスオフィスが囲んでいる。2階の入居者に、よく使用されるスペースである（©Larry A. Falke Photography）

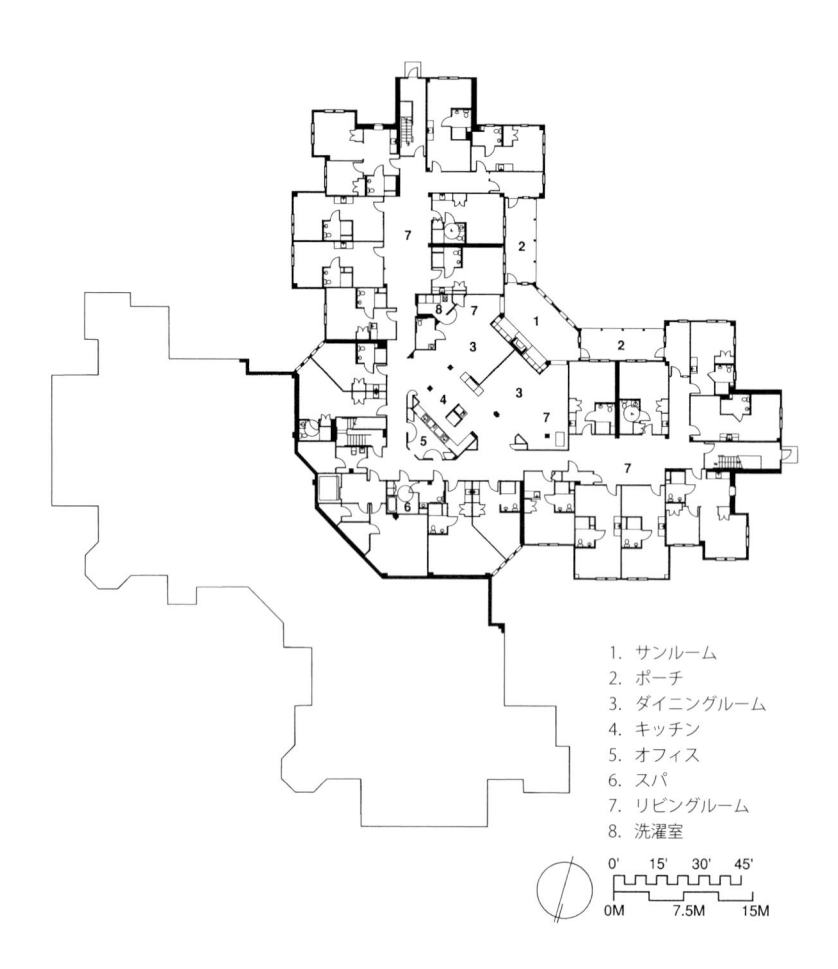

認知症専用階：庭付きの認知症専用階が、ロビー階の下にある。屋内の遊歩路沿いには、作業療法用のキッチンやダイニングルーム、サンルームが配されている。出入りする家族を気づきにくいように、奥まった位置に通用扉がある

1. サンルーム
2. ポーチ
3. ダイニングルーム
4. キッチン
5. オフィス
6. スパ
7. リビングルーム
8. 洗濯室

ピスやショートステイ、認知症ケアも提供されている。失禁対策には、特別なプログラムが用意されている。

認知症用の居住区は自己完結型の「家の中の家」

認知症用の居住区では、共用スペースのほとんどが庭に面している。これは、エレベーターや階段から、入居者の気をそらそうとするためでもある。食事は、2つのダイニングルームで提供される。アクティビティはリビングルームで行われる。天窓やガラス扉があるサンルームからは、鳥の餌づけ台や、野生動物を引きつける植物が育つ庭を見渡せる。ダイニングとリビングルームは、暖炉で仕切られている。キッチンや洗濯室では、ADL（日常動作）プログラムが実施される。思い出深いテーマでしつらえられたライフスキルステーションでは、化粧などの日常作業が行われる。それぞれ10の住戸から構成されている2つのクラスターには、交流用にアクティビティスペースがある。共用スペースを広くとっていることもあり、入居費は高額である。入居者のケアニーズが高度化すれば、費用はさらに高騰する。その結果、相部屋の使用率が高くなっている。

認知症用の居住区にある専用庭

気候に恵まれた南カリフォルニアでは、一年中利用できる庭を持つことが重要である。庭の壁際には、サンルームやポーチ、パーゴラが配されている。回遊路を進めば、やが

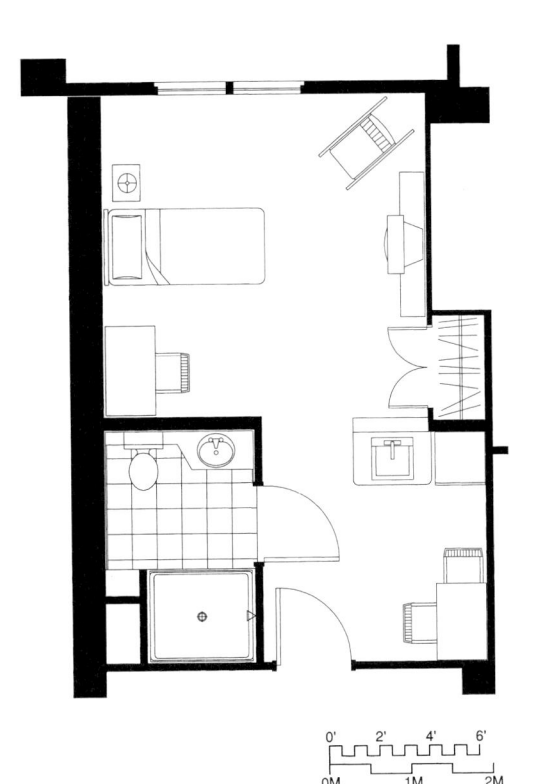

住戸の平面図：入り口とバスルームの扉近くで、居室に面している簡易キッチン付きのワンルーム。窓の幅は1.8mである

てリトリートにたどり着く。庭は、植物が絡まった高さ1.8mのフェンスで囲まれている。そこで入居者は、運動のために歩行したり、ガーデニングを楽しんだりする。ひとりでもスタッフに伴われてでも歩き回れるように、屋内外が設計されている。

3種類の住戸

4つのウイングに配された9つのラウンジを囲んで、住戸が配置されている。その50％がワンルーム、25％がコンパニオンスイート、残りの25％がワンベッドルームである。広さの平均は、ワンルームでは30 m^2、コンパニオンスイートでは42 m^2、およびワンベッドルームでは51 m^2 である。半数の住戸が相部屋としても使えるように、設計されている。住戸にはシャワーやトイレ、コールボタン、収納、薬品棚、ヒートランプ、キャビネット付きの洗面台が備えられている。バスルームは、ハンディキャプ仕様に改修できるようになっている。簡易キッチンや戸棚、冷蔵庫も標準設備である。大きなダイヤル式コントローラーで、個別に室温を制御できるようになっている。ベッドに横たわっていても外を望めるように、腰高の低い大きな窓が使用されている。

CHAPTER 6

SUNRISE OF BELLEVUE
サンライズ・オブ・ベルヴュー

所在地：ワシントン州ベルヴュー
設計者：ディートリヒ・ミスン建築設計事務所
事業者：サンライズ・アシステッド・リビング

建築概要
住　戸　数：70戸
階　　　数：4階
立　　　地：郊外
用　　　途：アシステッドリビング＋認知症
建築構成：L字型
住戸構成：ワンルーム（40戸）
　　　　　コンパニオンスイート（15戸）
　　　　　ワンベッドルーム（15戸）
標準住戸面積：35 m^2
地域施設：なし
地域給食：家族
竣　　　工：1998年9月

入居者概要
平均年齢：84歳
入居者数：81人
入居者属性：男（12人）
　　　　　　女（55人）
　　　　　　夫婦（7組）
年　齢　層：62～98歳
要入浴介助比率：65％
要トイレ介助比率：58％
失禁比率：43％
車いす利用者比率：14％
認知症比率：36％

玄関を抱き込んでいるようなL字型平面：深い軒やドーマーウィンドウが用いられた、アーツ・アンド・クラフツ風デザインの4層の建物である。降雨の多い地域では、車寄せがあると便利である
（Photo：Robert Pisano）

施設概要

サンライズ・オブ・ベルヴューは、L字型の4層の建物で、70戸から構成されている。いくつかのデザイン賞の受賞歴がある。その内外は、アーツ・アンド・クラフツ風のデザインで整えられている。この2,000 m^2 の敷地に近接して、コミュニティセンターや公園、ショッピングセンターがある。バルコニー付きの4階は、認知症専用の居住区になっている。認知症の入居者が、建物周囲の庭でも運動できるように、1階に高さ1.5 mのフェンスで囲まれた区域がある。コンパクトな平面と短い廊下が特徴の、効率的な建物である。住戸とエレベーターが近接しているので、ダイニングルームへの移動も楽である。ケアスタッフの拠点は2階にある。住戸の半数はワンルーム、ほかの4分の1はワンベッ

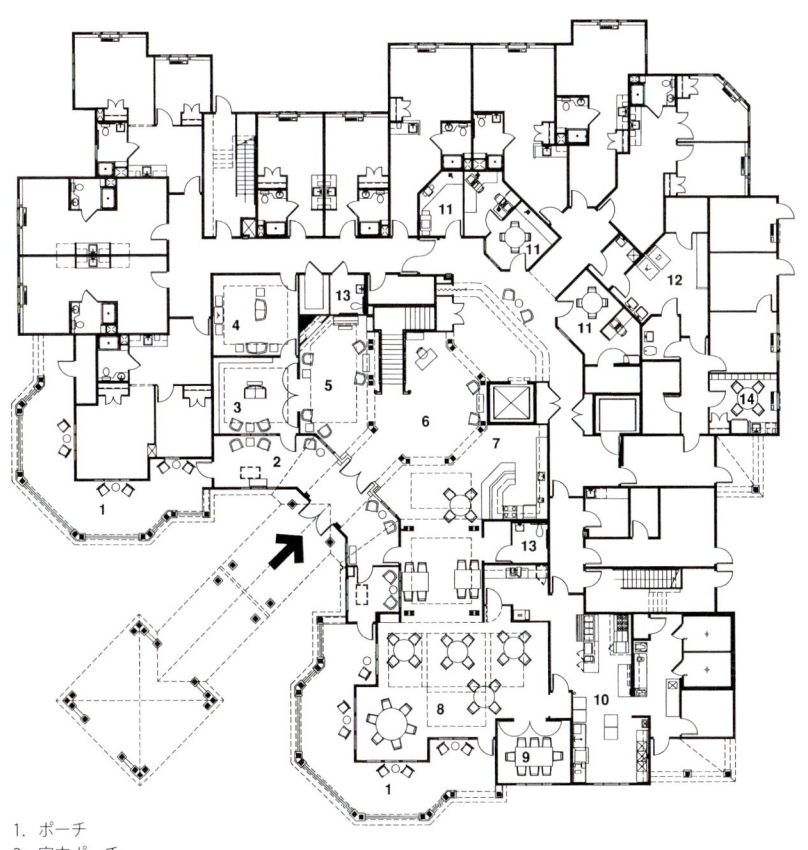

1階平面図：玄関回りのサンルームや喫煙室、ポーチ、ライブラリー、パーラー、ビストロ、ダイニングルーム、ホールでは、さまざまな交流が行われている（Courtesy Dietrich-Mithun Architects）

1. ポーチ
2. 室内ポーチ
3. ライブラリー
4. サンルーム
5. パーラー
6. ホワイエ
7. ビストロ
8. ダイニングルーム
9. プライベートダイニング
10. キッチン
11. オフィス
12. 洗濯室
13. トイレ
14. スタッフラウンジ

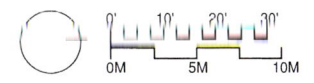

ドルーム、残りは個室としても相部屋としても使用できるタイプである。

施設の特徴

狭小な敷地に立つコンパクトな建物

木造4階建ての魅力的な建物である。サイディングの濃淡のあるグレーと、窓枠の白がコントラストを生んでいる。外観に水平性を与えるために、1階と3階では白いボーダーが用いられている。最上階と屋根には、いくつかの工夫が見受けられる。端部や中央の切妻壁、方杖で軒の深さを強調している寄せ棟屋根が印象的である。さらにドーマーウィンドウが、表情を豊かにしている。量感を抑制するには、1階のポーチが役立っている。腰高15cmのガラススクリーンと天窓によって構成されているサンルームには、ランドスケープとの一体感がある。玄関先の車寄せのおかげで、雨を気にせずに車の乗り降りができる。建物の周囲を巡る遊歩路が、入居者の歩行運動に利用されている。

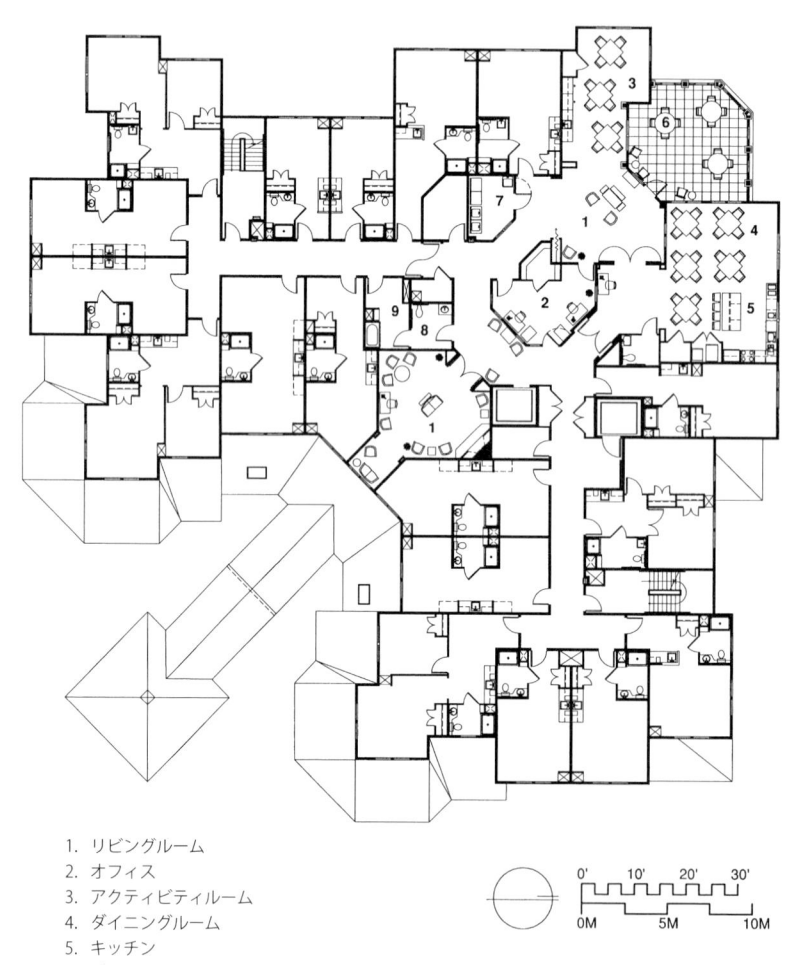

認知症専用階：上層階で、共用スペースを囲んで構成されているコンパクトな平面である。スタッフオフィスの周囲を巡る回遊路沿いには、ダイニングルームやパティオ、アクティビティルーム、キッチン、リビングルーム、洗濯室、バスルーム＆スパなどが配されている（Courtesy Dietrich-Mithun Architects）

1. リビングルーム
2. オフィス
3. アクティビティルーム
4. ダイニングルーム
5. キッチン
6. バルコニー
7. 洗濯室
8. トイレ
9. スパバス

アーツ・アンド・クラフツ風のダイニングルーム：2つの空間から構成されているダイニングルームのスケールには、親近感がある。こげ茶色の窓枠と、緑や金色のアクセント付きの生地を使ったオークの家具とで、個性的な空間を演出している（Photo：Robert Pisano）

1階の共用スペースは、オープンプランで見通しがきく

オープンプランのおかげで、玄関ホールからダイニングルームやビストロ、リビングルーム、ライブラリーまでが見通せるようになっている。それぞれのスペースでは、異なる壁装材や柱、腰壁、じゅうたんが使用されているほか、天井の高さが変えられている。大階段の足元には、可動式の受付机が置かれている（p.68）。木のトリムや造作、窓や扉のディテールなどが、アーツ・アンド・クラフツ風の雰囲気づくりに役立っている。壁装材やカーペットの基調色は、金色とグリーンである。1階には吹抜けになっている玄関ホール、2人掛けの食卓が置かれたダイニングルーム、フローリングが張られたビストロ、ピアノとジュークボックス、それに暖炉が置かれたパーラー、静かなライブラリー、およびテレビ室が配されている。スタッフオフィスや打ち合わせ室は、建物の中央に位置している。

ケアオフィスやアクティビティルームは2階に

ケアオフィスとアクティビティルームは、2階に配されている。アクティビティルームは、大型テレビが置かれたカーペット敷きのエリアと、木目調のビニール製床仕上げのエリアとに分かれている。3階には美容室や、入居者やスタッフが談笑できるように、広いラウンジが設けられている。4階は認知症専用の居住区である。3～4階では、扉付きの浴槽が、浴室の壁際に据えられている。このほうが、住居者を一度つり上げてから中に降ろさなければならない浴槽よりも、使いやすい。最近では、油圧リフト付きの浴槽を用いる施設もある。

訪れやすい雰囲気のパーソナルケアオフィス

入居者が受けたケアの内容は、毎月分析され、評価される。結果は、その後の入浴や身づくろい、移動、食事、基礎的歩行、失禁などの介助方針に反映される。小グループ向けに、ドライブや午後の交流、夕食後の娯楽などのアクティビティが、少なくとも日に6種類催されている。入居者の個性を尊重するサンライズのポリシーは、スタッフや家

族にも受け入れられている。腰壁やダッチドア、窓が用いられたオフィスは、家族や入居者が廊下から接しやすいつくりである。入居者との交流の密度を高めようとする家族や友人には、ボランティアプログラムが用意されている。

認知症専用の居住区の共用スペースは集中している

4階の2つのウイングには、9つごとの住戸から構成されている2つのクラスターが配されている。2つのクラスターは、平面の中ほどで接している。暖炉が置かれたリビングルームと、窓のあるスタッフオフィスが、主な共用スペースである。ライフスキルスタイルのキッチンの隣には、1人掛けの食卓が並べられたダイニングルームがある。食事で介助が必要な者のために、キッチンの隣に大テーブルもある。この階には、バルコニーやアクティビティルーム、スパ、トイレ、洗濯室も備えられている。回遊路沿いには、ダイニングルームやリビングルーム、キッチン、アクティビティルームがある。スヌーズレンのための、小さなアルコーブもある。保安用のパーゴラ付きのバルコニーは、頻繁に使用されている。1階の庭へはエレベーターで行けるようになっている。大きな4つの天窓のおかげで、明るい共用スペースである。

ライフスキルで能力が刺激される

認知症用のプログラムでは、入居者に喜びの感覚を与えることが重視されている。スタッフは、認知症ケアに伴う複雑な課題や突発性に対処できるように、特別な研修を受けている。家族用のライブラリーでは、効果的な療法や最新の研究資料がそろえられている。ライフスキルステーションや、スポーツ、手工芸、ガーデニング、美容、幼児の保育、結婚などをテーマとした、思い出キットは、入居者との交流や、彼らの興味を探し当てるために利用される。

大きな住戸の窓

3種類の住戸があり、その広さは29〜48m^2である。廊下側の窓に、耐火ガラスが用いられている住戸がいくつかある。入居者や家族は、入り口脇の棚を個性的に飾っている。バスルームには高い便座のトイレ、ハンディキャップ仕様の洗面台、薬品棚、シャワー、コールボタン、住宅用のノンスリップ床が備えられている。ロールインシャワー付きの住戸もある。キッチンは、冷蔵庫とシンク、キャビネット付きである。腰高60cmの大きな窓のおかげで、室内を明るく広く感じる。認知症用の住戸も、アシステッドリビングのものと同じ仕様と広さである。白い便器や洗面器を識別しやすいように、バスルームの壁は緑に塗られている。正しい順で衣類を着られない者には、段差パイプがついたのクロゼットも用意されている。

CHAPTER 7

COPPER RIDGE
クーパー・リッジ

所在地：メリーランド州サイクスヴィル
設計者：パーキンス・イーストマン・アンド・パートナーズ
事業者：高齢者エピスコパル・ヘルス・ミニストリーズ

建築概要
住　戸　数：126床（認知症60床）
階　　　数：1層
立　　　地：地方小都市
用　　　途：認知症＋スキルドナーシングケア
建築構成：複合（3つのU字型）
住戸構成：ワンルーム（60戸）
標準住戸面積：19㎡
地域施設：あり（デイケアセンター）
地域給食：なし（家族と友人に限る）
竣　　　工：1994年7月

入居者概要
平均年齢：77歳
入居者数：60人（認知症）
入居者属性：男（16人）
　　　　　　女（44人）
年　齢　層：54〜93歳
要入浴介助比率：60％
要トイレ介助比率：40％
失禁比率：25％
車いす利用者比率：5％
認知症比率：100％

全体アクソメ：クーパー・リッジではナーシングケアと認知症ケアが行われている。エントランス左側では、認知症ケア用の60の住戸が、20ごとに3つのU字型の"家"にグループ化されている（Courtesy Perkins-Eastman Architects）

施設概要

クーパー・リッジは、ナーシングホームと認知症ケア施設を持つ複合プロジェクトである。60の住戸から構成されているこの施設は、先例であるウッドサイド・プレイスの研究成果を反映したことで知られている。住戸は、20ごとに3つのU字型クラスターにグループ化されている。さらに各クラスターでは10戸ごとが2つの"家"に再分割されており、5戸ごとが向かい合わせで配されている。この構成は効率的なスタッフィングから導き出されたものである。屋外にも特徴が多い。各クラスターは、ダイニングルームやリビングルームから出られる小さな庭やポーチを持っている。建物周囲の庭園は、ほかのクラスターと共用である。特別なイベントのために設計された中庭もある。ケアプログラムでは、入居者ごとのニーズや個性に合わせている。入居者が参加するADL（日常動作）プログラムには、食卓の準備やベッドメーキングなどの日常作業がある。

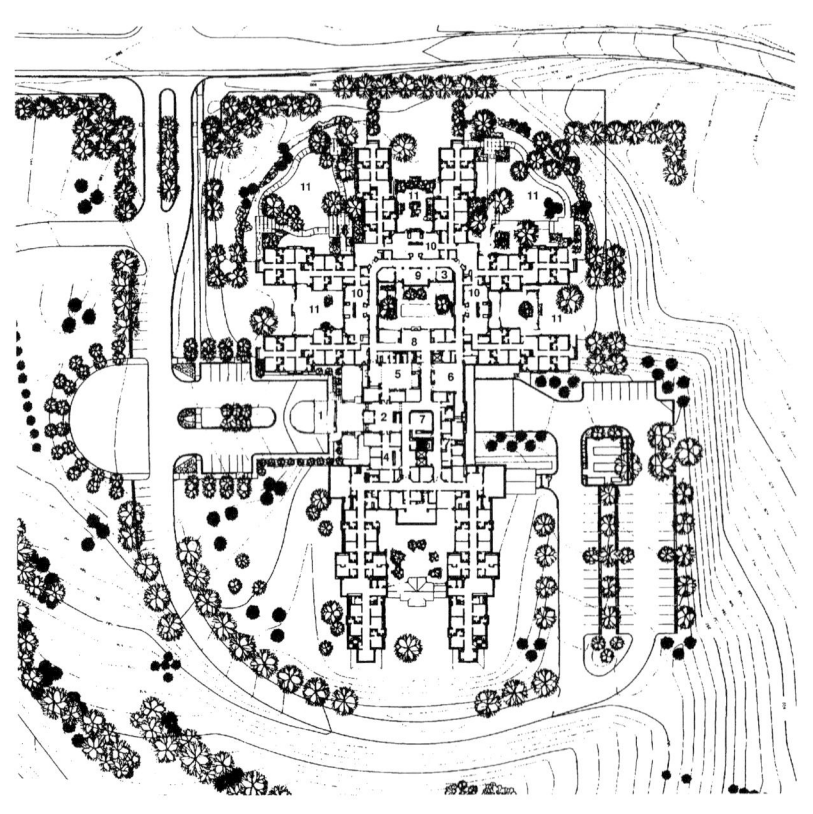

配置図兼1階平面図：3つのU字型の認知症用クラスターが、中庭の回廊で結ばれている。3つのクラスターごとに小さな庭があり、建物の外周には大きめの散策用の庭も2つある(Courtesy Perkins-Eastman Architects)

1. 車寄せ
2. 玄関ロビー／受付
3. アクティビティルーム
4. オフィス
5. アダルトデイケア
6. 多目的室
7. コーヒー、ギフトショップ
8. リビングルーム
9. サンルーム
10. 認知症用住戸
11. 散策用庭園

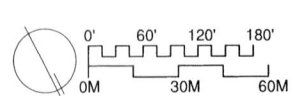

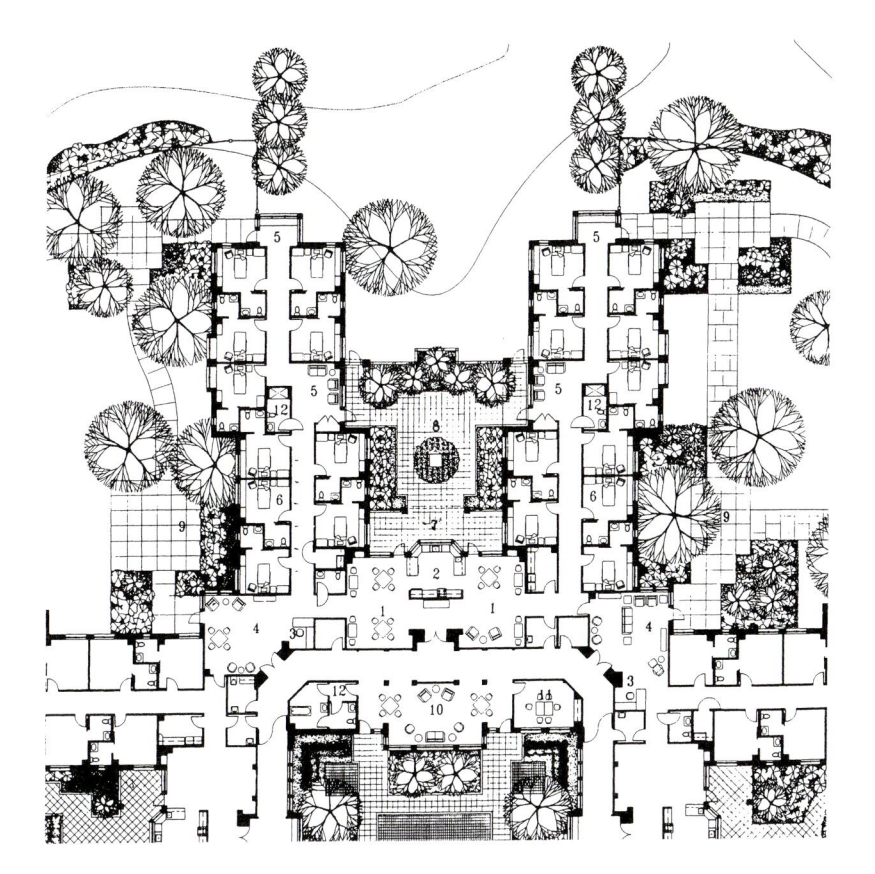

20戸のクラスター：U字型のクラスターの各ウイングには10の住戸が配されている。入居者が自由に出入りできるポーチ付きの小さな庭には、安全柵が施されている。各住戸はシンクとトイレ付きの個室である。シャワーは共用である(Courtesy Perkins-Eastman Architects)

1. ダイニングルーム
2. ADLキッチン
3. ナース用アルコーブ
4. 居間
5. 談笑コーナー
6. 住戸
7. ポーチ
8. 中庭
9. 散策用庭園
10. サンルーム
11. アクティビティルーム
12. 浴室

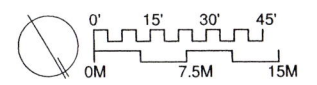

施設の特徴

20戸ごとに3つのクラスターにグループ化された住戸

クーパー・リッジは小さなクラスターに専任スタッフを配置すること、ならびに入居者が屋内外を自由に歩き回れることを、運営理念としている。住戸は、20戸ごとに3つのU字型クラスターにグループ化されている。さらに各クラスターでは、10戸ごとが2つの"家"に再分割されており、5戸ごとが向かい合わせで配されている。10戸の家では効果的なスタッフの割り当てが、また20戸のクラスターでは効率的な食事の提供が可能である。平屋の建物では、黄色のサイディングや白い窓枠、れんがの池床など、一般住宅でよく見られるディテールが用いられている。

さまざまな色彩や様式で、クラスターはどれもが個性的

それぞれ異なるテーマを持つ3つのクラスターのインテリアは、どれもが個性的である。テーマは「旧市街」「東海岸」、および「キャロル郡」である。中庭は、方向確認に役立っている。回廊には、いすが置かれた談笑コーナーが設けられている。回廊の出入りには、正面玄関に通じる廊下の隠し扉が使用される。

入居者が炊事できるようにデザインされたクラスターのキッチン

ここのケアプランは、ADLプログラムに特徴がある。これにはナプキン折りや食卓の準備、食器洗い、ベッドメーキング、共用部の清掃などの日常作業がある。プログラムでは、調理台と配膳カウンターを兼ねたオープンキッチンが使用される。一般住宅にあるようにデザインされたキッチンからは、小さな庭が望める。入居者に食事の支度を促せるように、食器やナプキン、コップは使いやすく戸棚に置かれている。床には住宅用のビニールシートが張られている。安全のために、コンロやコーヒーポット、トースターは鍵付きのキャビネットに保管されている。

中庭と回遊路が、クラスターをつなぐ

3つのクラスターは、中庭とその周囲のコモンスペースを共用している。その回廊沿いには、クラスターへの入り口やラウンジ、工芸室、リビングルーム、アクティビティルームが配されている。クラスターの入り口脇の大きなガラス窓から、中庭の自然光が届くダイニングルームは明るい。クラスターどうしが接する位置にあるリビングスペースでは、テレビやゲーム、美術や工芸を楽しめるようになっている。ナースステーションにもなっているそこから建物周囲の庭に出れば、運動歩行も可能である。

キッチンとポーチが隣接しているダイニングルーム：左右のダイニングルームから使えるキッチンで、入居者が炊事を行う（Photo：Robert Ruschak）

役割や目的が異なる3つの屋外空間

雁行する平面のおかげで、クラスターの外では魅力的な空間がいくつか生まれている。植物が育つ中庭は、方向確認に役立っている。そこに家具を置いて、グループイベントにも利用されている。また、クラスターに囲まれたポーチ付きの小さな庭は、建物の外壁と高さ1.5mの木のフェンスで囲まれていて安全である。さらに、歩行や大きなグループアクティビティ用に、クラスターどうしが接する位置で、建物周囲に庭園が設けられている。庭園の外には、高さ1.8mの鋳鉄製のフェンスで囲まれた回遊路がある。これらの屋外空間は、安全のために、どれも個別に区画されている。

家族との話し合いでケアプログラム

ここでは、入居者のニーズに合わせたサービスが重視されている。それは、フマニタス・ベルグウェグ (p. 162) やヴィルヘルミーナ (p. 167) の Op Maat（入居者の生活パターンに合わせたケア）に似ている。入居者ごとの生い立ちや社会的背景を知ることが、適確なケアプランづくりに欠かせない。スタッフは、以前、自宅でケアを施していた家族の意見を重視している。定期的に行われるケア会議に出席する家族は、ボランティアプログラムにも参加する。アクティビティにはパン焼き、歌謡、歩行、聖書の朗読、トランプ遊び、ファッション雑誌の閲覧、ネイルケア、手工芸、庭の手入れなどがある。ダンスなどのエンターテインメントも用意されており、そこで音楽が流されると、入居者は喜ぶ。最大25人を対象とするデイケアや、一時預かりサービスも提供されている。

住戸に備えられたダッチドアや引き戸、窓際の長いす

19m²の個室には多くの特徴がある。入り口の扉脇の表示板は、方向確認に役立っている。ダッチドアは、交流を促進する。バスルームには、引き戸や薬品庫、座面の高いトイレが用意されている。常夜灯があるので、夜間、トイレに行くのに便利である。バスルームにはシャワーはついていない。その代わり、共用シャワーをクラスターの10人で使用している。部屋の棚にはフックがついており、物をかけられるようになっている。長いす付きの腰高の低い大きな窓からは、ベッドに横たわっていても外が見られるようになっている (p. 20)。ふだんは私物で飾られている長いすの中は、収納になっている。造り付けのクロゼットの代わりに、ワイヤー棚のあるのたんすが用意されている。壁が傷がつきにくいように、腰壁にはビニール製の保護材が張られている。

CHAPTER **8**

VIRRANRANTA
ヴィランランタ

所在地：フィンランド・キルヴェシ
設計者：NVO建築設計事務所
事業者：キルヴェシ市

建築概要
住 戸 数：50戸
階　　　数：平屋（一部2階）
立　　　地：小都市
用　　　途：マルチレベルサービスハウス
建築構成：線形
住戸構成：長期ケア住戸（40戸）
　　　　　サービスハウス（10戸）
標準住戸面積：21m²（長期ケア住戸）
地域施設：あり
地域給食：あり
竣　　　工：1992年4月

入居者概要
平均年齢：80歳
入居者数：60人
入居者属性：男（9人）
　　　　　　女（49人）
　　　　　　夫婦（1組）
年 齢 層：68〜104歳
要入浴介助比率：100％
要トイレ介助比率：80％
失禁比率：38％
車いす利用者比率：10％
認知症比率：27％

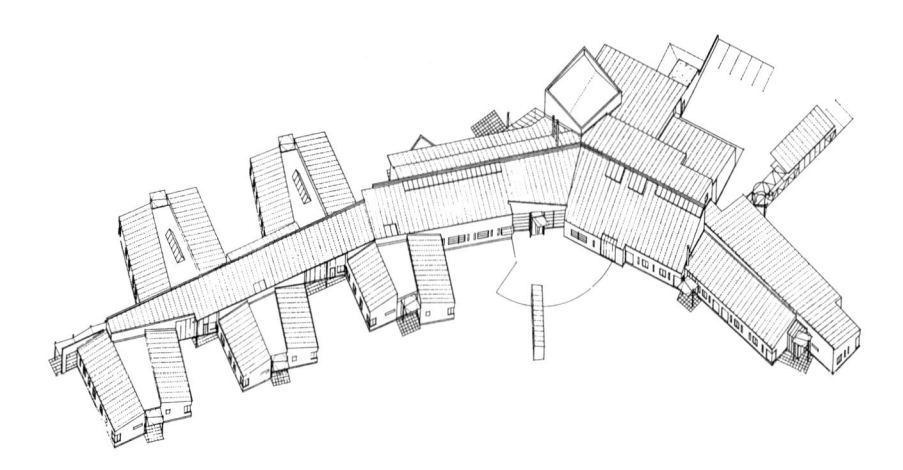

全体アクソメ：ヴィランランタでは、精神や身体に衰えのある高齢者用のハウジングと、地域住民へのコミュニティサービスが提供されている。建物の中央は、コミュニティエリアになっている（Courtesy NVO Architects）

施設概要

この建物は、(1) サービスハウスの入居者と地域住民のためのコミュニティサービスセンター、(2) 訪問ケア・医療事務所、(3) 10戸のサービスアパートメント、および (4) 身体の障害や認知症、ショートステイの利用者用の40戸から構成されている。敷地に隣接して、湖とタウンセンターがある。景観を最大限に活用するために、諸室が長い廊下に沿って配置されている。サービスセンターにはダイニングルームや理学療法室、ライブラリーがあり、中ほどはキッチンと訪問ケアの事務所になっている。比較的自立性が高い者が入居する10戸のサービスアパートメントの反対側には、8人ごとから構成されている5つのクラスターが配されている。クラスターのうち最端部の2つは認知症用、ほかの2つは身体障害者用、残りはショートステイ用である。地域の高齢者や若者でも、サービスセンターを利用できる。フィンランドでは、地域に住む若者が高齢者のケアを行う施設が、全国的に展開している。

施設の特徴

コミュニティサービスと2つのグループのためのハウジングが提供される、サービスセンター

サービスセンターでは、さまざまなサービスが入居者や地域の高齢者に提供されている。西側に位置する2層の空間は、傾斜天井が印象的である。中央の2階は、管理オフィスと倉庫になっている。キオスクやガーデンサンルーム、ライブラリー、娯楽室、サウナ、美容室、理学療法室、ステージ付きのダイニングルームなどが、共用スペースである。比較的広めの住戸が、若者や自立性が高い高齢者のために用意されている。週2回のデイケアプログラムに、ひとり住まいや早期記憶障害の高齢者など50人が参加する。地

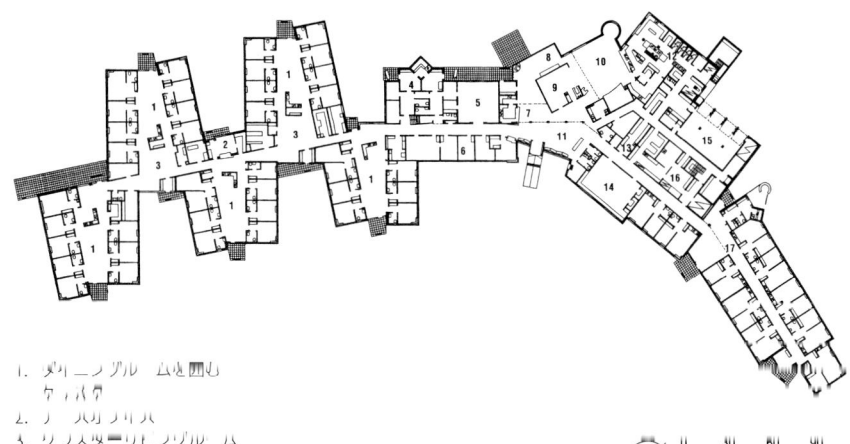

1. ダイニングルーム兼居間、ケア室
2. ランドリー
3. リノスター=リビングルーム
4. サウナ
5. 理学療法室
6. オフィス
7. カフェ
8. サンルーム
9. ライブラリー
10. ダイニングルーム
11. ホワイエ
12. キッチン
13. リネン庫
14. ホビールーム
15. 車庫
16. 洗濯室
17. サービスアパートメンツ

1階平面図：40人が生活している5つのクラスターと、その反対側に10戸のサービスハウスが配されている。ダイニングルームやウィンターガーデン、理学療法室、ライブラリー、多目的ルームがコミュニティスペースにあてられている
（Courtesy NVO Architects）

域の高齢者30〜40人を対象とする緊急警報システムには、電話回線が利用されている。

湖や町のへ眺めを重視した構成

道路に面した建物の反対側には、湖への眺めがある。空を映す金属屋根が用いられた建物には、彫刻的な立体感がある。平面は敷地の形状に沿って湾曲している。玄関奥のダイニングルームやサンルームは、いつも人でにぎわっている。そこは、外の景色を楽しみながらの談笑にも適した、親密な雰囲気の空間である。外壁の青は、冬の雪の白さや夏の芝の緑によく映える。外観に変化を与えるために、グリーンのボーダーが使用されている。

主な共用スペースは天井の高い廊下沿いに配される

全体を貫いている印象的な廊下には、強い方向性がある。長大さをやわらげるために、3つに分節されている。ゆとりを感じさせる共用スペースでは、天井が高くなっている。また、落ち着いた雰囲気の居住エリアでは、それが抑えられている。高窓から入る自然光で明るい廊下には、れんが敷きの床に街路灯やベンチが置かれていて、そこは街路のようである。

5つのクラスターは知的障害者と身体障害者のためにある

最も大きな特徴は、5つのクラスターのどれもが台形になっていることである。各クラスターは、交互に廊下から延伸している。この構成のおかげで、廊下の長さを短くできている。クラスターで日常生活が完結するように、そこにはダイニングルームやキッチン、リビングルームが備えられている。中央の天窓から入る自然光で明るいダイニングルームには、多目的テーブルが置かれている。そこは、アクティビティや食事で頻繁に利用されている。ナースステーションを兼ねたキッチンには、薬品や入居者の記録を保

施設を貫く明るい廊下：コミュニティスペースとハウジングは、廊下で結ばれている（Photo：Raino Ahonen）

サービスアパートメントや地域住民のためのダイニングルーム：入居者や地域の高齢者に利用されるダイニングルームは、地域外のグループにも開放されている

管するキャビネットもある。リビングルームは、中庭を望めるようになっている。端部の認知症用のクラスターには、ガーデニングや散歩のために、パティオや安全な庭が配されている。

クラスターごとに提供される食事：天窓で明るいダイニングルームの周りを、住戸が囲んでいる。ナースステーションとしても機能するキッチンには、入居者の記録や薬品が保管されている

住戸には腰高の低い窓が設けられている

長期ケア用の住戸は、21 m^{2}の個室である。2つの収納と、ロールインシャワー付きのバスルームが備えられている。腰高の低い大きな窓のおかげで、ベッドに横たわっていても外の景色を眺められるようになっている。隅の住戸は、コーナーウィンドウ付きである (p.54)。冬でも窓を開けずに外気が取り入れられるように、各住戸には小さな給気口がついている。

住戸に傾斜天井が用いられたサービスハウス

39〜49 m^{2}の住戸には、2口のガスレンジと冷蔵庫付きの簡易キッチンが備えられている。大きな窓と傾斜天井のおかげで、実際より広く感じられる。バスルームは、ロールインシャワー付きである。ベッド以外の自分の家具を持ち込むこともできる。備え付けに病院用のベッドがあるのは、スタッフが腰を痛めないための予防策である。

サービスセンターは地域にも開放

サービスセンターの役割は、米国のシニアセンターのそれに似ている。北欧ではほとんどのデイセンターやサービスセンターが、ハウジングを併設しており、地域にもサービスを提供する役割を担っている。ヴィランランタには、毎週およそ100人の地域の高齢者が利用で訪れる。ステージでは、近くの中学校の生徒が演劇の練習をする。冬の寒さに悩まされない長さ150mの廊下は、チェアエクササイズにも利用される。プールは、近くの公共施設のものを利用する。2つあるサウナは、それぞれ脱衣室とシャワー付きであり、隣のテラスで外気に触れられるようになっている。スタッフの労働環境の整備のために設置されているが、祝祭日には入居者の利用も可能である。クラスターごとのライフスタイルは、個性的である。夜間は、2人のスタッフが入居者と地域住民の見回りを行っている。

CHAPTER 9

HARBOUR HOUSE
ハーバー・ハウス

所在地：ウィスコンシン州グリーンデール
設計者：KMデベロップメント・コーポレーション
事業者：タウニー・リアリティ・インク

建築概要
住 戸 数：44戸
階　　数：2階
立　　地：郊外
用　　途：認知症専用
建築構成：X字型
住戸構成：ワンルーム（36戸）
　　　　　コンパニオンスイート（8戸）
標準住戸面積：25 m^2
地域施設：あり（学習センター）
地域給食：なし（家族と友人に限る）
竣　　工：1999年12月

入居者概要
平均年齢：83歳
入居者数：36人（定員52人）
入居者属性：男（16人）
　　　　　　女（20人）
年 齢 層：71〜96歳
要入浴介助比率：100％
要トイレ介助比率：70％
失禁比率：50％
車いす利用者比率：1％
認知症比率：100％

アーツ・アンド・クラフツ風の建物：大邸宅ような外観にするために、石材や木製のサイディングが使用されている。玄関では、柱列が印象的である（Photo：Skot Wiedemann Photography）

施設概要

ハーバー・ハウスは、2層のX字型平面で、44の住戸に52人が生活できる認知症専用の施設である。ほかのリタイアメントレジデンスやアシステッドリビング、デイケアセンターなどとともに構成するCCRC（継続ケア付き高齢者コミュニティ）の一部に属している。2つのL字型が組み合わされている。それぞれ13人が暮らすL字型のクラスターには、25㎡の個室が9つ、ならびに38㎡の相部屋が2つ配されている。玄関正面のパビリオンは、管理棟兼学習センターである。学習センターは、研修や地域会議に利用される。受付やプログラムディレクターの事務所、ビジター用のラウンジもここにある。夜間は、磁気カードで出入りできるようになっている。玄関ホールの裏側は、荷さばき場になっている。クラスターには、2つのシャワー室、2つのラウンジ、ダイニングルーム、リビングルーム、カントリーキッチン、スパ、スタッフオフィス、およびテラスや庭が設けられている。

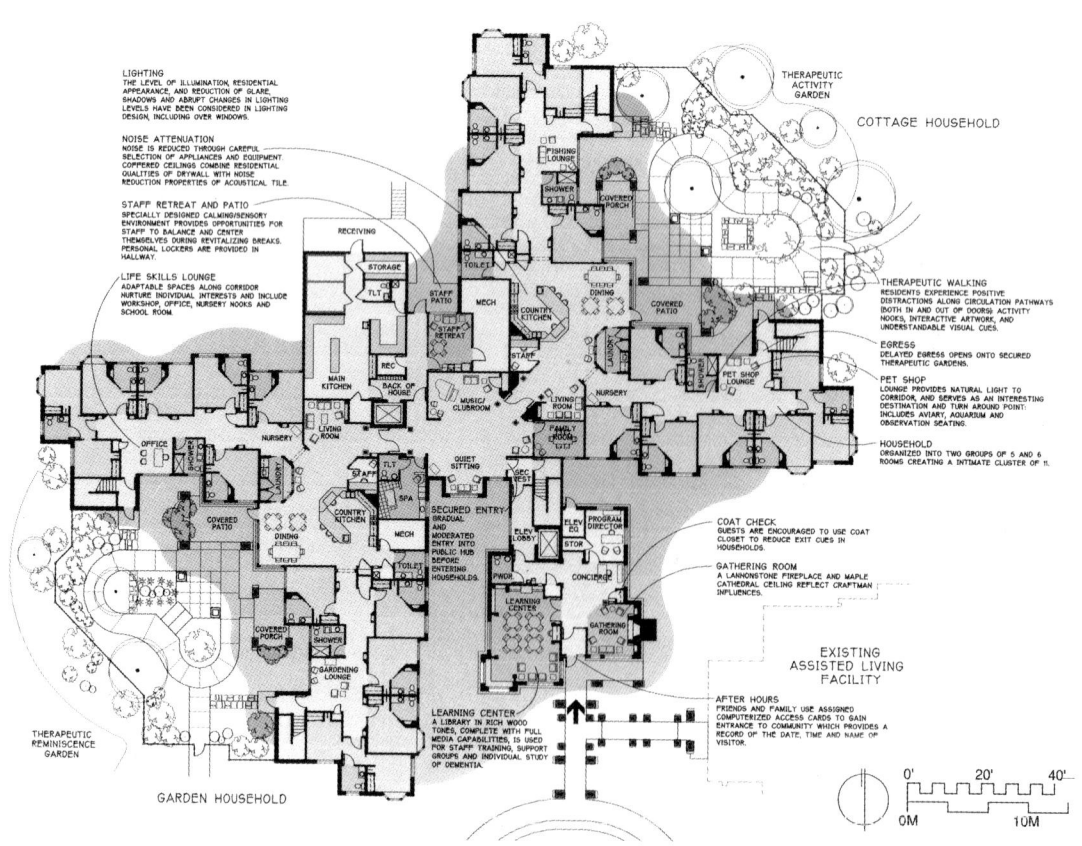

1階平面図：11の住戸から構成されているL字型のクラスターには、13人が居住している。カントリーキッチンの隣は、ダイニングエリアになっている。共用スペースにはスパと音楽室もある（Courtesy KM Development）

食事は4つのカントリーキッチンごとに提供される。テーブルやカウンターでの食事もできる。キッチンはナースステーションにもなる (Photo：Skot Wiedemann Photography)

施設の特徴

アーツ・アンド・クラフツ風の住宅のような建物

れんがや石材、木製サイディングなどが用いられたアーツ・アンド・クラフツのデザインをとり入れた建物には、魅力的な雰囲気がある。大邸宅に見られるような平面形状は、有機的である。端部の出窓が、外観のアクセントになっている。屋根には、切妻や寄せ棟、ドーマーウィンドウがバランスよく組み合わされている。既存のアシステッドリビング棟と車寄せ、この建物をつないでいる屋根付きの渡り廊下が、玄関先で際立っている。石積みの基礎と柱列が、その場の象徴性を高めている。

クラスターごとの個性が明瞭である

4つのウイングにはそれぞれ、「アメリカ」や「森林地帯」「庭」「コテージ」などのテーマが与えられている。リビングルームを囲むように構成されている各ウイングでは、個性的な色や壁装材、テクスチュアが使用されている。8つあるラウンジにも、それぞれ異なるテーマが与えられており、それに適した家具やアクセサリーが用いられている。「工作室」「オフィス」「保育園」「教室」「ガーデニング」「ペットショップ」「釣り」および「スポーツゲーム」などのテーマがある。

キッチンはクラスターの中核

L字型平面の中ほどは、カントリーキッチンとダイニングルームになっている。毎食時になると、メインキッチンからここに食事が運ばれてくる。パントリーのほかにカウンターテーブルが設けられており、そこで介助されながら食事もできる。事務用に小さな

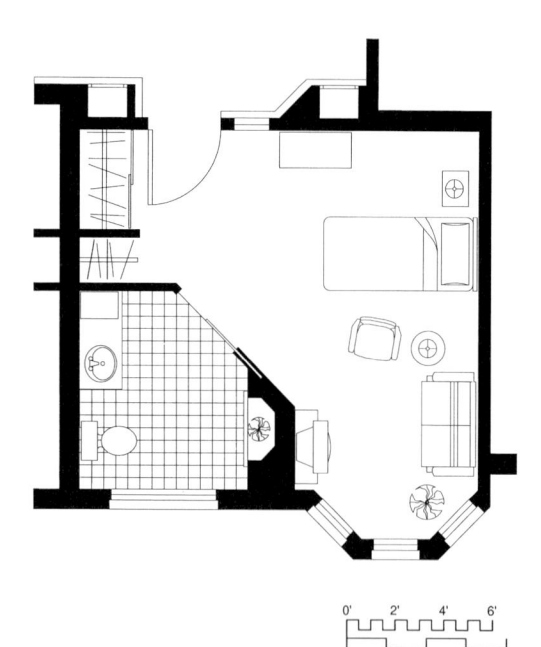

住戸平面図：個室にはクロゼットや段差式の衣類掛け、バスルーム、廊下に面した窓、飾り棚が備えられている

ペースもある。キッチンは、日常作業を行うスペースとしても重要でもある。間接照明や直接照明で、折り上げ天井が明るくなっている。日没時の不安を軽減するために、館内の照度が高く均一に保たれている。

共用スペースは生活に豊かさを与える

スタッフオフィスでは、ダッチドアを使用して親近感を高めている。隣のダイニングルームからは、大きな窓越しに庭やテラスが望める。2つのクラスターが接する位置では、各階に大広間がある。上階はアクティビティスペース、また下階は音楽室として利用されている。上階にはウェルネススペースもあり、そこでエクササイズや理学療法、伝言の掲示などが行われる。美容室も2階にある。洗濯室や美容室、ウェルネスセンターの窓越しに、中をのぞけるようになっている。非常用扉は、手すりと壁紙でカモフラージュされている。

スパは気持ちをなごやかにする

療法のために、各階にスパが設置されている。扉付きのワールプール浴槽と、タイルの棚に特徴がある (p. 113)。腰壁や間接光、広々とした空間、専用トイレが魅力づくりに役立っている。ディマー付きの照明やヒートランプ、音楽、泡風呂、ろうそくも用意されている。ほかに介助浴用に、ウイングごとにシャワーが配されている。

学習センターはスタッフ研修や家族会議に利用

ハーバー・ハウスでは、威厳や個性、尊厳が重視されている。入居者ごとの個性に合わせたプログラムには、(1)日常生活(調理、洗濯、ガーデニング)、(2)認識能力(読書、ゲーム、スタディグループ、物語の読み聞かせ)、(3)感覚の刺激(音楽、マッサージ、過去への回顧)、(4)交流・リクリエーション(パーティ、工芸)、(5)運動(歩行、ダンス、ウェルネス)、および(6)

ライフスキル（思い出し）がある。家族には、ボランティアプログラムへの参加が奨励されている。20人ほどが入れる学習センターでは、家族どうしの談笑やスタッフの研修が行われる。家族と入居者には、ともに食事をすることが勧められている。夜間は磁気カードで入館できる。

窓付きの大きなバスルームがある住戸

23㎡の個室や38㎡の相部屋は、どちらも比較的狭い。それでも、窓とニッチがつき、ゆとりある広さのバスルームが備えられている。トイレの使用を促すように、ベッドから見える位置に便器が配されている。2つの窓と、高さ2.8mの天井のおかげで、実際より広い部屋に感じられる。造り付けのクロゼットのほかに、その日の衣類を掛けておくデイクロゼットが用意されている。フック付きの棚を、私物で飾ることもできる。入り口の扉脇にある大きなメモリーボックスが、自室の確認に役立っている。廊下側に窓が放たれた住戸が、いくつか試験的に用いられている。

園芸療法士による、庭のデザイン

各ウイングの1階には、入居者用の庭がある。2階の入居者には、保安用のパーゴラ付きのバルコニーが用意されている。どのダイニングルームからも、庭やバルコニーを望めるようになっている。イベントやアクティビティ用のハードスケープと、ランドスケープやプランターで美しいソフトスケープがバランスよく配された庭は、大変魅力的である。中央には鳥の餌付け台や風車、プランターが置かれている。感覚を刺激するように、庭の回遊路沿いに、ガーデニングスペースや野生動物エリア、パビリオンがある。そのほかに園芸用の倉庫や、周囲のランドスケープを眺めながらくつろげるベンチも用意されている。夏には日陰で涼しいポーチやバルコニー下で、快適に過ごせるようになっている。

CHAPTER 10

ROS ANDERS GÅRD
ロス・アンデッシュ・ガード

所在地：スウェーデン・ヴァステルハーニンゲ
設計者：ANOVA建築設計事務所
事業者：ハーニンゲ市

建築概要
住 戸 数：40戸
階　　　数：3階(3階は事務室のみ)
立　　　地：郊外
用　　　途：アシステットリビング＋認知症
建築構成：L字型
住戸構成：ワンルーム(40戸)
標準住戸面積：28㎡
地域施設：訪問ケア
地域給食：なし(家族と友人に限る)
竣　　　工：1999年5月

入居者概要
平均年齢：82歳
入居者数：40人
入居者属性：男(14人)
　　　　　　女(22人)
　　　　　　夫婦(2組)
年 齢 層：60〜92歳
要入浴介助比率：75%
要トイレ介助比率：62%
失禁比率：62%
車いす利用者比率：13%
認知症比率：45%

アシステッドリビングと認知症用の住戸から構成されている、L字型、3層の複合施設。スタッフラウンジと管理オフィスは、3階の中央に位置している(Photo: Bjön Karlsson)

施設概要

ストックホルム郊外のハーニンゲ市にあるロス・アンデッシュ・ガードは、認知症とパーソナルケア用に40の住戸が配された2層の施設である。L字型平面の各階には、2つのクラスターが入っている。比較的大規模にもかかわらず、このように親密な雰囲気のグループホームはスウェーデンではめずらしい。ここはナーシングホームではないが、高度な医療を要する者でも、転出を求められることはまれである。1階には認知症の高齢者、また、2階には20人の身体障害者が入居している。新しい施設のため、両者の融合による効果はいまだ明らかではない。コンクリート造の建物だが、外装に使用されている住宅用の建材や出窓のおかげで、やさしい表情の外観である。ケアの分散化やヒューマナイジングの方法が、独特である。各クラスターでは10の住戸が、キッチンとダイニングルームを囲んでいる。アクティビティにも利用されるオープンプランのキッチンは、ナースステーションを兼ねている。入居者の記録や薬品も、そこに保管されている。スタッフは入居者に、炊事や配膳への参加を促す。中央に調理台を配するなど、使いやすいキッチンである。この施設は、地域の高齢者20人を対象とした訪問ケアの拠点でもある。

施設の特徴

10ごとの住戸が4つのクラスターに分散・配置されている

ほかの施設と同様に、入居者をグループ化して彼らの親密な関係を保とうとしている。クラスターの最適な規模には、さまざまな考え方がある。スカンジナヴィアでは、10人から構成される大きなものはまれだが、ここで試されている10人ごとの4つのクラスターは、経済的には優れたスケールである。上階へは、エレベーターや階段で行く。各階では、2つのクラスターがガラススクリーンで仕切られている。カーテンで互いの見通しを制御できるようになっている。クラスターの中央には、キッチンやダイニングルーム、リビングルーム、屋外との出入り口が配されている (p. 278)。1階は認知症用に、また、上階は身体障害者用に設計されている。各クラスターには徘徊路がある。左右に窓が放たれているダイニングルームは明るい。

入居者の参加を促すようデザインされたライフスキルキッチン

実用性を兼ねたキッチンは、アクティビティにも利用される。キッチンは、クラスターの生活の拠点でもある。ここで、食事が食材から調理されている。炊事は、入居者が自分でやりたいだけの作業に参加する、調理を手伝う者や、食卓を整える者、後片づけを好む者などさまざまである。その日のメニューが、黒板に書かれる。クラスターの中ほどに位置するキッチンは、常ににぎやかである。日に二度の食事を通して入居者は、食前の期待、食事の満足、そして食後のくつろぎを意識するようになる。

キッチンはナースステーションを兼ねる

キッチンの中央には、コンロと換気フードを備えた調理台がある。ナースステーション

を兼ねたキッチンでは、入居者の記録や薬品がキャビネットに保管されている。カウンターと吊り戸棚の間の棚は、調味料やスパイスなどを置いておくには便利である。ディッシュウォッシャーとオーブンは、腰を折らなくてもすむように、高さ30cmの台に据えられている。カウンター下に、キャスター付きで使いやすいキャビネットが収納されている。

身体障害者にも認知症用の庭を楽しめるように計画

比較的コンパクトな敷地だが、建物の周囲には遊歩路が巡らされている。1階のクラスターに面して、高さ90cmのフェンスで囲まれた庭が配されている。2階の共用バルコニーからも、その眺めを楽しめるようになっている。

住宅に用いられる素材で仕上げられている

コンクリートの躯体に、木質系の外装材が使われている。白いサイディングや黄土色の窓枠や扉枠が用いられている。急勾配の屋根のおかげで、一般住宅のようなイメージの建物である。木目調の床仕上げがなされた共用スペースには、なごやかさがある。リビングルームの暖炉が、家庭のような雰囲気づくりに役立っている。ガラスで覆われたサンルームから入る自然光で、周囲の廊下は明るい。

地域にも訪問ケアを提供

大規模なサービスハウスと同様に、ここでも地域の高齢者向けにケアが提供されている。

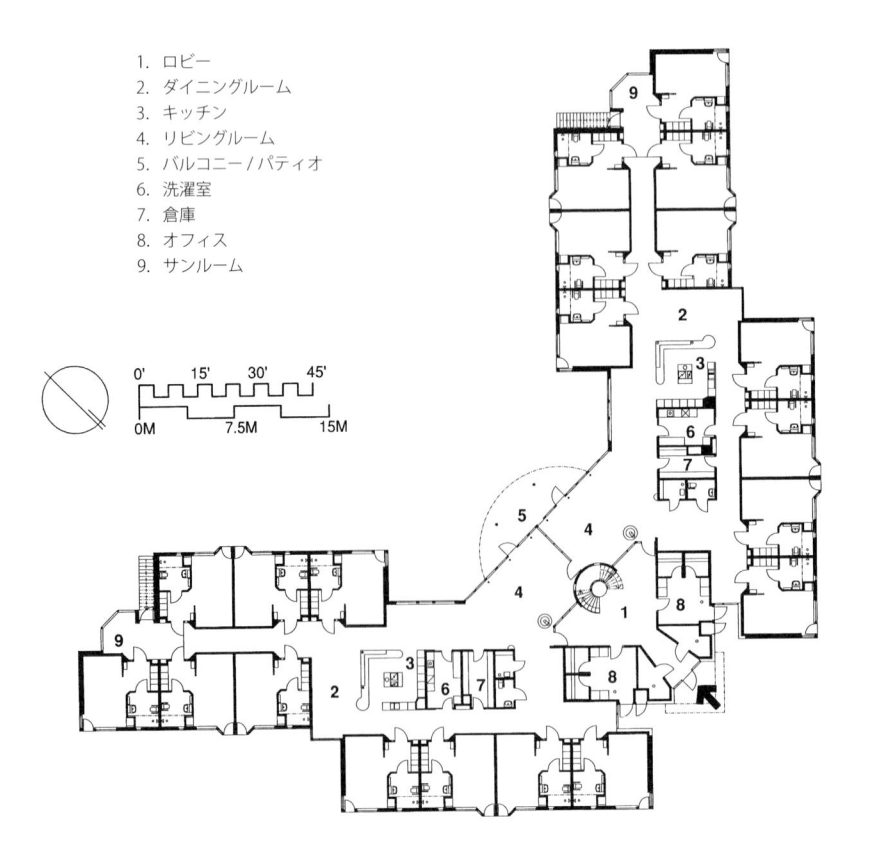

1. ロビー
2. ダイニングルーム
3. キッチン
4. リビングルーム
5. バルコニー/パティオ
6. 洗濯室
7. 倉庫
8. オフィス
9. サンルーム

1階平面図：それぞれ10の住戸から構成されているクラスターが4つある。1階は認知症の高齢者用で、2階は身体障害者用になっている。クラスターにはキッチンやリビングルーム、庭またはバルコニーが設けられている

中央はキッチンとダイニングルームになっている：幅広の廊下に面したカウンターは、配膳に便利である

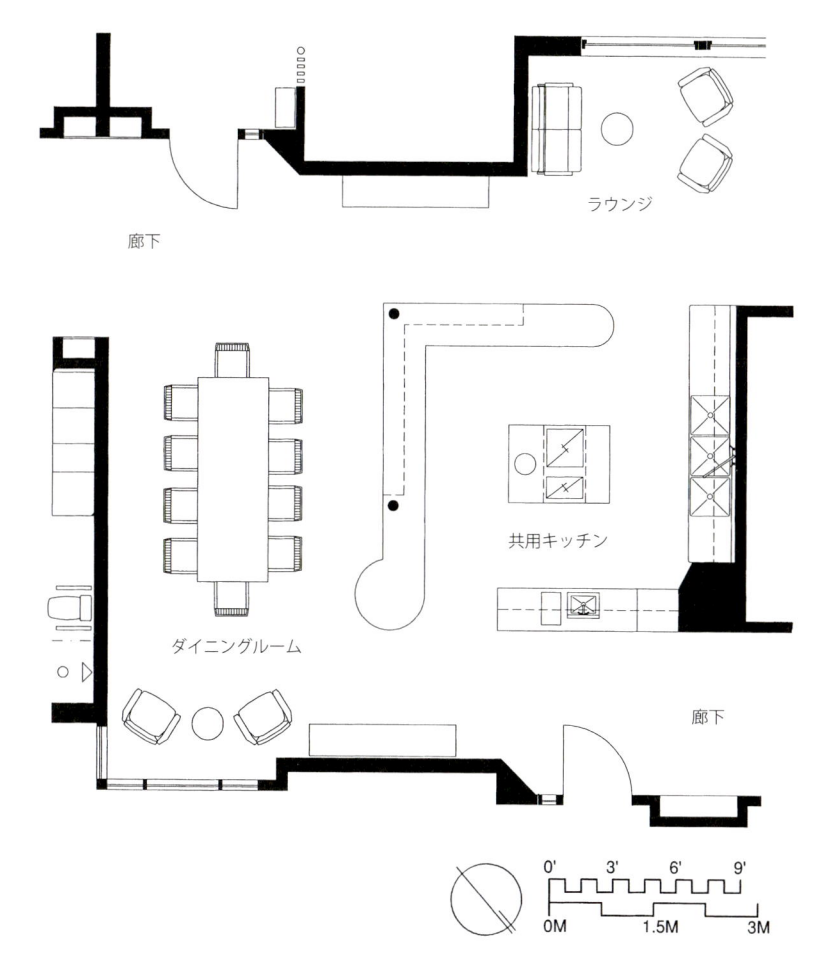

廊下

ラウンジ

ダイニングルーム

共用キッチン

廊下

3階のオフィスは、訪問ケアのスタッフの拠点でもある。地域の高齢者20人が、その対象となっている(p. 46)。

フレンチバルコニーと簡易キッチンが特徴の住戸

ここの2分の1サイズのフレンチバルコニーは、隣戸のものと一対で完結する(p. 134)。28 m²の住戸はすべて個室である。夫婦による入居では、隣り合う住戸の一方がベッドルームとして、また他方がリビングルームとして使用される。ベッドがそのまま通せるほどの幅の入り口扉を開かなくても、中の様子がうかがえるように、脇に小窓が放たれている。部屋にはベッドやソファ、小さな机を置くほどのゆとりがあり、そこに自分の家具を持ち込むこともできる。幅70 cmのキッチンは、冷蔵庫とシンク付きである。部屋の間口が広いので、窓を大きく放つことができる。フレンチバルコニーの窓の腰高は35 cmであり、壁際のラジエーター上の棚に、花や私物を飾れるようになっている。

広い住戸のバスルーム

ロールインシャワー付きのバスルームでは、床が隅の排水口に向かって傾斜している。車いすや、介助されての利用にも楽である。大きな窓のおかげで、明るさも十分である。洗面台は高さの調整が可能である(p. 125)。トイレには、床を掃除しやすい壁掛け式便

器と、2か所の握り棒が設けられている。クロゼットはバスルームと部屋の双方から使用できるようになっている。

ユニバーサルワーカーがケアにあたる

ここではユニバーサルワーカーと看護師のチームよる運営が行われている。ユニバーサルワーカーはパーソナルケアのほかに、炊事や洗濯、ハウスキーピングも行う。35人の常勤スタッフには上下関係がなく、誰もが同様にケアにあたる。彼らは自分が担当する入居者の嗜好や家族構成、生い立ちを把握している。施設では「食事と滋養」「交流と生活の質」への配慮が重視されている。共同浴室がない代わりに、各部屋にシャワーがついている。スタッフが時間を有効に使え、同時に入居者がプライバシーを確保できるようにするためである。2階の住戸は、身体障害者用に設計されている。入居者の移送でスタッフが腰を痛めないように、電動式リフトが配備されている。

施設概要

この2層のナーシングホームでは、24床が4つのクラスターにグループ化されている。今後の米国の長期ケアのあり方を考えるうえで、多くの示唆を含んでいる。この地域の伝統的な色彩や素材を用いてデザインされている建物は、以前からそこにたたずんでいたかのようである。中庭の一隅には、隣接する図書館や美しい公園への眺めがある。各階には、6つごとの住戸によって構成されている2つのグループがある。2階の共用ラウンジからは、バルト海を望める。回廊の端部には、ダイニングキッチンが配されており、中庭を眺めながらそこで過ごしたり、ベランダに出て外の空気に触れられるようになっている。ケアスタッフ用の机も置かれたこの部屋では、食事やアクティビティが行われる。中庭に面した大きな窓や扉を持つ回廊沿いに、住戸が並んでいる。夏の中庭では、特に多くのグループアクティビティが行われる。住戸には、簡易キッチンと、広くて使

炊事に参加する認知症の高齢者：ナースステーションとしても機能するキッチンには、記録や薬品が保管されている。ここで料理が素材から調理される

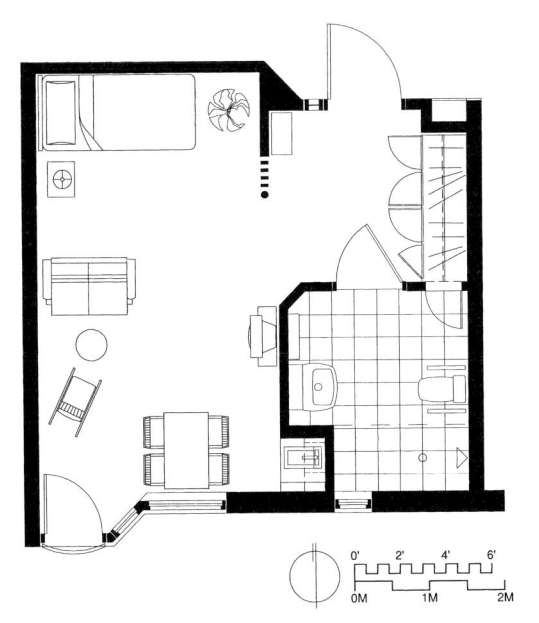

住戸平面図：住戸には簡易キッチンや、窓付きの大きなバスルームが備えられている。入り口脇の壁と格子スクリーンとで、玄関とベッドのアルコーブが仕切られている。フレンチバルコニーの袖窓から外気を取り入れこともできる

いやすいバスルームが備えられている。広さは28㎡で、入居者は自分の家具も持ち込める。身体障害者には、移送が楽なように病院用のベッドが提供される。フローリングの床と腰高の低い窓とで、やさしさと眺望に恵まれた住戸である。ベッドからトイレへの入居者の移送用に、天井に電動式リフトが取り付けられている。

CHAPTER 11

POSTILJONEN
ポスティルヨーネン

所在地：スウェーデン・ヘルヴィーケン
設計者：ホワイト建築設計事務所
事業者：ヴェリンゲ市

建築概要
住 戸 数：24戸
階　　数：2階
立　　地：小都市
用　　途：ナーシングホーム
建築構成：中庭型
住戸構成：ワンルーム（24戸）
標準住戸面積：30 m^2
地域施設：なし
地域給食：家族と友人に限る
竣　　工：1994年7月

入居者概要
平均年齢：85歳
入居者数：24人
入居者属性：男（12人）
　　　　　　女（12人）
年 齢 層：61～94歳
要入浴介助比率：58％
要トイレ介助比率：67％
失禁比率：67％
車いす利用者比率：46％
認知症比率：63％

適度なスケール感がある中庭形式の2層の建物：伝統的な黄土色と濃紺の色づかいが外観を特徴づけている。アクティビティのために、中庭に出られるようになっている

施設の特徴

伝統的な色彩や形態でデザインされている

切妻壁の端部を持つ建物に囲まれた、心地よい中庭がある施設である。黄土色のスタッコと濃い色彩のサイディングの外装のおかげで、建物は以前からそこにあったかのようである。黄土色や赤は、スウェーデンの農家でよく見受けられる伝統的な色彩である。基礎の立上りに塗られたスタッコの黒が、建物に安定感を与えている。屋根瓦の赤や建具の白、外壁の濃い色彩がコントラストを生んでいる。サンルームや2階のリビングルームの連窓からは、広い視界が開けている。至る所に置かれた骨董品が個性的な共用スペースをつくり出し、古さと新しさが融合した居心地よい住宅のような施設である。

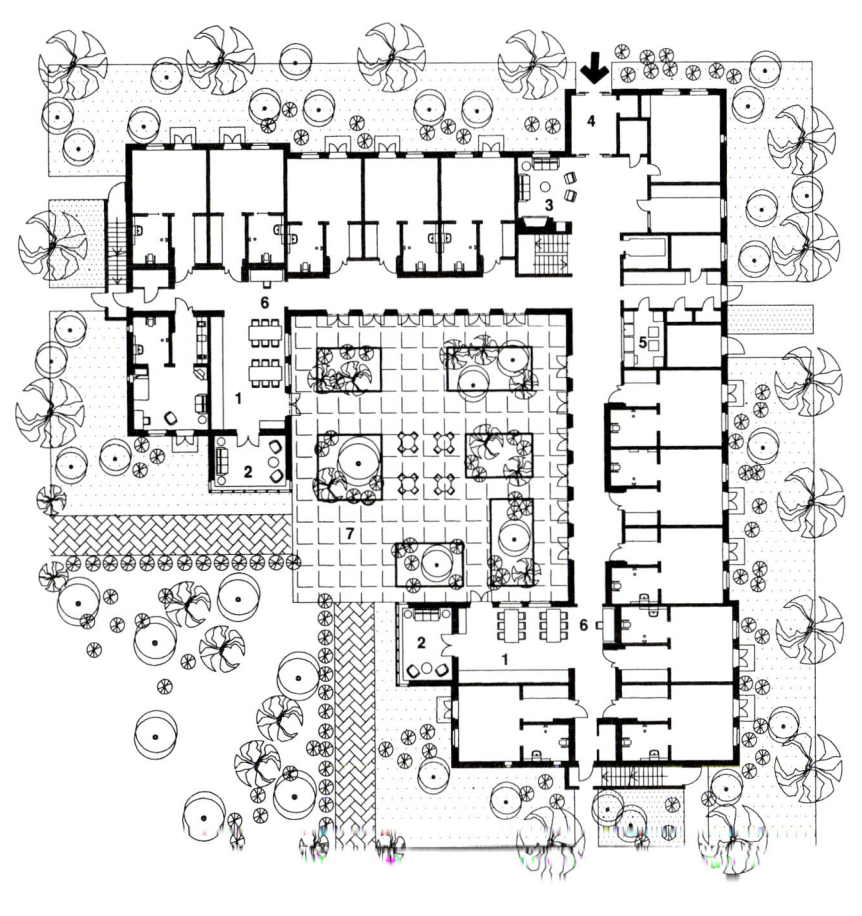

1階平面図：6つごとの住戸から構成されている2つのクラスターを持つ、L字型平面の施設である。クラスターの端部にベランダがあり、ダイニングルームから中庭を望める

1. ダイニングルーム
2. ベランダ（サンルーム）
3. リビングルーム
4. 風よけ室
5. 洗濯室
6. ナースステーション
7. 中庭

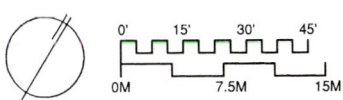

クラスターでは6人の入居者が共同生活を営む

L字型で2層の建物のウイングには、24の住戸が6つごとにグループ化された、4つのクラスターが配されている。クラスターでは、幅広の廊下が住戸と共用スペースを結んでいる。ダイニングルーム、サンルームまたはベランダ、キッチン、それにケアスタッフの机またはアルコーブが共用スペースである (p. 246)。ダイニングルームから、中庭を望めるようになっている。入居者は、一日の大半をそこで過ごす。配膳しやすいようにI字型キッチンが用いられている。6人のクラスターは、スタッフの配置や入居者の交流には、最小の実用的な規模である。同じ階の12人の入居者がともに夕食をとることも頻繁である。家族に伴われて入居者が行けるスペースも、何か所か用意されている。このようにこの施設では、小グループのクラスターの親密さと、さまざまな共用スペースの多様性が融合している。

敷地の周囲は豊かさと変化に満ちた環境

この施設は、人口3万人の小さな町の海岸沿いに立っている。最寄りには、公共図書館やバス停、サービスハウス、海浜公園、砂浜がある。より高度なケアが必要になれば、別のサービスハウスに移れるようになっている。町は夏の行楽地にもなっている。ここのサービスは入居者を対象に提供されているが、ショートステイやホスピスにも対応できるように、4床が用意されている。

頻繁に利用される中庭は屋外のリビングルーム

屋内のどこからでも望める中庭は、環境面でも機能面でも役立っている。窓越しに中庭を望める廊下の先には、ダイニングルームがある。3方向を2層の建物で囲まれた中庭では、日差しや季節風が効果的に制御されている。また、ハードスケープとランドスケープがバランスよく施されている (p. 66)。窓と扉の間の格子につたが絡むと、そこには緑の壁が生まれる。夏期には毎日コーヒーや軽食、バーベキュー、庭の手入れ、グループエクササイズが楽しまれる。海に面したこの建物では、扉や窓を利用した自然換気が適

廊下：中庭の回廊が、住戸やダイニングルーム、ベランダを結んでいる。1階の格子扉や2階の窓から美しい中庭を望める

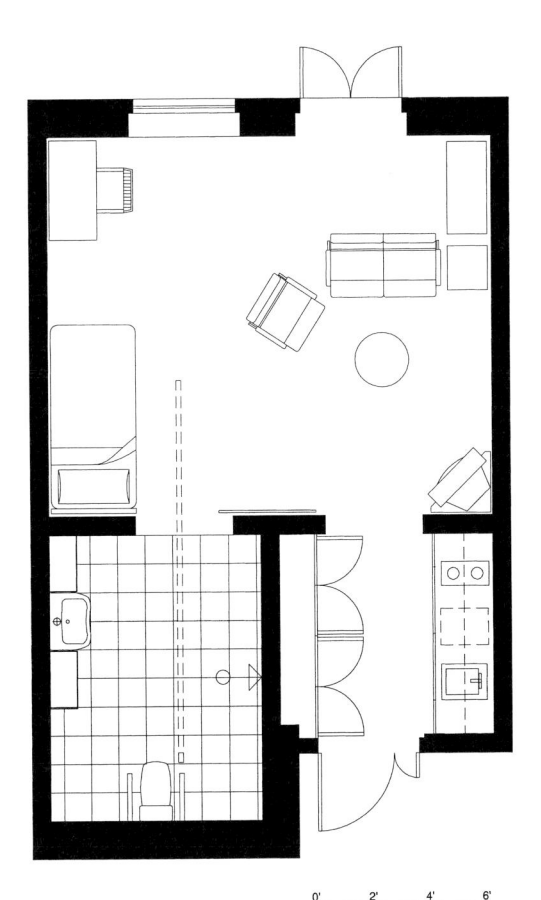

住戸平面図：1階の住戸はパティオ付きである。入り口には、キッチンと大容量のクロゼットが設けられている。入居者をベッドからバスルームに移送するには、リフトが使用される

用されている。

住宅のスケール感を持つベランダは気楽に利用できる屋内のポーチ

住宅のような雰囲気づくりには、いくつかの工夫がある。入り口の吹抜けには、2階へと続く階段が設けられている。暖炉がある居心地のよいアルコーブには、テレビが置かれている。2階には、誕生会や家族イベントなどのアクティビティが行われるリビングルームがある。アクティビティルームの窓からは公園や砂浜、その先にバルト海を望める。クラスターには、くつろげるベランダも配されている。れんがや木製の壁、緑色の石などで仕上げられた魅力的な空間である。住宅のポーチのように、屋外用と屋内用の家具が混在している。中庭や周囲の森への眺めもある。

小さなクラスターにはユニバーサルワーカーが適する

スウェーデンではハウジング政策が、1960～70年代の大規模施設(150～200住戸)から、1980年代の小規模施設(6～12住戸)を経て、1990年代の中規模施設(24～60住戸)へと変遷してきた。標準より小さめのこの施設では、経済性に優れた運営が行われている。5人の看護師を含む28人のスタッフが勤務している。入居者は、日常生活が困難なほどまでに精神面での衰えが重度化しなければ、最後までここで暮らせる。ユニバーサルワー

カーによる運営方式を採るのは、スタッフの上下関係をなくすためである。ここのスタッフは、全員が平等にケアへの責任を負う。理学療法やアクティビティの専門スタッフがいない代わりに、理学療法士が定期的にここを訪れて、スタッフを指導する。また、医師が毎週訪れて、入居者を診察する。スタッフの労働効率を高めるために、共用浴室が取り省かれ、代わりに各室にシャワーが設置された。認知症の入居者には、バリデーション療法が適用される (p. 153)。精神障害者と身体障害者が同居する施設の運営には、特別な研修を受けたスタッフの存在が欠かせない。

自宅のような室内では、エイジング・イン・プレイスが可能

住戸は広さ $30\,m^2$ の個室として設計されている。入居者は、私物で部屋を個性的にしつらえている。フローリングの空間は居心地がよい (p. 245)。低い腰高の大きな窓や格子扉が備えられた1階の部屋からは、中庭を望めるようになっている。どの入り口も、郵便受けや名札、部屋番札、呼鈴などで個性的である。プライバシーも十分に確保されている。病院用のベッドが通過できるように、親子扉が設置されている (p. 100)。レンジと冷蔵庫付きの簡易キッチンも備えられている (p. 123)。広いバスルームへは、幅95 cmの引き戸を開けて入る。車いすでも使いやすいロールインシャワーが設けられているほか、安全用に洗面台脇にも握り棒が取り付けられている。入居者を移送するリフト用のレールが、天井に用意されている (p. 131)。

CHAPTER 12

METSÄTÄHTI
メッツァタティ

所在地：フィンランド・ハンカサルミ
設計者：NVO建築設計事務所
事業者：ハンカサルミ市

建築概要
住　戸　数：14戸
階　　　数：1層
立　　　地：地方小都市
用　　　途：サービスハウス
建築構成：線形
住戸構成：ワンベッドルーム（2戸）
　　　　　ワンルーム（12戸）
標準住戸面積：28 m^2
地域施設：あり（小児科）
地域給食：あり
竣　　　工：1990年12月

入居者概要
平均年齢：83歳
入居者数：14人
入居者属性：男（4人）
　　　　　　女（10人）
年　齢　層：65〜97歳
要入浴介助比率：100％
要トイレ介助比率：57％
失禁比率：43％
車いす利用者比率：14％
認知症比率：22％

アルヴァ・アアルトの建築を模した入り口：ダイニングルームの高窓とひさしが玄関の位置を暗示している

施設概要

3〜7歳の幼児21人の保育園と、高齢者14人のサービスハウスから構成されている複合施設である。フィンランドの小さな田舎町の2世代の住民のためにつくられた。保育園とサービスハウスは、キッチンや洗濯室、ダイニングルーム兼多目的室を共用している。幼児と高齢者が参加するアクティビティは、ダイニングルームや廊下で行われる。社会的にも経済的にも優れた運営が行われている。入居前の高齢者には、子どもたちとの相性を試される。アクティビティには、子どもが遊ぶ姿を観察したり、物語の朗読、パンづくり、誕生日や祝祭日のお祝いなどがある。天井の高い長い廊下に沿って配置されている住戸は、3つのグループにクラスター化 (5戸2グループ、4戸1グループ) されている。子どもたちのアクティビティ用に、2つの大部屋と外の遊び場が保育園には設けられている。ダイニングルームは、昼食などの共同アクティビティで利用される。住戸の広さは20〜43㎡である。最近、高齢化による入居者の衰えが進行してきた。双方の一体的な運営が、6人のスタッフによって効率的に行われている。ここで用意される食事は、地域の高齢者50人にも提供されている。

施設の特徴

コンセプトとアクティビティが一体化

子どもと高齢へのサービスを一体化しようとするコンセプトは以前からあるが、単一の小規模施設で両者を融合しているのはまれなケースである。そこには互いの専用領域や、大人用や子ども用に大小の食卓が置かれたダイニングルームのような共用領域が設けら

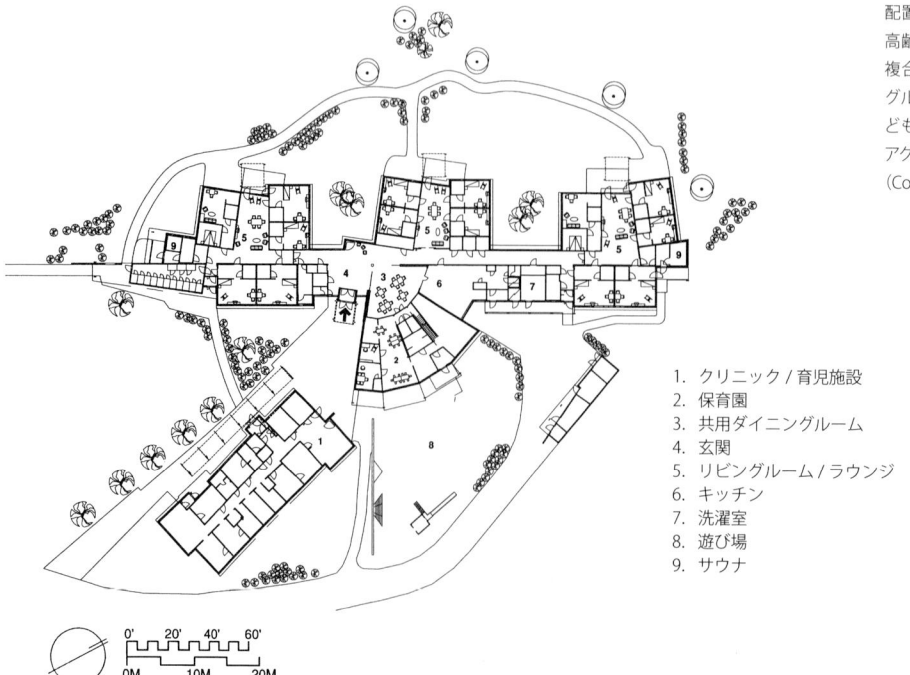

配置図兼平面図：保育園と高齢者用ハウジングによる複合施設である。ダイニングルームでは、高齢者と子どもがともに食事したり、アクティビティに参加する (Courtesy NVO Architects)

1. クリニック / 育児施設
2. 保育園
3. 共用ダイニングルーム
4. 玄関
5. リビングルーム / ラウンジ
6. キッチン
7. 洗濯室
8. 遊び場
9. サウナ

れている。どちらのグループも少人数（幼児21人、高齢者14人）なので、交流には親密さがある。パン焼きや、サウナ用の樺の穂づくり、手工芸品づくりなどを通して、高齢者が子どもたちにスキルを教えるような共同アクティビティが行われている。高齢者と子どもたちの交流では、多くの友情も育まれる。保育園に通う孫を持つ入居者もいる。両者はスケジュールを共有している。朝は起床して通園、11〜12時に昼食、そして午後には昼寝をする。高齢者の一日が終わる3〜5時は、子どもたちの退園時間にあたる。

住戸は3つのグループにクラスター化されている

クラスターは、4〜5つの住戸とリビングルームから構成されている。廊下に接するリビングルームからは、パティオに出られるようになっている。食事やトランプ遊びのためのテーブルやいす、交流のためのソファは入居者の寄贈によるものである。住戸は比較的小さく、入居者はなるべく共用スペースで過ごすように促されている。南北軸に配された天窓付きの廊下が、3つのクラスターやダイニングルーム、玄関を結んでいる。

ダイニングルームと外の遊び場に挟まれた保育園

保育園には広い教室と休憩コーナーがあり、どちらからもトイレやコンピュータールーム、オフィスに行けるようになっている。教室は外の遊び場とダイニングルームに挟まれている。中2階の遊戯室からは、教室を見下ろせる。鮮やかな色彩が施された教室の雰囲気は明るい。保育園とダイニングルームは、ガラス戸とカーテンで仕切られている。カーテンを開ければ、向こう側の様子がうかがえるようになっている。

ダイニングルームに隣接している教室：保育園とダイニングルームは、ガラス戸とカーテンで仕切られている

大人用と子ども用の食卓があるダイニングルーム：高窓があるダイニングルームは、子どもたちと高齢者の会所でもある

効果的に配置された2棟の建物と遊び場

敷地には2棟の建物が配置されている。保育園とサービスセンターが入る棟と、クリニックと小児科医が入る別棟である。クリニックは地域の高齢者にも利用されている。勾配屋根の別棟が、サービスハウスの入り口へと導くような角度で配置されている。斜めに突き出したひさしの下に、サービスセンターの入り口が位置している。外壁は青色の金属製サイディング張りで、屋根は空を映す金属板の瓦棒葺きである。

すべての共用スペースが廊下で結ばれている

抑制されたボリュームと低く突き出したひさしが、建物に親近感を与えている。高窓付きの長い廊下が3つのクラスターを結んでいる。ベンチや街路灯、鳥、植物が配され、廊下は活気に満ちている。廊下の両端のサウナは、入居者や近くの子どもたちに利用されている。高窓からの自然光で明るいダイニングルーム兼多目的室の利用も頻繁である。玄関の奥には、暖炉が設置されている。斜めの壁に囲まれた空間の印象は、ダイナミックである。このような小規模な施設では、思慮深いデザインや維持管理計画が欠かせない。スタッフラウンジや入居者用のホビールームもある。ここではほとんどの空間が、多目的に利用されている。

さまざまな広さの住戸

極めて狭い20㎡住戸から、比較的広い43㎡ものまでさまざまである。最も広いベッドルーム付きのものには、夫婦の入居も可能である。中間規模の住戸では、より自立した生活が送れるように、屋外と直接出入りできようになっている。住戸には換気小窓、そ

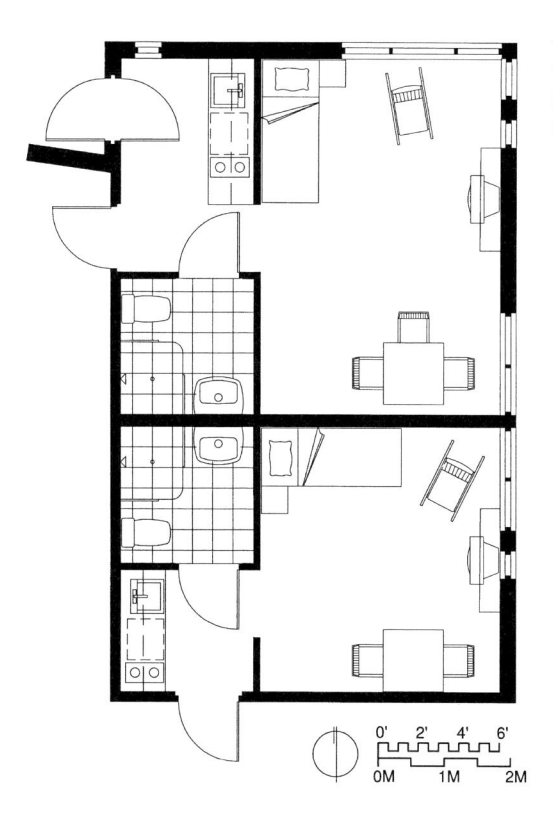

住戸平面図：共用スペースを広く確保したため、住戸は最小限の広さである。外に直接出られる住戸もある

れにシンクや2口コンロ、冷蔵庫付きのキッチンが備えられている (p. 128)。バスルームには、ロールインシャワーが備えられている。自分の家具を持ち込むことが奨励されている。

一体的に運営されている保育園とサービスハウス

地方の小規模施設でのケアには、多くの特徴がある。夜間には、スタッフが常駐しない代わりに、定期的な巡回が行われている。さらに、緊急呼出しにも対応できるように体制が整えられている。理学療法士も16キロ離れたところから通ってくる。6人のスタッフによって、保育園とサービスハウスが一体的に運営されている。パーソナルケアは、専門の訪問介護士によって提供される。これは入居者と地域の高齢者が、パーソナルケアのスタッフを共有しているデンマークの例に似ている。ほとんどの入居者が、電話と保安器を所持している。ホームヘルパーは、携帯電話とEメールを便利に使う。スタッフが店に買い物リストを送れば、ヘルパーが店で品物を受け取り、施設に届けるようになっている。食事でここを訪れる者も7・10人いる。キッチンでは地域の高齢者への給食用に、毎日10食が用意される。

PART III

メガトレンドと設計原則20

空間の静寂さや活気、簡素さやおおらかさ、あたたかさや嵐の中での平穏、経済性の維持、確実な保護、周囲との調和、暗闇の不在、温度の均一、豪華さや簡便さ、これらすべてが生活の質に影響する。

建築家　CFA・ヴォイジー（1909）

　まとめは、重要事項の要約である。ここでは、さまざまな読者の観点を想定して、4つのテーマに沿って要点を整理している。最初の2つは、ヨーロッパの視察を通して学んだことである。1章では北欧諸国に共通するケアシステムや実践が20項目に分類されて説かれており、また、2章では国ごとに固有のプログラムやアイデアが紹介されている。

　優れた施設に適用されているデザインやマネジメント手法として20項目を挙げている3章では、項目にしたがって内容の一部が再編纂されている。

　さらに4章では、最近の学術資料や業界誌の内容、および視察をもとに今後の傾向を検討している。

　最後の5章は、シニアリビングのメガトレンドを解説したものである。

CHAPTER 1

北欧の視察から学んだこと

さまざまな国の長期ケアシステムを比較すれば、そこに類似点や相違点があることに気づく。一般的に、差異に触れると不安や疑問が生まれ、その原因を探求しようとする力が働く。その結果、これまで正しいと思い込んでいたことが覆されることがある。たとえば、デンマークの施設を訪れて、初めて片廊下の持つさまざまな意味を知ったとき、それまで米国のナーシングホームでは常識とされていた、中廊下の再考に迫られた。このように新たな発見が、現状の改善を導くことがある。

　この章では、スウェーデン、デンマーク、ノルウェー、フィンランド、およびオランダの長期ケア施設に共通して見られる姿勢や実践、理念が説かれている。最初の視察が行われた1991年から2度目の98年までの変化を含め、今後の設計や運営に役立つ内容が整理されている。

ハウジングと地域施設が一体化

サービスハウスは、入居者と地域住民のためにハウジングとサービスを提供する施設である。そこは、衰えのある高齢者の住まいの場で、地域のコミュニティセンターでもある。食事や訪問医療サービス、理学療法、作業療法、娯楽室、緊急医療などが、地域住民にも提供されている。その多くには、店舗や医務室、スイミングプール、リハビリテーション施設などが設けられている。

地域住民にもケアを提供するサービスハウス：通りの向かいに住む高齢者にもケアを提供するサービスハウス（モンスター・サービスハウス／オランダ）

サービスハウスやデイケアセンターでは訪問医療サービスを提供

高齢者ができるだけ長く自宅で生活できるように、サービスハウスでは訪問医療やケアサービスが提供されている。そこは訪問ケアの拠点でもある。高齢化によって自宅での生活が困難になった者は、サービスアパートメントに受け入れられる。

サービスハウスは認知症の高齢者を対象にしたデイプログラムを提供

サービスハウスやデイセンターには、認知症の高齢者のためのデイケアプログラムがある。プログラムには、12〜15人が参加する。ほかのアクティビティルームから離れた区画で実施される。精神を刺激し交流を促す内容である。週2〜3回、朝夕の車の送迎がある。

ハウジングは少数の住戸で構成したクラスターがいくつか集まる

24〜40の住戸がいくつかのグループに分けられ、4〜6のクラスターが構成されている。クラスターにはキッチンやダイニングルーム、リビングルーム、パティオ、バルコニー、アクティビティルームなどの共用スペースが配されている。そこで入居者は炊事に参加したり、家族のようにともに食事をとったりする。ひとりのリーダーと数人のスタッフから構成されるケアチームには、上下の関係がない。入居者の生活の範囲が限定されるのが難点である。

ショートステイ、リハビリテーション、および一時預かりを重視

地域型システムでは、事業者が自宅で暮らす高齢者の生活を介助している。そこでは病院から退院後のショートステイが重視されている。心臓発作で後遺症を抱える者には、1〜2週間の集中的なリハビリテーションが用意されている。家族の旅行中に利用される、一時預かりなどショートステイ用のクラスターがあれば便利である。

ビジターでも立ち寄れるバー：入居者や訪問者が立ち寄る玄関ホールの一角に設けられたバー（コプシンリンテーン／フィンランド・ピハサルミ）

認知症用の住戸が増加傾向に

通信技術が発達すれば、身体障害者は訪問ケアによってサポートされるようになり、認知症の高齢者が長期ケアの唯一の対象になってくる。施設では家族のように大きな食卓でともに食事することや、炊事や洗濯、清掃などのADL（日常動作）プログラムが重視される。

Op Maat（入居者の生活パターンに合わせたケア）が普及している

1990年代初頭のオランダでの試行以来、オランダや北欧を中心に普及してきたケアの手法である。各自の個性やニーズ、指向に合わせたケアプランが実施される。入居者は、自発的に身の回りのことを行うように励まされる。

自然との触れ合いを重視

北欧での自然や天然素材への偏重の背景には、その文化的な特性がある。サンルームやランドスケープには、青々とした植物がある。デンマークでは認知症用の住戸でさえも、パティオに出られるようになっている。日当たりのよいバルコニーや出窓、フレンチバルコニーを備える、南や西向きの住戸が好まれている。

最近の入居者には高齢化と重度化、体重の増加が見られる

自宅での生活の長期化の結果、グループハウジングに転居してくる高齢者の衰えが、以前よりも重度化している。動的なアクティビティに代わって、観察や会話など静的なものが主流になってきている。体重の重い彼らを安全に短時間で移送するのに、リフトが導入された。医療に強く依存し、身の回りのことを自分でできない入居者が増加する傾向にある。

オランダの音楽スヌーズレン：入居者がよく聴き取れるようにアンプが置かれている。認知症の入居者が過去を呼び覚まされるような曲が選ばれる

最近の住戸は個室が中心

部屋は個性化し、自由な個室になってきている。プライバシーも確保されているため、Op MaatやADLを実施しやすい。夫婦やルームシェアの希望者が隣戸を一体利用できる施設もある。

住戸の共通事項

入居者の年齢や健康状態、ニーズに応じた住戸がさまざまにある。それらには共通点がある。
- 十分な日差しを得るために、$2m^2$ほどの大きな窓がある。
- ベッドに横たわっていても外を見られるように、窓の腰高が低い。
- バスルームやトイレには、引き戸が備えられている。
- バスルームとシャワーの床が一体になっており、一度で洗い流せる。
- アレルギー対策として、カーペットの使用はまれである。
- 簡易キッチンは、冷蔵庫と電子オーブン付きである。

ケアスタッフの雇用が困難

北欧では、ケアスタッフの雇用が難しくなってきている。特にスウェーデンは、より賃金が高いデンマークやノルウェーに人材が流出するなどの、深刻な問題を抱えている。比較的待遇がよい米国でも、若いスタッフを雇うのは難しい。育児を終えて社会復帰を望んでいる女性を雇用するのが、現実的である。

食事やコールシステムは地域化している

昼食が主食であるサービスハウスでは、朝食には軽食また夕食にはサンドイッチが供給される。これまでは地域給食センターが学校やナーシングホーム、デイセンターに食事を提供してきたが、今後はデイセンターのキッチンがそれに代わっていくだろう。緊急

伝統的なキッチンベンチ：20世紀初頭の家庭で使用されていた家具である。寒い夜にキッチンで眠るために使用されていた（ヴィルヘルミーナ、p.167）

コールシステムの合理化策として、地域型が普及してきている。

都市型施設に優れた事例がある
都市施設が充実している地域に位置する高齢者ハウジングが多い。1階の店舗脇に設けられた入り口からロビーを抜けると、中庭になっている。周囲の街並みに調和した外観であることが多い。

安らぎを感じる屋内
現代的なデザインの外観とは対照的に、屋内では安らぎが感じられる。家具や内装が、家庭的な雰囲気づくりに役立っている。骨董品やアートワークも活用されている。

子どもたちとの交流の機会が増えつつある
子どもたちと高齢者の双方にサービスを提供する施設がある。そこでは世代間の交流が行われている。サービスハウスがこれを担う例もある。子どもたちの遊び場が見える位置に、ダイニングルームなどの共用スペースが配されている。

リフトが普及しつつある
重度化した入居者の体重は増加の傾向にある。スタッフの健康と安全を守るために、リフトの導入が進んでいる。労働環境の改善には自治体の財源があてられる。

開発には自治体が関与
土地の所有者である自治体は、その最適な利用案をデベロッパーに求めることが多い。北欧のハウジングデベロッパーは、利益のほかに公益性を重視する。

ボランティアが重要性を帯びてくる
北欧では、ボランティアリズムはまれである。オランダには、助け合いのために高齢者を雇用するシステムがある。また、デンマークでは、日常を補い合いながら共同で生活する、コハウジングが試されている。

極度に衰えのある高齢者が少ない
極度に衰えた養護対象者を見かけるのはめずらしい。特にデンマークでは、誰もが毎日、着替えてベッドから離れることが励まされている。医療技術が発展した半面、高齢化と重度化の問題が生じてきた。

CHAPTER 2

各国の視察から学んだこと

各国には、その指向や理念、歴史的背景などに依拠した、独自のプログラムやシステムがある。デンマークでは記憶障害者を区分することを、スウェーデンのグループホームから学んだ。ハウジングとサービスを融合させるデンマークの手法は、オランダの「障害生活のためのアパートメント」に影響を与えた。フィンランドの長期ケア施設には、オランダのケア戦略やスウェーデンの認知症への革新的な取り組み、デンマークの住戸の規模や自律性などを取り入れている。

オランダ
「生涯生活のためのアパートメント」ではサービスとハウジングが融合

ナーシングホームでのケアが必要なほどに重度化するまで、「生涯生活のためのアパートメント」の入居者はそこで自立的に生活を送る。住戸のほとんどはワンベッドルームである。入居者が寝たきりの状態になってもサポートできるように、改修が可能である。レストランなどの共用スペースは、地域にも開放されている。訪問サービスによるケアが主体である。

助け合いが推奨されている。入居者の食事を用意するスタッフ（ハーフェンボーヘン／オランダ・スヒーダム）

アトリウムは冬でも快適

オランダの高齢者施設では、アトリウムがよく見受けられる。その背景には、北海からの季節風に悩まされない空間への欲求がある。アトリウムは、地域の集会所や屋内庭園などとしても利用されている。

サービス付きのハウジング、ハウジング付きのサービス

訪問医療やパーソナルケア付きのハウジングが最良であるとの考え方がある一方、重度化した者には、より充実したサービスを主体とした施設が望ましいとの考えもある。大切なことは、入居者に選択肢があることである。したがってどちらも不可欠である。

ケアハウジングの共同事業体はデベロッパーの経験とケアプロバイダーの知識を持つ

ハウジングデベロッパーと長期ケアのプロバイダーによる共同事業がすすめられている。高齢者がより自立した生活を送れるよう、ハウジングとサービスの複合体を生むためである。商業施設や分譲用の住戸をハウジングに付加することが、推奨されている。

実験的なハウジング

オランダには、さまざまなハウジングの概念や試行、評価が豊富に蓄積されている。パーソナルケアハウジングと医療を融合させた1980年代の実験のおかげで、90年代に「生涯生活のためのアパートメント」が生まれた。運営やコストに関する経験も豊かである。

デンマーク

理学療法とエクササイズが入居者の能力維持に役立つ

理学療法が盛んなデンマークでは、エクササイズも重視されている。筋力の維持や新陳代謝を活発にする機器を用いる理学療法プログラムは、生活の一部にもなっている。エクササイズ用の機器が、ラウンジなどの共用スペースに置かれている施設も見られる。

シニアだけのコハウジングでは交流が促進される

デンマークのコハウジングは、世界的に知られている。最近の主流は、シニア世代オンリーのコハウジングである。集団生活を希望する高齢者によって創設されることが多い。共同生活における責任の範囲や形式は、施設によってさまざまである。入居者の症状が重度化すれば、訪問ケアや医療を受けられるようになっている。これは互いの自立性や自発性を損なわずに、集団で生活できる形態である。

入居者のためのバケーションプログラム

デンマークのサービスハウスにはバケーションがある。グレーナにあるドロニンゲンス・フェアリエビューは、身体障害者や高齢者用の海浜保養地である。それぞれに4～6人が泊まれる46戸のキャビンには、ハンディキャップ仕様のキッチンやバスルームが備えられている。

さまざまなハウジング形式のストックがある

デンマークのハウジングには標準型の概念が希薄であり、中庭型やコテージ型などさま

蹴上げ幅が狭く、使用しやすい階段：蹴上げが15 cmの階段（ニューボダーゴーン・ナーシングホーム／デンマーク・コペンハーゲン、p. 285）

ざまなタイプがある。クラスターの規模は比較的小さい。大規模な施設でも、少人数の家庭的な雰囲気のなかで、食事をとるようにしている。ここでは入居者の自立性が最も重視され、住戸は比較的広い。

スウェーデン
「人にやさしい建築」は入居者の精神を向上させる
環境をヒューマナイズして、交流を促進することが重視されている。積極性を励ますかのようなパステルカラーや、交流を促す黄色やローズ色などの暖色が使用されている。布製のペンダントライトは、まぶしさを感じさせない。廊下の交差部は天窓で明るい。あたたかみのある空間には、木などの天然素材が多用されている。

いくつかのクラスターから構成される施設
1900年代の中ごろから、認知症専用施設の主流は、大規模病院からグループホームへと移ってきた。今日では、24〜40人を4〜6人ごとにいくつかのクラスターにグループ化するのが一般的である。デイケアセンターやサービスハウスを併設して、地域の高齢者にもサービスを提供している。

運営経費の高騰とスタッフィングの難しさは恒常的な問題
高齢者ハウジングの運営経費の高騰が問題である。入居者のニーズが高まれば、それに応じたケアの提供や体制の構築で予算を確保する必要が生まれる。建設費の高騰が、新

ドロップダウン式の机がナースステーションになっている。入居者との交流を促進するナースステーション（グルドブレロップスヘンメット　スウェーデン・ストックホルム、p.286）

築の抑制を招いている。スタッフの雇用も難しく、看護師不足に陥っている施設もある。

さまざまな療法が用いられている

スウェーデンでは、エクササイズやマッサージなど、さまざまな療法が用いられている。腰痛や慢性疾患を抱える外来者にも、施設の療法が開放されている。

ノルウェー

ハウジング形式には2種類ある

ノルウェーでは、今後、2種類のハウジングが供給されようとしている。一方は、100戸のハウジングとサービスとを融合したサービスハウスである。プールやリハビリテーションセンター、訪問ケアスタッフの詰め所などが併設される。他方は、エイジング・イン・プレイスのためのものである。入居者の高齢化に応じて、住戸や共用スペースの改修が可能である。

銀行が施設の設置基準を持っている

ノルウェーでは、建設資金を提供する銀行が、建物の質に関するガイドラインを発行している。

共同所有が一般的である

共同所有方式による高齢者ハウジングが多い。住戸は標準的な賃貸物件よりも、15〜

屋内の移動で使用されるスクーター：スタッフのクラスター間の行き来に利用されている

20％広くできている。

フィンランド
サウナとスイミングプールは日常生活に欠かせない要素
サウナとプールは、フィンランドの至る所に存在する。高齢者ハウジングのサウナやプールも地域に開放されている。建設費や維持費には、自治体の財源があてられる。

木材が床や天井、ディテールに使用される
森林資源が豊かなフィンランドでは、木材は文化的にも経済的にも重視されている。床や天井、ディテール、家具に木材が多用されている。

高緯度の地域では自然光も人工光も必要
スカンジナヴィアの冬には、自然光への強い欲求がある。コーナーウィンドウや腰高の低い大きな窓、天窓、片廊下などは、屋内に豊富な自然光を採り入れようとする工夫である。昼光色の照明がよく使用されている。

フィンランドの建築はやさしさと表情の豊かさがある
フィンランドの建築は、他国のものより丹念にデザインされている。色彩やテクスチュア、模様、窓割の種類も豊富である。控えめな表情の玄関回りには、魅力的なランドスケープが施されている。建物の屋内外は一体的にデザインされている。リビングルーム

フィンランドのサービスハウスにあるサウナ：入居者が週1回使用する低温サウナ（フィンランド・オウルンサロ）

の延長として屋外空間を利用する例も少なくない。住戸からは、敷地の大部分に残る手つかずの自然を望めるようになっている。

CHAPTER 3

設計原則20

本章ではこれまでの内容を、設計実務向けに再編纂している。第1部では敷地や建物、共用スペース、住戸などのスケールにしたがって要点を整理した。ここでは環境や運営の質、個性、課題、特徴、方針などで優先されるべき原則を20項目に分類して解説している。それには、一般的な要件から特殊なスペースの詳細までが含まれている。これらに留意して設計を進めれば、意匠面でも機能面でも優れた施設ができるようになっている。全体を通して使用すれば、設計内容を包括的に確認するためのチェックリストになる。また、項目ごとに見れば、建物の部位ごとにデザインを洗練させるのに役立つようになっている。

1 一般住宅のようなイメージ

建物のイメージは一般住宅のようであるべきで、病院のようであってはならない。

合理性
一般住宅のようなイメージは、入居者や友人、家族、スタッフなどに親しみやすい印象を与えることができる。病院のようなつくりでは、冷たい感じを与えてしまう。また、ナーシングホームのように無味乾燥な雰囲気は避けるべきである。

オランダでよく見受けられる日よけ用のオーニング：室内スイッチで操作できるようになっている（ニュー・ドッデンダール／オランダ・ネイメーヘン）

設計と運営への適用

- 住宅用建材：住宅用建材や街並みと調和した色彩や素材、ディテールを用いること。
- スケール感の抑制：住戸数をむやみに増やさないこと。見た目が小さく感じられるように、建物のボリュームを細分化すること。
- 屋内空間：病院というより一般住宅に見られる造作や仕上げ、テクスチュアを用いること。
- セットバック：建物の高さや量感をやわらげるために、ポーチやドーマーウィンドウ、上階のセットバック、出窓の使用を検討すること。
- 廊下：長く単調で自然光が入らない中廊下を避けること。
- 勾配屋根：勾配屋根は住宅を象徴する要素のひとつである。
- 玄関扉：魅力的な木製の玄関扉を使用すれば、一般住宅のような構えになる。
- 暖炉：暖炉は象徴的にも機能的にも、一般住宅でよく使用されている。
- 風景にたたずむ家：郊外の敷地では、建物が美しい風景になじみ、別荘のように映ること。
- 住宅の部屋のスケール感：室内には住宅にあるようなスケールを反映させること。広いダイニングルームを分割すること。リビングルームやラウンジでは、空間と家具のスケール感が調和していること。
- 大階段：上階へと向かう大階段は、エレガントな邸宅でよく使用されている。
- パブリックからプライベートへの空間の変化：共用部は、最もパブリックな空間から最もプライベートなものに推移するように配されていること。
- 親しみやすい玄関：スタッフオフィスが玄関脇で目立ちすぎて、その雰囲気を損なってはならない。ナースステーションよりも、小さな受付テーブル越しのほうがスタッフやボランティアに接しやすく感じられる。
- やさしいライティング：共用スペースの蛍光灯ほど雰囲気を害するものは他にない。
- 厳密に吟味する：「ここに自分の母が住むとしたらどうだろうか」と問いながら、空間や造作、家具、備品を吟味すること。

2
交流の促進

入居者同士の交流が促進するような共用スペースの構成や、住戸の入り口の配置が望ましい。

合理性

ハウジングでは入居者同士の触れ合いや興味対象の共有、友情の育成が大切である。高齢化で、旧知の友を徐々に失うことは避けられない。この時の憂うつさの改善には、交

認知症の入居者の交流を促す小グループのクラスター：9人の入居者が生活するクラスター（ヴィラ・ヴィクロ／フィンランド・オウル、p.291）

1. リビングルーム
2. ダイニングテーブル
3. 標準住戸
4. キッチン
5. 暖炉
6. 庭
7. サウナ
8. 洗濯室
9. 入り口
10. 隣接クラスター

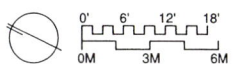

流への参加が効果的である。交流から幸福感を得られるとの考えもある。持続的な交流では、プライバシーが必要なこともある。できれば参加を望まない交流を回避するためである。

設計と運営への適用

- わずらわしさの回避：ビジターの出入りが激しくて狭い玄関では、入居者が落ち着かない気分になる。
- クラスターの住戸扉：いくつかの住戸の扉がクラスター化されていれば、隣人と知り合いになれる機会が生まれやすい。
- 他人を観察できる場所：入居者が落ち着いて観察できる場所が欲しい。彼らには観察自体がアクティビティとなる。
- トライアンギュレーション（第三の対象を媒体にしてふたりの関係が生まれること）：廊下にアートワークや飾り物があれば、それを見ている者同士に会話が始まる。多世代が関心を示すような対象であれば特に効果的である。
- 廊下での観察：玄関やダイニングルームからエレベーターへと続く廊下は、観察や交流に最適である。
- ダイニングルームでの交流：日に三度の食事は、友人と談笑するにもよい機会である。適切な高さの天井や快適な音響、十分な明るさがあれば、談笑も進む。
- よく使用される共用スペース：延べ床面積の40～50％は共用スペースである。そこで出会いを求めたくなるようなデザインが望ましい。
- 家族との談笑の場：家族と入居者の談笑用のスペースが、部屋の外にも欲しい。
- 家族との食事：家族といつでも気軽に食事できるような、運営方針であるべきである。

- オープンプラン：オープンランでは他の入居者と出会いやすい。また、様子をうかがってから交流への参加の是非を決められる。
- 交流の機会の創出：入居者同士の交流を促進するような、楽しい機会を創出すること。
- 新人の紹介：新人紹介の機会があれば、そこで初対面の不安を軽減できる。
- リトリート：ひとりでいられる場所を見て、プライバシーも尊重されている施設だとわかり、安心感を与える。
- 小グループによるアクティビティの推奨：さまざまな内容や規模のアクティビティやクラブの設置が望ましい。
- 世代間交流：孫たちとの遊びは、生活に変化と活気をもたらす重要な要素である。屋内外に遊び場が欲しい。
- 郵便受け：郵便配達は、いきいきとした生活の光景である。手紙の到着を知ると、駆けつけて取りにくる入居者も多い。

3 屋内のように利用できる屋外空間の設置

屋内から眺めて楽い屋外空間が求められる、そこには散歩の目的地や歩行運動用の遊歩路が配されていること。

合理性

屋外には、さまざまな色彩やテクスチュアのランドスケープ、アクティビティ用のハードサーフェス、観賞用のソフトサーフェス、および運動用の遊歩路などの設置が求められる。これらの要素で建物の周囲を埋めるだけでなく、入居者の生活を楽しくできることが大切である。個性的な植物や家具、オブジェ、あずまやなどがあれば、方向確認にも役立つ。屋内や遊歩路、敷地の周囲などから見渡せる屋外空間が理想的である。

子どもたちの遊び場を望めるサービスハウスと認知症用の住戸：子どもたちの遊ぶ姿がどこからでも見られるように配置されている（ステームベリイヤ・サービスハウス／スウェーデン・ヴェートランダ）

設計と運営への適用

- 建物の周囲の歩行：最も有効な屋外の活用法のひとつは、運動用に遊歩路を設けることである。玄関から始まり、再びそこに戻るように巡らされている遊歩路が望ましい。
- 屋外への眺め：パティオやバルコニーからの眺めは印象的であるばかりか、入居者に自然とのかかわりを意識させる。
- 玄関回りのランドスケープ：多くの人々が利用する玄関回りのつくりは、施設の第一印象になるので、そこに魅力的なランドスケープが欲しい。
- 休憩のためのベンチ：入居者に屋外の歩行運動を励ますために、45mほどおきにベンチを配するべきである。そこに木陰や周囲の美しいランドスケープがあれば、そこに行って腰を掛けてみたくもなる。
- バーベキュー広場：入居者の半数が、一度に食事できる程度の広さの屋外空間の設置が望ましい。
- 屋外のリトリート：孤独を楽しんだり家族と落ち着いて談笑するには、最適な環境である。
- 住戸の窓：最小でも0.9m^{2}の窓越しに、近景や遠景を望めれば理想的である。腰高が35cmほどであれば、ベッドに横たわっていても外を見られる。
- 入居者の庭：花の手入れや野菜の栽培は、小グループでのアクティビティに適している。プランターが地面から50cm上に据えられていれば、腰を折らずにすむし、車いすでの利用も可能になる。近くに水栓も欲しい。
- 日陰の創出：高齢者は、好天の日には外で過ごしたがる。ポーチやひさし、パラソルのついたテーブルの日陰があれば、長時間でも外で過ごせるようになる。
- 屋外倉庫：人が集まる場所には、いすやテーブル、ゲーム、オーディオ機器、遊具などを保管する倉庫が必要である。
- 魅力的な野生動物：鳥や昆虫、りすなどが寄り集まる場所は、いきいきとしている。
- アクティビティや子どもたちの観察：アクティビティを見て過ごすのは楽しいことである。入居者は特に子どもたちが遊ぶ姿に引かれる。

4
安全なバスルーム

シャワーや排泄などの衛生行為が行われるバスルームには、多くの危険性が潜んでいる。利用者は衰えのある高齢者であることを忘れてはならない。

合理性

部屋で自立した生活を送るには、安全で使いやすいバスルームほど、ほかに大きな存在はない。そこではスタッフが介助しやすいことも大切である。ノンスリップの床や適切

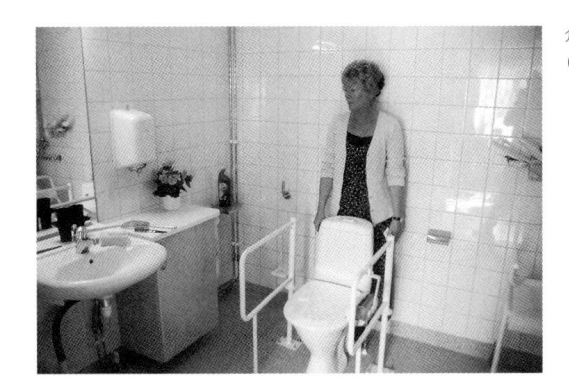

介助しやすいトイレ：便器の前背後からふたりで介助できるようになっている
（ク・ストリーカン／スウェーデン・マルメ）

な位置に取り付けられた握り棒やコールボタンも欲しい。十分な暖かさや明るさも欠かせない。

設計と運営への適用

- 十分な明るさ：バスルームでは全般的に、特に洗面台やシャワーの近くでは、十分な明るさが必要である。
- 収納：薬やタオルの収納が、それぞれ使いやすい位置に配置されていること。
- コールシステム：シャワーと便器の間にコールボタンがあること。床から数cmの高さにもひもが下がっていれば、転んで立ち上がれないようなときにも便利である。
- 十分な暖かさ：部屋をすぐに暖められるように、ヒートランプや壁掛け式のヒーターの設置が望ましい。寒いとシャワーをいやがる者もいる。
- 温水：不意のやけどを防ぐために、温水温度の上限を43度に設定すること。
- 床：転倒防止のためにノンスリップの床材を使用し、シャワーの内外と便器の近くに握り棒を取り付けること。
- 便器と握り棒：立ち座りが楽なように、普通より高めの便座を用いるとよい。紙巻器が使いやすい位置にあること。背の低い女性には、ハンディキャップ用の便器では高すぎる場合もある。入居者の腕の長さや筋力の違いに応じて握り棒の位置を調整できるように、壁下地にベニヤ板を用いること。
- 引き戸：90cm以上の幅があれば、車いすでも介助されながらでも楽に入ることができる。
- シャワー：シャワーは浴槽より安全である。固定シャワーとハンドシャワーの双方を備えたバスルームが多い。米国ではまれなロールインシャワーは、北欧ではよく見受けられる。高さ調整付きのシャワーチェアがあれば便利である。
- 広いバスルーム：車いすでや介助されながらでの利用を考えて、バスルームは十分に広いこと。標準的なアクセシブルバスルームやアダプタブルバスルームの仕様にはガイドラインがある。
- 水栓：操作しやすいレバー式が望ましい。
- 洗面：北欧では高さ調節付きの壁掛け式洗面器が使用されている。米国では必要に応じて取り除けるように、可動式のキャビネットが置かれている。大きな鏡も便利であり、部屋を大きく見せる効果もある。

5
プライバシーの尊重

集団生活でパーソナルケアを受けるには、プライバシーが確保されていることが大切である。それには住戸や共用スペースの設計、入居者への接し方などへの配慮が欠かせない。

合理性
入居者にはプライバシーが必要である。それには施設の環境面や運営面での配慮が欠かせない。最もプライベートな空間は住戸である。そこに友人や子ども、孫を招いて過ごせるくらいの広さがあれば理想的である。孤独を楽しんだり、家族と談笑できる共用スペースを屋内外にも確保したい。

設計と運営への適用
- 住戸の広さ：単なるベッドルームでなく生活の場としての部屋には、十分な広さと自己充足感が求められる。部屋が広ければ、入居者がそこで過ごす時間も長くなる。
- ベッドルーム：私物や写真で飾れば、個性的なベッドルームになる。ベッドルームが、唯一プライバシーが確保された場所になることがある。
- 住戸のプライバシー：個室にはプライバシーがある。費用を節約したり、ルームメイトと暮らす相部屋でも、できるだけプライバシーが確保できるように努めたい。横並びのベッドをカーテンで仕切っただけでは、満足な解決策ではない。
- プライバシーを尊重したマネジメント：トイレや入浴、身づくろいなどのADL（日常動作）に介助を要する者は、プライバシーに妥協をしいられていることを、スタッフは忘れがちである。部屋に入る前に扉をノックしたり、ドアチャイムの使用を習慣化することが欠かせない。
- 騒音の抑制：隣戸や廊下、屋外などに面する壁に遮音材を充填すれば、夜間に熟睡できる環境になる。
- 家族と談笑できるプライベートな空間：家族と自由に談笑できる場所が欲しい。入居

北欧では住戸の個性化がすすめられている。自宅で愛用していた家具で満たされた居心地よい雰囲気の部屋（ポスティルヨーネン、p. 216）

者が、部屋やスタッフ、同居人のことを率直に語れる機会が必要である。
- 廊下側の窓：部屋の窓が廊下に放たれていれば、内側にカーテンを取り付けるなど、不意に中をのぞかれないような配慮が必要である。
- ダイニングルームでの選択：グループの規模に応じて、さまざまな座席数の食卓があると便利である。
- 夫婦のプライバシー：夫婦は他者とのかかわり合いを比較的持ちたがらない。キングサイズのベッドを備えるなど、なるべくともに過ごせるような工夫が求められる。ふたりにとっては、親密性を保てることもプライバシーのひとつである。
- 部屋での食事：北欧には、朝食を自室でとる習慣がある。
- 自宅に住み続けること：プライバシーを強く求めるなら、自宅に住み続けるという選択肢もある。
- 参加義務のない観察：参加する気にはなれないが、見ていて楽しいアクティビティもある。

6
親しみやすく快適な屋内空間

屋内では住宅にあるような、上品で親しみやすく快適な雰囲気が大切である。

合理性

ナーシングホームの屋内の雰囲気は病院のようだが、シニアリビングでは邸宅にあるような快適で魅力的な質が求められる。ビニール製やスチール製の家具、ビニールの床に代えて、厚手の生地や木製の家具、カーペットを使用するなど、そのほかにも上質な空間づくりにはさまざまな工夫がある。腰痛や筋力の衰えを抱える者でも使いやすいように配慮することも大切である。くつろぎや交流などの目的や場所の雰囲気に適した家具を用いることが肝要である。

リビングルームにもなるベランダ：ダイニングルーム隣で中庭を望むベランダ（ポスティルヨーネン、p. 216）

設計と運営への適用

- アートワーク：屋内ではアートワークは大切な要素である。廊下など共用スペースの表情を豊かにし、入居者の感情を刺激する。
- 愛らしいイメージとアクセサリー類：子どもや動物、多世代をテーマにしたアートワークやアクセサリー類には、活気や積極性を与える力がある。
- 一般住宅の備品：キャンドルや動物のぬいぐるみ、コレクションなどがある環境は心地よく、住宅のような環境を求めている者を引きつける。
- さまざまな部屋：家具や壁装材、じゅうたんなどがさまざまに異なる部屋などは、屋内環境に変化を与える。
- 植物：さまざまな背丈の植物を効果的に配すれば、空間がいきいきとしてくる。
- 住戸：家具や本、写真、コレクションを持ち込めるくらいの十分な広さが欲しい。
- 住宅の象徴性：暖炉やライブラリーには、過去を思い起こさせるような象徴性がある。どちらも空間に活気を与える。
- カーペット：弾力性と防水性があり、歩行器での歩行や車いすで走行しやすいように高密度のカーペットを使うこと。一般住宅によく用いられる色彩や柄が望ましい。濃い色彩のものは維持が楽だが、あまり濃すぎると明かりを反射しなくなる。
- ダイニングルームのいす：木製の脚と丈夫な座面、それに立ち座りが楽なように肘掛け付きのいすがよい。前脚にキャスターがついていれば、動かすのに楽である。
- 失禁対策：失禁対策が求められる場所では、クリプトン加工が施された防水性の生地が使用される。
- 地域性を帯びた備品：地域性のある家具やアクセサリー類、骨董品などがあれば、地域とのかかわりを強く意識できるようになる。
- 廊下の個性化：廊下の住戸の入り口回りを個性的にしつらえれば、そこは入居者にとって意味のある場所になる。
- ペンダントライト：北欧では、自宅で愛用していたペンダントライトを持ち込む者が多い。代々受け継がれた家具の場合もある。
- 歴史的写真：地域の生活や歴史などの写真を、有効に活用すべきである。
- 住宅用建材とアクセサリー類：住宅のようなイメージづくりには、フローリングや石の暖炉、木製家具、格子窓などが有効である。

7 家族や友人の訪問

住宅を思わせるようなデザインの施設へは家族も訪問しやすい。

合理性

入居者と訪れる家族がともに過ごせる場所が必要である。家族が頻繁に訪問したくなるような雰囲気も大切である。さらに、部屋に家族が宿泊できるほどのスペースがあれば理想的である。一時預かりやホスピス、デイケアなどは、自宅で親のケアを望む家族に利用される。

設計と運営への適用

- 子どもの遊び場：屋内の子どもコーナーや外の遊び場の遊具は、孫やその両親の訪問を促す。
- 家族が談笑できる場所：プライバシーが保たれたラウンジの片隅やポーチは、入居者と家族の談笑に適した場所である。
- リトリート：建物から少し離れた庭やあずまやでは、人目を気にせずにいられる。
- 食事：家族と入居者が気軽に食事をともにできる場所やプログラムが欲しい。
- 屋根付きの車寄せ：玄関先に屋根付きの車寄せがあれば、入居者の外出に便利である。
- プライベートダイニングルーム：誕生日や記念日の祝いに、プライベートダイニングルームが欲しい。
- 駐車場：家族や友人の頻繁な訪問には、十分な駐車スペースが欠かせない。
- 家族参加によるケア：入居者の衣服の選択など、家族がケアスタッフの仕事を手伝えるプログラムが望ましい。
- ボランティア活動：家族や友人が参加するボランティア活動は、家族どうしが知り合いになる機会でもある。
- 一時預かり：自宅でケアを行っている家族が、旅行でしばらく家を留守にするときに便利なサービスである。

懐かしい雰囲気のカフェ：かつてのカフェの雰囲気を再現した個性的な空間

- デイケア：家族が、一日何かほかのことに従事するときに便利である。
- 保護：入居者を家族から保護すべき状況が生じることもある。

8 さまざまなライティング

明るさの確保や雰囲気づくりには、自然光と人工照明が欠かせない。

合理性

高齢者が対象物を見るには、より豊富な明るさを必要とする。彼らはまぶしさも感じやすい。臨床面や機能面、さらに美観面で優れたライティングが理想的である。認知症用の施設では、明るさが入居者の感情や行動に大きく影響する。

設計と運営への適用

- 「明かり溜り」：必ずしも均質な明るさがよいとは限らない。明かり溜りがない住戸や廊下は均質で単調である。
- 自然光と人工照明のバランス：明るさや色彩のバランスを保つには、自然光と人工照明の適切な組み合わせが重要である。
- 天窓と高窓：天窓や高窓は、建物の奥の暗い部分を自然光で明るくする。熱線反射ガラスや透明ガラスが用いられる。後者が適切に用いられれば劇的な光と影が生まれる。
- バスルームの明かり：安全の確保や衛生行為、肌の状態の確認などのために、バスルームには十分な明るさが求められる。
- 無造作な蛍光灯の回避：蛍光灯と白熱灯の組み合わせ方しだいで、部屋の雰囲気や人の顔色が映えるようになる。単なる蛍光灯だけでは、平滑で病的に見えてしまう。
- 窓のかたちと位置：小窓やコーナーウィンドウ、腰高の低い大きな窓などではそれぞれ光の差し込み方が異なる。

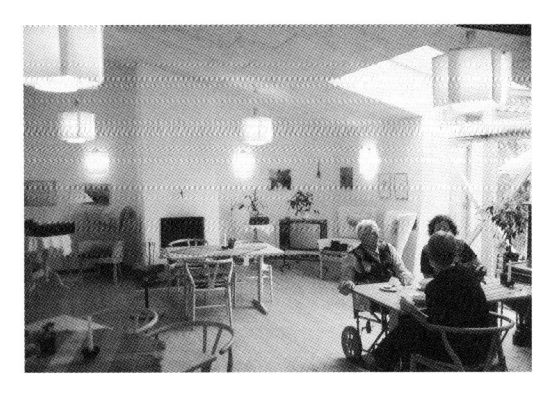

環境をヒューマナイズする「人にやさしい建築」：布製の照明器具や大きな窓、暖炉、フローリングで居心地よい空間（ヴィーグス・エンガル認知症専用施設／スウェーデン・ショーピングブロー、p.288）

- 明るさの調整：アクティビティルームでは、手工芸やトランプ遊びには明るく、テレビ番組の視聴やビデオ鑑賞には暗くするなどの調整ができること。
- 雰囲気づくりのためのライティング：プライベートダイニングでは、目的に応じたさまざまな明るさが求められる。ダイニングルームやスパでは、ろうそくの明かりは大変魅力的な光源である。
- 自然光の制御：特に夕方には、ブラインドやカーテン、オーニングなどで日差しを制御することが重要である。
- ポーチとオーバーハング：日射を効果的に制御する方法である。夏の好天の日には、日陰で快適な場所である。
- 屋外のライティング：歩道や駐車場の夜間照明や、木や潅木を美しく照らすライトアップは大切である。建物を直接照らしても、あまり魅力的な効果を得られない。玄関から駐車場へ向かう通路にも明るさが必要である。
- 光源の種類：さまざまな光源を組み合わせれば、一般住宅のような雰囲気をつくり出せる。テーブルライトやフロアスタンド、ペンダントライト、ブラケットライト、ダウンライト、間接照明などを効果的に組み合わせて使用する。
- 光源の露出の回避：光源が直接目に入るとまぶしい。間接照明やペンダントライト、シェード付きのテーブルライトやフロアスタンドなどが望ましい。
- 療法のための明かり：北欧では冬の憂うつな気分や認知症の日没症候群をやわらげるために、高輝度型の照明が用いられる。

9 臭気と換気

共用スペースから住戸の浴室を経て気流が屋外に抜ける換気システムを採れば、臭気の問題は解決する。

合理性

失禁のにおいが漂う建物に入るのは気が引ける。それでは家族の訪問の機会も減ってしまう。対策として、効果的な換気システムや、新素材のカーペットや家具や内装に生地を使う、最新の清掃機器などが利用される。スタッフが迅速な処置を施せるようなプログラムも大切である。

設計と運営への適用

- 臭気の除去：新素材のカーペットや生地、適切な換気システムを使用すれば、臭気の問題を解決できる。
- 換気システム：廊下などの共用スペースに正圧で新鮮な外気を供給する。さらに、住

簡素でエレガントなデザインのフレンチバルコニー：手すりにプランターを置けるようになっている。2つのバルコニーにかけ渡されたさおが、表情づくりに役立っている（ビーデル・ソンドレ・ノルドストランド・サービスハウス／ノルウェー・オスロ、p. 292）

戸に流れ込んだ空気が、トイレの換気扇から屋外に排出されるようなシステムを採れば、部屋の臭気が共用スペースにもれ出なくなる。
- カーペット：新素材のカーペットや防湿仕様で裏打ちされたものは、清掃しやすく衛生的である。
- 自然給気：英国や北欧の住戸では自然換気システムが採られている。暖房には放熱器が使用される。窓を開けずに新鮮な空気が取り入れらるように給気口が取り付けられている。
- 空気洗浄器：化学物質に過敏な者のために、空気清浄器を備える場合もある。
- 制御の重要性：臭気の制御は、日ごろからのスタッフの努力と失禁対策プログラムから始まる。
- 清掃機器：最新の業務用清掃機器を用いれば、高価なカーペットから汚れや臭気を完全に除去できる。
- 防湿仕様の生地：新素材の生地や、最近の汚れの洗浄法には優れたものがある。
- 水流：屋内にある水流や噴水が失禁を促すことがある。
- 家具やカーペットの取り替え：カーペットや家具を定期的に取り替えられるように、その予算を留保しておくことが望ましい。

10
適応可能な環境

入居者の衰えの重度化やニーズの高度化に環境やサービスが適応するように、施設が改修できることが望ましい。

ベッドから見えるトイレ：引込み戸越しに見えるバスルーム（ゴッダード・ハウス、p.173）（Photo：Edward Jacoby Photography）

合理性

入居者が施設でできるだけ長く余生を送るには、より安全で利用しやすい環境に改善できることが求められる。それには、バスルームやキッチンの安全性や使いやすさを、彼らのニーズの高度化に適合させることである。入居者に車いすが必要になれば、改修は大規模になる。それまで歩行の助けになっていた家具もじゃまになり、今度は取り除かれる。

設計と運営への適用

- バスルームの改修：バスルームでは、握り棒の追加や照度を上げたり、シャワーや便器を使いやすくすることが重要である。
- サービスの適応：環境の改善に加えて、パーソナルケアサービスの回数を増やし、質を上げることが大切である。
- 車いすでの利用：車いすを利用するようになっても継続して部屋を使用できるには、改修が欠かせない。それには、シャワーエプロンの撤去や便器の高さの調整などがある。床仕上げの異なる部屋への移動がスムーズなことや、洗面台の幕板を取り除けることも重要である。
- リフトレール：北欧では、あとからでもリフトレールを取り付けられるように、天井に補強材が入っている。リフトがあれば、ベッドから車いすやトイレへと入居者を楽に移動できるようになる。
- バスルームの広さ：車いすで介助されていても利用しやすいように、十分な広さが必要である。105cm幅の引き戸があれば、廊下からの出入りは楽である。
- 撤去可能なキャビネット：キャビネットが、車いすでのバスルームの使用の障害になる場合もある。あとから取りはずせるような設計が望ましい。
- 年齢の変化：入居者は毎年0.3～0.5歳ずつ高齢化する。それに伴うニーズの変化に、施設が対応できるようにすべきである。
- 「生涯生活のためのアパートメント」：オランダでは、自立型の住戸を養護型に改修できるように設計されている。バスルームは、ストレッチャー対応型の浴槽を据えられるほどの広さである。寝台でも通過できる入り口の親子扉は、115cmの幅がある。キッチンカウンターや洗面器は、電動で高さの調整ができるようになっている。
- ケアレベルの高度化と移り住み：CCRC（継続ケア付き高齢者コミュニティ）では、ケアレベルが高度化すれば、それに応じた仕様の住戸へと入居者は移り住まなければならな

い。しかし北欧では、高度化しても同じ住戸で暮らせるようになっている。
- ロールインシャワー：北欧のシャワーは、バスルームの床の隅に排水口が設けられたロールインタイプである。車いすの利用者でも、シャワーチェアに座り換えて使えるようになっている。
- トイレの握り棒の調整：自立した生活では、ひとりでトイレを使用できることが基本である。握り棒を最適な位置に付け替えられるように、壁下地にはベニヤ板を用いた。入居者の筋力が異なれば、握り棒の高さや角度もさまざまである。体を押し上げて立つ者もいれば、引き上げる者もいる。
- 病院用ベッド：スタッフが安全に入居者を移送する手段である。北欧では、歩行障害を抱える入居者には病院用ベッドが支給される。

11 地域に開かれた施設

シニアリビングは入居者が余生を送るためだけというより、地域の高齢者にもサービスを提供するなど、彼らが抱えるさまざまな問題を解決する場でもある。

合理性
北欧のシニアリビングは、地域のニーズにも対応する。シニアリビングは、居住機能を持ったサービスセンターと考えられている。サービスハウスは、高齢者ができるだけ長く自宅で暮らせるように、彼らを支援する。

設計と運営への適用
- 子どもたちのデイケア：これを併設することは、入居者にとって好ましい。また施設も、高齢者だけでなく地域にも貢献するものとして、コミュニティに受け入れられるようになる。

毎週催される「市場」：外出が難しい入居者向けに販売される果物や野菜（フマニタス・プロジェクト／オランダ・ヘンフロ）

- ショートステイとリハビリテーション：ショートステイのリハビリテーション設備があれば、発作の後遺症を抱えていたり、療養期にあって自宅での生活が不安な者などには、特に便利である。これらのサービスはパーソナルケアを必要とする者にもまれに利用される。理学療法やエクササイズなどは、入居者と共用されるサービスである。
- ホスピスケア：ターミナルケアに関する専門技能者やサービスを抱えるシニアリビングもある。
- 用途地域の問題：複合施設では、用途地域と施設名称が問題になることがある。またコミュニティセンターなど公共性を帯びた施設を併設する場合、駐車台数や交通処理に関する明確な基準がない。これが複合施設の設立を憂慮する要因となることがしばしばある。
- 緊急コールシステム：北欧では、サービスハウスが地域の緊急コールシステムを管理している。日ごろから住民の状態を把握しているので、緊急時の対応が適確にできる。
- コミュニティレストラン：北欧では、地域住民にも開放されたダイニングルームがあることで、彼らにとって施設が身近な存在になっている。
- スイミングプール：フィンランドやスウェーデンのサービスハウスには、スイミングプールが設けられている例が多い。公共にも開放されており、設置資金や運営費用は自治体との折半によって賄われている。幼児や発達生涯者、新生児のケアにも使用されている。
- 外出：自己充足的すぎる施設から、外の銀行やレストランなどに出向くことも大切な日常である。
- 複合施設：米国では、商業施設とハウジングの複合化が普及してきている。これは、ヨーロッパの市街地では以前からあったことである。クリニックや薬局、小売店などが併設されていれば、特に便利である。
- 隣地との関係：敷地内の遊歩路と道路の歩道に一体感があれば、地域との連帯感が生まれる。隣接するショッピングセンターへの通用口があっても同様である。
- 地域イベントへの協力：選挙投票などの地域イベントに、施設を開放するような地域貢献策もある。

12
環境のバリアフリー化

アクセシビリティが求められる場所では、ユニバーサルデザインが欠かせない。

合理性

25〜40％の入居者が歩行器や車いすに頼っている。彼らに適した、床の段差の調整や仕上げの選択、部屋の広さや廊下の幅の検討が求められる。公平と自由、単純さ、わか

2か所に引き戸がある住戸：どちらの引戸からもベッドルームに入れるようになっている（エンシェトゥーネット・ボ・オグ・サービスセンター／ノルウェー・オスロ、p. 292）

りやすさ、融通性、手軽さ、使いやすい大きさと広さが、ユニバールデザインの7原則である。

設計と運営への適用

- 床の段差：高さや平滑性が不ぞろいな床は、歩行器や車いすに頼る入居者には難がある。
- 出入り口の敷居：出入り口の敷居が移動の障害になることが多い。高さ1.8 cm以下の敷居に、1：2以下で面取り処理を施すべきである。
- 屋内の段差：異なる床仕上げの継ぎ目は、できるだけ平坦にするべきである。段差があっても、0.6 cmが最良である。面取り処理が施された敷居を用いれば、1.2 cmまでは可能である。
- 共用トイレ：隣の機器との間に直径1.6 mの余裕を設ければ、車いすでも楽に利用できるようになる。介助するスタッフへの配慮も欠かせない。
- 空間の変化：空間演出では、床より天井の高さを変えることが望ましい。
- アダプタブルな住戸：幅広の扉や低い位置のスイッチ、調整可能な握り棒が備えられている。必要に応じて、握り棒の追加やベースキャビネットの除去が行われる。
- 弾力性がある素材：バランス感覚が乏しい高齢者には、常に転倒の危険がある。骨粗しょう症の者も多い。カーペットや弾力性を有するノンスリップのビニール床が適している。
- 斜路：斜路の脇に階段があれば理想的である。車いすには不可欠な斜路だが、それより階段を好む者もいる。最大傾斜は5％である。
- 十分な明るさ：バスルームや廊下での安全な歩行のために、十分な明るさが必要である。夜間のために、ベッドとトイレの間に常夜灯が欲しい。
- 操作が楽な機器：照明や空調、換気、給水設備には、操作性のよさが求められる。レバーハンドルや、大きく回しやすい操作具、革ひもの輪などは、関節炎を抱えている者にも使いやすい。

13 認知症のための環境

少数の入居者に専門スタッフがあたる認知症の高齢者のケアには、小規模で自己充足的な環境が適している。

合理性

認知症用の施設では、入居者を8〜15人から構成される小規模なクラスターへとグループ化することが理想的である。クラスターでは、比較的狭い住戸の代わりに広い共用スペースが設けられる。入居者の脱出防止にセキュリティシステムの配備が欠かせない。徘徊くせのある入居者でも屋内外を歩き回れば、彼らの不安も軽減される。

設計と運営への適用

- 屋外へのアクセス：庭やバルコニーに出られることが重要である。1階に庭があれば理想的だが、市街地では難しいこともある。
- 区画された安全なクラスター：認知症用のクラスターでは、同じような記憶障害を抱える者どうしをグループ化することが好ましい。できれば彼ら専用に区画を設けることが望ましい。
- 遊歩路と徘徊路：フラストレーションを抱えて歩き続けたい欲求に駆られた者が徘徊できるように、屋内に回遊路が欲しい。
- 寝るための部屋：認知症の高齢者は、共用スペースで過ごすことが多い。自室は主に排泄行為や寝るための場所である。
- 窓とバルコニーの安全対策：入居者が脱出しようとしないように囲いが必要である。また、脱出でけがを負わないような配慮も求められる。
- フェンスの高さ：少なくとも1.8mは必要である。屋内にいるスタッフの監視がきく位置にある庭が望ましい。
- ADL（日常動作）プログラム：食卓の支度や洗濯物の折りたたみ、簡単な炊事、皿洗い、ベッドメーキングなどのADLプログラムは、交流の手段にもなっている。

スタッフに伴われて買い物をする認知症の入居者：階下の食料品売り場で購入した食材を持ち帰って、クラスターのキッチンで調理する（ホーヘウェイ認知症専用施設／オランダ・ヴィースプ、p.281）

- 出入り口の安全対策：入居者の安全を確保するには、クラスターに開錠遅延装置や電気錠を設置する必要がある。入居後まもないうちは、自宅に戻ろうとする者もいる。
- ヨーロッパのクラスター：北欧のクラスターは小規模で、6～8人から構成されている。クラスターにはリビングルーム、ダイニングルーム、キッチン、屋外空間、アクティビティルームなどの共用スペースが配されている。
- 音楽のための空間：音楽を理解する能力は、重度化しても最後まで残されている。そのため、音楽鑑賞や歌謡はよく行われる。楽器や演奏できる場所が必要である。
- スタッフの研修：認知症の高齢者のケアは複雑で難しい。フラストレーションをやわらげたり、気をそらすための特殊な技能が求められる。
- 多様な認知症：認知症の入居者はそれぞれ個性的である。同じ対処方がほかの入居者には通用しないことが多い。また個人でも週によって症状が異なることもある。いくつかの療法を試しながら、最適なものを探り当てることが大切である。
- 感覚を刺激するコミュニケーション：スヌーズレンは、発達障害を抱える子どもへの療法としてオランダで考案された。会話にフラストレーションを感じたり、その能力が欠損している者に効果的である。

14
コンパクトな平面計画

短い廊下や分散型のクラスターによって、歩行難を抱える入居者の自立性を高めることができる。

合理性

不適切な環境が、高齢者の自立性を制限してしまうことがある。住戸とダイニングルームが離れすぎていては、彼らは介助なしで歩いていけない。これでは自立性が制限され、徐々に歩行能力の衰えが進み、やがて車いすに頼るようになってしまう。ダイニングルー

廊下を短く見せるさまざまな工夫：家具やアートワーク、天窓、植物などが配された廊下は多様性に満ちている（Photo：Jerry Staley Photograrhy）

ムがある1階やエレベーターに近い住戸を希望する入居者が多い。

設計と運営への適用

- 分散型のクラスター：分散型のクラスターを持つ施設では、複数のダイニングルームに食事を運ぶ手間が生じる。この問題の解決策として、2つのクラスターを背中合わせで配置する例が北欧には多い。
- クラスターでの料理の質の低下：料理を2次加工するクラスターでは、料理の質を保つことが難しい。質は再加熱によって低下する。質を優先するために、そこで素材から調理するには限りがある。
- 入居者の移動：歩行障害を抱える者を長い廊下で移動させるには車いすが用いられる。彼らをダイニングルームに近い住戸に移す必要も生まれる。
- 受動的な生活の改善：小規模のクラスターでは、歩行運動を継続できるような工夫が必要である。歩行は受動的なライフスタイルを改善し、身体能力の維持にも効果がある。
- 個人用の移動車：大きく場所をとるこの車には、他人に危害を及ぼす危険性もある。一度その便利さを知ると、運動で歩行する気がなくなることもある。
- 一息つける場所：一息ついてから次の行動に移れるように、15m以内おきにベンチやいすが欲しい。エレベーターと住戸の離隔距離は45m以内が理想的である。
- スタッフの増員：部屋からダイニングルームまで入居者を介助して連れていくのは、時間を要することである。一方、スタッフはこの食事前の時間が最も忙しい。入居者の高齢化とともにスタッフの増員が必要になる。
- エレベーターの配置：ダイニングルームの近くにエレベーターを設置すれば、アクセスが単純になり、移動距離も短くできる。
- 短い移動距離：多層階の施設では、1階やエレベーターの近くの住戸が最も好まれる。1階の住戸の数と配置が慎重に検討されるべきである。
- 中廊下：廊下を短くするために中廊下を用いることがある。中廊下と片廊下を交互につなげれば、部分的に自然光を採り入れられるようになる。

15
屋内外が接する領域

屋内外が接する領域は魅力的であり、そこでは交流が盛んに行われる。

合理性

屋内外が接する領域ではアーケードやポーチ、サンルーム、出窓、温室、窓際のベンチ、パーゴラなどの設置が考えられる。空調の有無はそれぞれである。静かな建物の端部や、

外気に触れられるバルコニー：窓を開放すれば周囲のランドスケープとの一体感を満喫できる。窓のデザインに特徴がある（ヴィダル・クリニック／スウェーデン・イエーナ、p. 288）

にぎやかな玄関の近くに配される。交流するにも、ひとりで過ごすにも最適な場である。

設計と運営への適用

- 屋内外の連続性：建物の壁際では屋内外の連続性が欲しい。
- 地面との連続性：サンルームとランドスケープに連続性を持たせるには、低い敷居を用いることである。これで、屋内の床と外の地面に連続性が生まれる。
- 大きな窓：入居者は日に三度ダイニングルームを利用する。そこに、ランドスケープやポーチ、パティオなどを眺められる大きな窓があれば大変魅力的である。
- ランドスケープの景観：本質的に人は自然の景観に引かれる。近景や遠景への眺めがある住戸が理想的である。
- 出窓：北欧では、屋内外に連続性をつくり出すために、出窓が頻繁に使用される。出窓は、外観の表情づくりにも役立つ。
- 玄関ポーチ：親近感がある表情づくりに、米国ではよく用いられている。しかし北欧ではまれにしか見られない。
- フレンチバルコニー：住戸にサンルームやフレンチバルコニーがあれば、安全に外を眺められるようになる。好天の日には、窓を開放して利用することも可能である。
- バルコニーとしての片廊下：幅広の片廊下に家具を置いても、さほど大きな問題は生じない。むしろそこは外を眺めて過ごしたり、交流のためのよい場所になる。
- アーケードとポーチ：外で壁際に座って過ごせば、爽快感を得られる。日陰や眺望、風よけがあり、すぐに屋内に戻れるような場所には人気がある。
- 建物際の空間：建物際には安心していられる場所が多い。それが街路や玄関の近くにあれば、そこで入居者とビジターの交流が生まれやすくなる。
- 片廊下沿いの住戸：片廊下では、眺めや明るさ、外との出入り口を確保することができる。住戸側の壁に窓が放たれていれば、そこから部屋に明かりを通せるようになる

16
入居者を支えるスタッフの働きやすい環境

ケアを提供しやすいことを前提に、建物の構成やデザインが検討されるべきである。

合理性

長期ケア施設では、スタッフの人件費が日常経費に占める割合が大きい。スタッフが効率的に働けないような設計を行えば、のちに重大な問題が生じる。設計には、スタッフオフィスや休憩室の利用のされ方、クラスターやケアマネジメントのあり方が反映されるべきである。優れたオフィスには機能性と入居者や家族にとっての親しみやすさが求められる。クラスターの規模は、スタッフと入居者の人員比率をもとに検討される。

設計と運営への適用

- プライベートな空間だが訪れやすいオフィス：腰壁や窓、ダッチドアを用いたオフィスには、廊下から見通しがきく。さらにそこにスタッフの仕事のためのプライベートなゾーンを確保することもできる。
- プレビューイングのためのダッチドアと腰壁：これらは家族とスタッフの会話を促進するのにも役立つ。また、プレビューイングにも用いられる。オフィススペースには、家族が訪れやすい雰囲気が求められる。
- 小さなオフィスの利点：「歩き回ってマネジメントすること」は、GE社のジャック・ウェルチが採っていた管理手法である。施設の管理者やマネジャーはオフィスにこもるより、スタッフや入居者を見回るべきである。これを行うには、小さなオフィスを廊下沿いに配することである。
- 専任スタッフ：クラスターに配属されたスタッフには、特定の入居者を任されるべきである。クラスターの規模とスタッフ比率が合致すれば、運営も効率的になる。さらに担当スタッフは、入居者の好みや彼らが抱えている問題を、身近に知ることもできるようになる。
- ユニバーサルワーカーと1人掛けの食卓：ユニバーサルワーカーによる運営が促進さ

ナースステーションに親近感を与えているダッチドア：袖窓付きのダッチドアはスタッフや入居者、家族などとの交流を促進する（サンライズ・オブ・セヴェーナ・パーク／メリーランド州）

れるには、1人掛けの食卓が欲しい。これですべてのスタッフが、食事の時間帯にダイニングルームに行きやすくなる。
- アクティビティルームにいるディレクター：アクティビティディレクターのワークステーションは、オフィスよりアクティビティスペースに置かれるのが望ましい。
- 快適なスタッフオフィス：スタッフオフィスに冷蔵庫や机、電子オーブン、自動販売機、トイレ、ロッカーが備えられていれば、そこで一息入れられるようになる。
- スタッフの柔軟な思考：限られた施設や設備を活用したアクティビティやイベントをさまざまに考えてみるべきである。施設はすべてのアクティビティに適するように設計されていない。そこでスタッフには柔軟な思考が求められる。倉庫や床の硬さが異なる多目的スペースが数か所あれば、プログラムの幅も広がる。
- 学生インターンやボランティア：プログラムに若者が参加すれば、施設に活気が吹き込まれる。老齢学や社会活動、アートセラピー、理学療法、エクササイズなどの分野で学ぶインターンが望ましい。
- ボランティアに価値を置く文化：報酬を求めないで他人に役立とうとする人材が育成され、推奨され、そして報われるべきである。ボランティアには家族がなることもある。ボランティア活動を促し、ひきたてるようなプログラムが欠かせない。

17 感覚を刺激するアクティビティと美容

生活に楽しみを与えようとする試みは、入居者や家族からも支持されている。

合理性

病院の生活が楽しくないことは、そこに人間性が欠如しているからともいえる。病院では、おいしい食事や心地よい入浴、異性との交流、美しい庭、身だしなみ、美容などへ

療法として使用されているスパ：スパでのエクササイズのあとに、マッサージが受けられるようになっている（ヴィーグス・エンガル／スウェーデン・ショーピンゲブロー、p.288）

の関心が極めて低い。これまで医療分野では、それらはある種の快楽とされていた。しかし最近は、その重要性が再評価されるようになってきた。

設計と運営への適用

- 楽しい入浴：気泡浴槽は入居者をリラックスさせる。これは寒くプライバシーのないナーシングホームとはまったく異なる入浴法である。
- 暖かい浴室：無機質なタイルに囲まれて寒々とした浴室は、ナーシングホームの特徴のひとつである。部屋を暖めるラジエーターやヒートランプがないこともしばしばである。
- 食事の質：食事の質や味、見た目は高齢者にとって大変重要である。食事ほど多くの感覚に訴えかけるものはほかにはない。また、食事は記憶や関連を呼び覚ます糸口にもなる。
- 気持ちのよさ：ベビーブーマーの高齢化によって、美容や個人の見ための魅力がこれまで以上に重視されるようになる。それには整髪や化粧、衣類、香水、ネイルケア、ペディキュアなどがある。
- マッサージ療法：北欧では、筋肉や結合組織をほぐす療法である、スウェーデン式マッサージが普及している。
- スヌーズレン療法：認知症のためのスヌーズレンでは、言語に頼らないさまざまなコミュニケーションが試される。
- 芳香療法：臭覚への刺激が、記憶を呼び覚ますことがある。臭覚は最後まで残る感覚のひとつである。
- 柔軟な素材：やさしい感触の生地や羊毛、ぬいぐるみなどは、失禁での汚れを恐れてほとんど使用されていない。しかしこれらを消耗品として考え、定期的に更新しながら用いるのも妙案である。
- 快適なベッド：入居者は多くの時間をベッドの上で過ごす。特に、睡眠障害を抱えている者には、マットレスやリネン、枕、ベッドライトなどの心地よさが大切である。
- 音楽療法：音楽を聴いて過去を連想し、それで安心する者もいる。音楽は末期の認知症の者にでも理解でき、ほかの高齢者にも楽しまれている。
- ユーモアと愛らしさ：ナーシングホームの環境は無機的で素っ気ない。ユニークな空間や状況をつくったり、動物や子ども、植物、ペットなどを活用すれば、環境に変化と活気を与えられる。

18
受動的な娯楽、能動的な娯楽

交流を生じさせるにはきっかけが必要である。アクティビティはそのよい機会である。

風変わりな「南洋の楽園」：海辺の絵と藤のいすでしつらえられた廊下。人が近づくと模型の鳥が羽ばたくようになっている（ホーヘウェイ認知症専用施設／オランダ・ヴィースプ、p. 281）

合理性

時間をもてあましがちな高齢者は、退屈で憂うつになりやすい。そこで、さまざまなアクティビティが必要になる。小グループを対象としたアクティビティが望ましい。人気のある映画や音楽鑑賞は受動的な娯楽である。一方、ガーデニングや太極拳は能動的なものである。トランプ遊びやゲーム、記憶ゲームなど知性を刺激するアクティビティも考えられる。

設計と運営への適用

- 娯楽室：100チャンネル以上のテレビ番組を視聴することができる。サラウンドスピーカー付きの大型スクリーンが、ビデオやDVD、CDプレイヤーと結ばれている。
- 小グループのアクティビティ：アクティビティプログラムの幅が広げるには、小グループ向けのさまざまなクラブを重視することである。大グループにはビンゴゲームなどがあるが、種類は限られてくる。ひとりでできるアクティビティも大切である。
- 音楽鑑賞：音楽は人気がある。これにはレコード鑑賞やライブがある。ピアノやジュークボックス、大型テレビなどが娯楽室に必要である。そこは講演会や祝祭日の式典、スタッフの研修、懇談会などにも利用される。
- コンピューター：娯楽やコミュニケーションにはコンピューターが欠かせない。入居者の年齢や経験にもよるが、彼らはゲームやEメール、音楽配信などにコンピューターを用いる。入居者と家族の連絡もEメールで行われる。北欧では、民族音楽を聴くのにコンピューターが使用されている。
- 他人の観察：他人の日常的なアクティビティを観察しながら過ごす入居者が多い。その対象には宅配業者やスタッフ、ほかの入居者、家族、それに友人などが挙げられる。
- 夏期休暇とバケーション：北欧には、サービスハウスなどの施設から出て、バケーションをとる習慣がある。数日から数週間のものがある。デンマークには、衰えのある者のためにリゾートコミュニティが用意されている。この間の介助の必要に備えて、介添人が同行する。
- ファミリーイベント：メモリアルデーや独立記念日、レイバーデーなどの祝祭日に、屋外で催されるのがほとんどである。ほかにはサンクスギビングやクリスマス、イースターなどもある。
- 日常的なアクティビティ：日に3〜5種類のアクティビティを用意している施設が多い。交流の糸口や、生活のリズムを与えたりする。

- 旅行：外出は気分転換になる。楽しいショッピングや観光、旅行などは刺激を与えるにもよい機会である。

19
安全と保安の確保

最新の防犯設備や防災設備、緊急コールシステムの設置が欠かせない。

合理性

入居者にとって施設の安全性は大きな関心事である。これには防火設備や避難設備、緊急医療体制、防犯設備、それに認知症者の処遇などがある。この点、施設の認定基準はよく整備されており、それに従って認可された施設には安心して入居できる。

設計と運営への適用

- 緊急コールシステム：音声を用いたコールシステムがあれば、スタッフも入居者も安心する。これにはコールボタンやペンダントが使用される。バスルームやベッド脇にボタンを設けることが不可欠である。双方向コミュニケーションシステムでは、スタッ

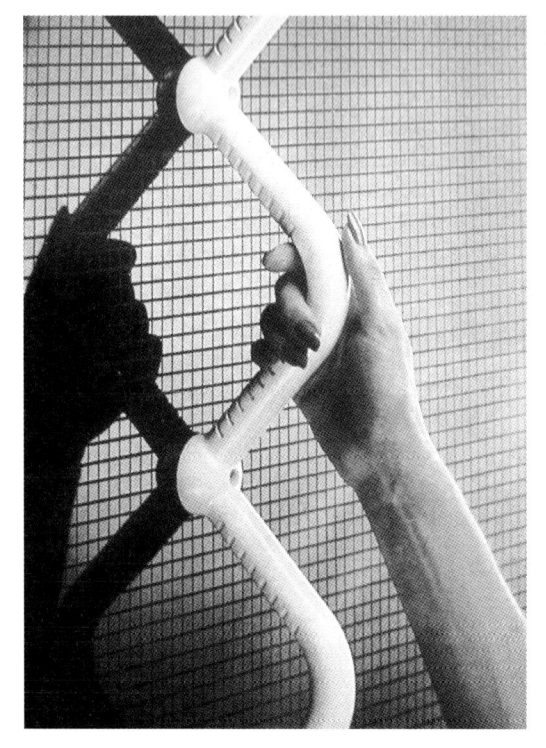

見慣れない形の握り棒：思わず触れてみたくなるようなデザインの握り棒

フが迅速に問題に気づいて対応できる。
- スプリンクラーと火災感知器：全館にスプリンクラーが備えられており、通報がスタッフと消防署に届くべきである。火災時に入居者を守るには、火災報知器とスプリンクラーが最も有効である。
- 廊下の防火区画：入居者を火炎や煙から守るのに、廊下が安全区画になっている施設が多い。廊下と諸室の区画には、防火扉やシャッター、スプリンクラー、防火ガラスなどが使用される。
- 非常用発電器：電力の不安定な供給や自然災害などによる停電に備えて、発電器が必要である。停電時にエレベーターやキッチン機器を可動させたり、非常照明を点灯させることが欠かせない。
- 屋外への避難の回避：入居者を各階の安全区画に避難させたあとに、消防隊が消火活動を開始するのが理想的である。衰えのある高齢者は、消火活動中に迅速に屋外に避難できないからである。
- システムの信頼性：最新の消化システムは、以前より安全性や信頼性が高く廉価である。防火設備や排煙設備を省略した施設は許されがたい。
- 認知症の保安システム：電気錠や開錠遅延装置を用いて外出の制御を行う。入居者を追跡できるような新しいシステムもある。
- 厳格な規則：入居者に自立性を与えることが重要である。過度に制限された規則的な生活では、彼らは次第に活気を失い無気力になってしまう。
- 防犯：窃盗は館内で起こることが多い。スタッフが人の出入りを監視しやすいように、防犯設計を行うべきである。
- 心肺蘇生トレーニング：患者を安静にさせ迅速に救急車を呼べるように、スタッフが訓練されているべきである。
- バスルームでのけが：バスルームは、住戸の中で最も危険な場所である。そこで入居者はひとりで移動したり、シャワーやトイレを使用する。緊急時に備えてコールボタンの設置が欠かせない。

20
選択、制御、自発性、自立性の励まし

入居者が常に自立を促されるような建物のデザインや運営が求められる。

合理性
環境の選択や制御を入居者自身でできることが大切である。そこで、彼らが長年親しんできた趣味や興味を継続できたり、彼らのニーズやライフスタイルに合ったケアを提供できれば理想的である。それには、入居者の多様性を受け入れ、単一のプログラムを一

ダイニングルームの前室：ダイニングルームに入る前に様子をうかがうことができる

様にすべての者に適用しないことである。

設計と運営への適用

- 北欧のOp Maat（入居者の生活パターンに合わせたケア）：入居者の個性や習慣に合わせたケアの提供が望ましい。夜更かしや朝寝坊、深夜の入浴、テレビの前での食事、ワインなどを望めばそのようにさせる。これには、入居者のニーズにこたえるのに相応のスタッフ数が求められる。
- 喫煙室：喫煙の習慣のある者が安全に喫煙できる場所も欲しい。
- 相部屋の設計：なかには相部屋を求める夫婦や姉妹もいる。各自で空調や照明を制御できるような計画が必要である。相手の前を横切らないで、バスルームやトイレに行ければ理想的である。
- 尊厳と尊重：高齢者は、威厳と尊敬の念を持って処遇されるべきである。愛情も必要だが、子どものように扱うのではなく、尊敬の念を持って注がれるべきである。
- 自立性の促し：身の回りのことを自分でするように励ますことが、ケアの基本姿勢である。スタッフには、じっと手を差し伸べないでケアするような心構えが求められる。
- 共用スペースでのプレビューイング：部屋に入る前に中の様子をうかがえれば、そこにいる人たちとの交流に参加するかどうかを考えられるようになる。これには格子扉やガラススクリーン、袖窓が用いられる。
- 部屋の家具：自宅から家具を持ち込むなどして、入居者の大切な私物が置かれた個性的な環境づくりを励ますことが大切である。
- 改修可能な部屋：入居者が、バスルームやトイレ、ベッドルームなどをより安全で使いやすく改修できる権利を保有できれば理想的である。
- 入居者の役割：人に役立ちたいと思っている入居者に、ボランティア作業やリーダーシップを発揮できる機会を与えること。
- 緩やかな規則：ペットの飼育や家族の訪問時間、ビジターの宿泊などを制限しない規則が望ましい。

CHAPTER 4

今後の傾向

将来の予測は、不確実性が伴うものである。はずれることもあるし、あとからの新たな発見が異なる予測を生むこともある。にもかかわらず、未来を知りたがる学生や専門家は少なくない。ここに示されている「今後の傾向」は、誰もが留意すべき内容を3つの主題に沿って整理したものである。最初の10項目は、今後の米国のアシステッドリビングの成長とその要因に関するものである。最近の専門誌や会議で扱われたテーマや事業者や研究者、政治家による調査や報告が参考になっている。次の10項目は、施設の開発や設計に関するものであり、これまでの設計経験や視察がもとになっている。最後は、最近の北欧に見られる傾向で、今後のシニアリビングのあり方を示唆する10項目である。

米国の一般的な傾向

次の10項目は、最近の変化への観察や他分野の専門家の予想に基づいて整理したものである。

認知症の入居者のためのぬいぐるみ：温水入りのびんが詰められているぬいぐるみ。重さとあたたかさから現実感を得られる（シルヴィアヘメット・デイケアセンター／スウェーデン・ドッティングホルム）

慢性的な疾患を抱えたり、医療に頼る高齢者が集まる施設になる

理由は以下である。

- 高齢者のニーズの高度化に対応しうるサービスを提供する施設が、彼らにエイジング・イン・プレイスを励ますようになる。
- 訪問ケアの技術が発展するおかげで、高齢者の自宅生活の期間が長くなる結果、施設への入居が先延ばしになる。
- 新薬が開発されて、認知症の高齢者でもより長く自宅にいられるようになり、入居が先延ばしになる。
- 高齢者をナーシングホームに転居させれば、彼らに混乱が生じてしまう。
- 最後まで入居者が同じ施設で暮らせるような制度が検討される。

重度化した高齢者のケアに関する制度整備への関心がより高まる

理由は以下である。

- 現在、ほとんどの者が自費で入居費を賄っている。これが広く公費によって賄えられるようになれば、埋もれた者を保護する制度が必要になる。
- 重度化した入居者に適した、制度の検討が必要になる。
- 現行制度の形骸化による問題が大きく公表され、制度の改正が検討される。
- 家族にも魅力的な施設になるように、新制度には彼らの視点が盛り込まれるようになる。

現在の医療保障制度の撤廃や新たな補助制度が活発に検討されるようになる

理由は以下である。

- 高齢者の30〜65％には、シニアリビングに入居するだけの経済力がない。
- シニアリビングが長期ケアの有力な選択肢になるので、そこに公的資金が向けられるようになる。
- 民間による長期ケアの保険が普及し、シニアリビングもその対象になる。
- 負担が少なく利用できるシニアリビングの普及を自治体が支援するようになる。

スタッフの研修と雇用にさらに大きな関心が向けられるようになる

理由は以下である。

- より高度で特殊な研修の必要と、スタッフの高い転職率が運営経費を高騰させる。
- 重労働に値する報酬が伴わないため、スタッフの雇用がより困難になる。
- さまざまな療法や新薬に関する知識を持ち、消費者の高い期待にこたえうるスタッフの研修が必要となる。
- 専門性に対する適度な報酬があれば、転職を阻止できる。

事業者の統廃合が進む

理由は以下である。

- ほかの産業分野と同様に、マーケットシェアの拡大を意図する企業が吸収・合併を促進する。
- 1990年代の中ばに立地にかかわらず急激に事業を拡大した新興企業は、入居率や資

天井の植物と天窓：温室を似せた空間である（サンライズ・オブ・ミッション・ヴィエホ、p. 184）

金繰りに問題を抱えている。
・独占的なチェーンオペレーションはまれである。

高齢者用ハウジングはさらに多様化する

理由は以下である。
・シニアリビングの事業者は、彼らが持つさまざまなサービスを部分的にも提供するようになる。
・地域での既存施設に対する評判がよければ、そこで新たなサービスを始めても成功する。
・高齢者用ハウジングは、シニアリビングの予備的位置づけになる。
・サービス付きの高齢者用ハウジングへの求めが増加する。

効果的な新薬物療法が入居者の属性に影響を与える

理由は以下である。
・新薬が開発され、高齢者はより長く自宅で生活できるようになる。
・訪問サービスによるケアが難しい認知症は、施設での対象となる。
・新薬が寿命の長期化を促進し、同時にそれに依存する期間を長くする。

負担が少なく利用できる良質な環境と運営を求める消費者の性向は変わらない

理由は以下である。
・長期ケアの分野で、シニアリビングは消費者主導型の市場を形成した。

- 消費者は、さまざまな長期ケアのあり方を学習し、選択できるようになってきた。
- 消費者の感覚は鋭敏になり、彼らのニーズに最適に応じられるものを求めるようになる。
- 選択肢が増加することで、住み慣れた地域の施設で暮らせるようになる。

高齢者や家族の意見をより反映したサービスが提供されるようになる

理由は以下である。
- シニアリビングは、消費者の発意を適確に反映しながら発展してきた。
- 消費者の嗜好性をこれまで以上に尊重したサービスや環境が提供されるようになる。
- 新しいアイデアが成功するか否かは、彼らに受け入れられるかどうかである。

米国のケアモデルが他国に輸出されるようになる

理由は以下である。
- このモデルの実施例や評価を蓄積している国は、米国と北欧以外ではまれである。
- 資金力と経験豊かな米国の企業は、世界市場に積極的に進出する。
- 富裕層の高齢者の増加と、彼らを世話する家族の減少が、このモデルを世界に普及させる原動力になる。

米国の建築傾向

次の10項目は、最近の建物の傾向、斬新的な試みへの観察に基づいて整理したものである。

新築を好む事業者が多い

理由は以下である。
- 新築の建物は、既存施設を改修したものより資産価値が高い。
- 新築では立地を選択や建物の設計が自由である。
- ケアやサービスをさらに効率的に提供できる施設が求められる。
- 新たな運営や体制の実施には、新築が適している。

ケアの方針が建物のデザインをより左右するようになる

理由は以下である。
- スタッフが効率的に働けるかどうかは、その人員配置や入居者の残存能力のレベル、クラスターの規模次第である。
- 日没症候群や徘徊の原因を究明できれば、その症状を軽減する環境を提供できるようになる。
- ユニバーサルワーカーには分散配置が適している。また、ほかのスタッフィングでは、ダイニングルームの2人掛けの食卓が欲しくなる。

施設にはボランティアや家族の意向も反映されるようになる

理由は以下である。
- 家族にとっても魅力的かどうかが、施設の成功を大きく左右する。

名前と顔を覚えるためのスタッフの写真：玄関脇に掲示されている（パタヤヴェシ・サービスハウス／フィンランド・パタヤヴェシ、p. 290）

- 地域ボランティアを引きつける施設が理想である。家族参加の機会が増えれば、プログラムの幅が広がる。
- 家族や友人との交流を通して、入居者は幸福と満足を感じる。交流が促進するように設計された施設には、彼らが頻繁に訪問するようになる。

立地と建物のイメージがますます重視される

理由は以下である。
- 強くサービスを求めている市場環境でのプロジェクトは成功する。
- 建物の外観のよさは大切な要素である。
- 恵まれた立地環境での魅力的な建物には、高い資産価値がある。

プロジェクトが入居者ごとの指向に合った魅力を持つようになり、多様化する

理由は以下である。
- 施設の魅力は見映えや立地、規模などに左右される。
- さまざまなサービスや住戸、残存能力ごとに異なるケアプラン持つプロジェクトには、幅広い選択肢がある。
- 今後の建物は、特定の入居者や家族の指向に合わせてつくられるようになる。
- シニアリビングにおける多様性は、今後も拡大の一途をたどる。

ケアを補助する機器が普及する

理由は以下である。
- 人件費を抑えるために、機器が積極的に導入されるようになる。
- 健康と安全への関心が増大する。スタッフを腰痛から守るためにリフトが普及する。

- コンピューター制御のリフトや車いすが開発される。それらはエクササイズにも利用されるようになる。
- 高齢者の機器への依存度が高まる一方で、彼らに運動を促す機器も現れる。

コンピューターテクノロジーの発展が監視や入居者との対話、診断を促進する

理由は以下である。

- 入居者の安全や健康を監視するシステムの導入によって、人件費が抑えられる。施設は、高度な研修を受けた少数のスタッフによって、運営されるようになる。
- 監視システムのおかげで認知症者の生活の自由度が増し、自宅に長くいられるようになる。
- コンピューターと電話、テレビが融合して、高齢者でも難なく機器を操作できるようになる。
- 必要なときだけ「ケアを注文」できるようになり、ふだんは自立して生活を送れるようになる。

より安全な建物になる

理由は以下である。

- より操作性に優れた廉価な防災設備が開発される。
- より高性能の煙感知器やスプリンクラー、非常用発電機、セキュリティ、コールシステムが使用されるようになる。
- 安全はいつでも最優先事項である。

住み慣れた自宅のような環境への重視が続く

理由は以下である。

- シニアリビングは、入居者や家族にとって魅力的な環境を提供し続ける。
- 親しみやすさや居心地よさを、入居者が求め続ける。
- 自宅のようにデザインされた施設では、入居者同士や家族、スタッフとの日常的な交流が生まれやすい。

美しさや気持ちよさが大切になってくる

理由は以下である。

- 次世代の高齢者は、自身の見映えを気にする。自分の姿を褒められると、上機嫌になる。
- 現在の整髪や染髪、ネイルケアなどのサービスに加えて、ペディキュアやエステ、マッサージ、スパなどが普及する。
- 部屋のクロゼットの容量が増大する。

北欧の傾向

次の10項目は、北欧のベストプラクティスを参考に、今後のシニアリビングのあり方を展望したものである。

リハビリテーションや理学療法、エクササイズがより重視されるようになる

理由は以下である。

- 歩行エクササイズやウェイトトレーニングの効果が明らかになってきた。
- ショートステイでもリハビリテーションや理学療法を受けられる。
- 生活とエクササイズや理学療法、リハビリテーションを融合すれば、積極性が生まれる。
- これらのサービスを地域に開放するのは、比較的容易である。

一時預かりやホスピス、リハビリテーションなどのショートステイが重視されるようになる

理由は以下である。

- これらのサービスは、地域の高齢者の自立性の維持に大きく役立つ。新築の施設には不可欠である。
- これらを有効に利用すれば、家族や高齢者との関係が改善される。
- 北欧では利用者の4分の1から3分の1はショートステイである。

シニアリビングは地域にもサービス提供するようになる

理由は以下である。

- なるべく多世代の地域住民をサポートすれば、高齢者だけの施設としての偏見がやわらぐ。
- 地域住民にも理学療法やデイケア、昼食を開放することは北欧では一般的である。
- 訪問ケアや自宅の改修サービスを通して、地域との関係を構築できる。

トレーニングキッチンと食卓：リハビリテーションで作業療法に利用されるキッチン（グンゲモーセゴー、p. 178）

住戸やバスルームはより広くなる

理由は以下である。
- ベビーブーマーの求めを予期してつくられている住戸は、ほかのものより9 m²ほど広い。
- 最も革新的なプログラムのひとつに、「生活のためのアパートメント」がある。高度なサービスを受けることも可能な広い住戸（60〜69 m²）に特徴がある。
- 引き戸やロールインシャワーは使いやすい。

重度化した高齢者でも、一般住宅のような施設で暮らせるようになる

理由は以下である。
- 北欧のナーシングホームの住戸は、米国のアシステッドリビングのそれに似ている。ナーシングホームの個室（25 m²）には、簡易キッチンがついている。
- スタッフの増員や研修の高度化を図るだけでも、現在のサービスレベルを向上できる。
- 入居者や家族は、より快適で楽しい住環境を求めるようになる。

ナーシングホームの個室は、アシステッドリビングの住戸に似てくる

理由は以下である。
- 米国のナーシングホームでは個室はまれだが、アシステッドリビングでは80〜90％の住戸がそうである。
- 北欧の最近のナーシングホームでは、ほとんどが個室である。
- アシステッドリビングの個室の普及は、それでも経済的にケアを提供できることを実

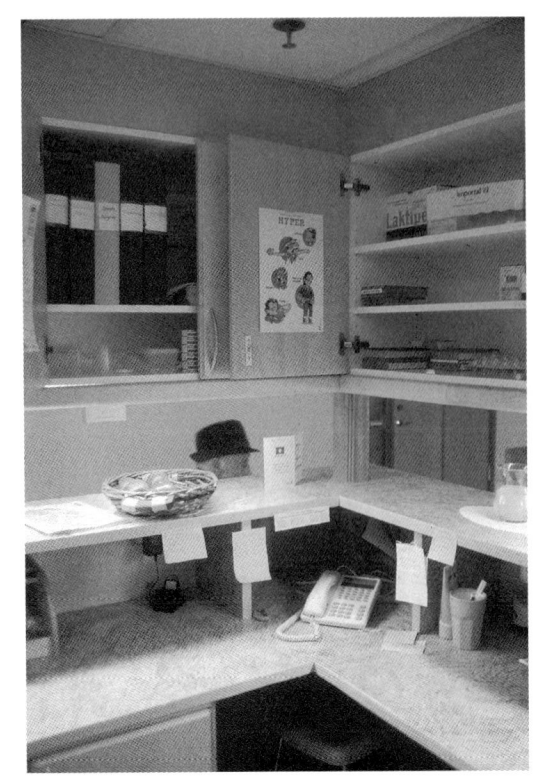

ナースステーションにもなるキッチンのアルコーブ：そこで作業できるように、ケアブックや薬品、電話が置かれている

証している。
- プライバシーがある個室では、家族の絆が保たれやすい。
- ナーシングホームでは個室が増加する。アシステッドリビングは、より重度化した者を対象にケアを提供するようになる。

デイケアが普及する

理由は以下である。
- デイケアに関する専門知識や、プログラムを持つ認知症専用施設が多くある。
- デイケアがあれば、高齢者が家族とともに自宅で生活できるようになる。その結果、アシステッドリビングへの入居の時期を遅らせることができる。
- 米国でデイケアが普及するには、補助制度の整備が必要である。

薬品やビタミン剤、健康食品、エクササイズを重視したウェルネスプログラムが発展する

理由は以下である。
- 寿命の長期化やウェルネス、健康的な高齢化への理解が深まれば、それらを促進するプログラムやライフスタイルを提供する事業者が増加する。
- アクティブなライフスタイルを求める傾向が強い北欧では、運動やリハビリテーション、理学療法が重視されている。
- 北欧の「人にやさしい建築」は、人間性豊かな生活環境の創出を目指している。

リフトで入居者をベッドからバスルームに移送するようになる

理由は以下である。
- 北欧の規定では、スタッフの健康や安全のために、歩行難を抱えている入居者などを移送する際、リフトの使用を義務づけている。
- この規則はやがて米国でも適用されるようになる。
- ベッドとバスルームを結ぶリフトレールが天井に取り付けられている。入居者の移送やベッドから車いすへの乗り換えに、リフトが利用される。
- 米国には、天井付け型よりロボットや油圧式リフトが発展する可能性もある。

住戸は小規模なクラスターへと分散化される

理由は以下である。
- ユニバーサルワーカーが最も効率よくサービスを提供できるには、それに応じた環境が必要である。
- 小グループの入居者どうしの関係は、家族のように親密である。そこでは彼らは平穏が、騒いだり混乱することもまれにある。
- クラブに参加すれば、ほかのクラスターの者とも交流できるようになる。
- いつも同じメンバーでいれば退屈してしまう。ほかの場所で違うメンバーと交流できるのが理想的である。

CHAPTER 5

シニアリビングのメガトレンド

最後の6項目は、これまでに本書で説かれてきた重要事項の要約である。広範な内容が集約されて簡潔に示されており、今後の傾向や役立つ要点を再確認できるようになっている。

家族の参加がシニアリビングの成功を左右する

家族のニーズや嗜好が反映されたシニアリビングならば、家族も好感を持てる。頻繁に訪れて、積極的に入居者の生活をサポートするようになる。家族にとっても魅力的なデザインと、家族の参加を重視した運営が大切である。そこに転居すれば、入居者の生活も家族との関係も改善される。家族参加の新たな形態として、スタッフと家族によるケアパートナーシップが考えられる。そこで、親の世話で悩みを共有している家族どうしの交流が生まれることもある。

入居者は環境を吟味する

建物のデザインが彼らの入居を動機づける。環境には、ケアやサービスの内容以上に影響力がある。一転して入居後は、ケアや運営の重要度が増す。環境が気に入って入居しても、サービスやケアが不満なために退去する者もいる。建設中のバリューエンジニアリングで、ランドスケープを貧相にしたり、家具の質や量を犠牲にするのは得策ではない。日々の経営努力の積み重ねで、縮減しようとしている建設費を賄うべきである。

「都会派」のための「アムステルダムハウス」：ライフスタイルが似通った11人がともに暮らしているクラスター。15種類のクラスターがある（ホーヘウェイ認知症専用施設／オランダ・ヴィースプ、p. 281）

ナーシングホームはアシステッドリビングに取って代わられる

北欧のナーシングホームの環境は、米国のアシステッドリビングのものに酷似している。北欧のナーシングホームの住戸は、バスルームや簡易キッチン付きの個室になっている。医療に高く依存する入居者をサポートするスタッフの比率は高いが、その環境はアシステッドリビングのようである。今後の長期ケアでは、アシステッドリビングが主流になる。最近のアシステッドリビングは、高度なケアを求める入居者をサポートできる設備を備えている。今後は、サービスの内容やスタッフの研修など運営面での高度化が期待される。ホスピスや亜急性期用の施設は、衰えが重度化した高齢者の拠点になる。北欧では、パーソナルケアを受けられる広い部屋（54〜72 m^2）を持つ施設として、アシステッドリビングが定着しはじめている。米国では、ナーシングホームは亜急性期用の施設として、またアシステッドリビングはナーシングケア用のものとして、さらにサービス付きハウジングはアシステッドリビングとして位置づけられるようになるであろう。

高齢者の認知症は医療の対象でなくなる

認知症の高齢者は、単に記憶障害のある者として扱われるようになる。新しい医療やテクノロジーの出現によって、彼らの行動もより自由になる。医療面では、早晩、認知症は関節炎と同じように扱われるようになる。かつての高齢者は、失禁の症状が始まるとナーシングホームに送られていたものだが、最近の廉価な失禁対策用品の普及によって、その常識は覆された。試験中の新たな医療が施されるようになれば、失禁による問題はなおさら軽減する。認知症の者が自宅かアシステッドリビングで暮らすようになれば、

回想療法に使用される博物館のような部屋：認知症の入居者との会話を促進する家事用品やアンティークの小物（ロヒヤン・ヴァンハインコチ／フィンランド・ロヒヤ、p. 290）

ナーシングホームに入居するのは終末医療に頼る身体障害者だけになる。

シニアリビングは地域に密着した存在になる

専門知識やサービス、それにパーソナルケアを地域にも提供しようとするCCRC（継続ケア付き高齢者コミュニティ）が現れはじめている。ケアサービスや連絡網、物品の宅配、監視があれば、住み慣れた自宅で自立した生活を続けられる。既に北欧にあるように、住居やサービスを提供するだけの役割を超えようとする事業者も出現するであろう。彼らは高齢者に快適で自立的かつ安全な生活の場を提供しながら、世話する家族を支援する組織として位置づけられるようになる。訪問ケアのほかに、緊急時の対応、自宅の改修、監視、電子機器などを提供するようになる。

入居者の生活は、エクササイズや理学療法に支えられてアクティブになる

北欧での特徴のひとつに、運動療法の重視がある。理学療法や作業療法、ほかのリハビリテーションにエクササイズ機器が用いられることが多い。これとは対照的に、米国では交流や娯楽、テレビ番組の視聴、誕生会などの受動的なアクティビティが多い。自立性の維持が困難になると、彼らは身の回りの世話をすべてやってくれる環境に移される。これでは高齢者の自律性が「親切さによって殺されてしまう」ことになる。受動的なライフスタイルでは、筋肉の衰弱や骨の粗密化が進行し、代謝が低下する。そして最後には歩行能力を失う。チェアエクササイズやガーデニング、歩行などの運動が重視されるべきである。運動機器を用いた理学療法も採り入れられれば理想的である。北欧ではこのような療法を利用したケアが行われている。

結びに

高齢化に関する会議でのプレゼンテーションのあと、笑顔の中年の女性が演壇に寄ってきたことがある。「この問題に真摯に取り組んでいる人がいると知って安心しました」と

キッチンの一部にある食卓：家庭的な雰囲気のなかでなごやかに食事をとれるようになっている（ロス・アンデッシュ・ガード、p. 210）

言って握手を求めてきた。さらに続けて、「私がケアを必要とするころまでに、あなたがいろいろと改善してくれることを期待しています」と語った。私はほほえみで返したが、彼女はそうでなかった。彼女は自身の問題として、ナーシングホームへの入居を考えている者のひとりである。誰もが否定したくなるが、末期にはナーシングホームの世話になる者が多い。単に女性であることで、彼女がナーシングホームに行く可能性は私より高い。

　私はこの本を、高齢者の居住環境に関心を寄せる建築家や事業者、資金提供者、学生、政治家などのために執筆した。彼らには終末期の高齢者や衰えのある人々のために、よりよい環境を整備してほしい。私は優れた建築デザインによって職場や家庭、地域などでの生活の質が向上すると考えている。ナーシングホームへの転居は、生涯で最も苦痛を伴う引っ越しといえる。住み慣れた自宅や庭、愛用の家具には多くの記憶が埋め込まれている。安全で住み慣れた居心地よい自宅から、プライバシーや自主性などがすべて奪われてしまう施設への転居のつらさを想像してみよう。

　「家」と「単なる施設」の違いは大きい。意味が吹き込まれて「場所」に対し、「空間」は三次元の物理的実態でしかない。個人的にも感覚的にも意味をまとった「建築」と即物的な「建物」の対比は、「家」と「住居」にもあてはまる。

　自宅で暮らせなくなった高齢者に、「家」のようなケア環境を提供する手法の探求が本書の核心である。この点、これまでの10年で一応の進歩が見られたが、今後さらにそのゴールに近づけることを期待している。

　本書で説かれている米国や北欧の成功事例を通して、現状の改善に気づかれた読者も多いことだろう。今後10年でさらに多くの人々が高齢化する。そのころのシニアリビングが、愛情に満ちた「家」のようであることを願ってやまない。

Appendix A

優れた施設のリスト

オランダ、デンマーク、スウェーデン、フィンランド、ノルウェーでの視察(1991年、99年)によって優れた特徴を持つと認められた100施設と、米国の主要な20施設の概要を紹介する。

オランダ

1. アントン・ピーケホフェ

    Anjstraat 1
    2034 ML. Haarlem
    Niek de Boer, Medical Director

1階の認知症のグループホームおよび2階のファミリーハウジングから構成されている、2層の建物。クラスターごとに運営されているグループホームには、回廊に囲まれた中庭がある。

2. ベルフジヒト

    Alexberg 2
    4800 DG Breda
    Jacques Smit, Housing Director

16戸のハウジングに隣接して立つ4層、42戸の施設。入居者と地域にサービスを提供している。廊下やブリッジは交流の場になっている。医療へのニーズにも対応できるように訪問医療のエージェントが入っている。

3. デ・ドリー・ホーフェン

    Louis Bouwmeestraat 377
    1065 NS Amsterdam
    Herman Hertzberger, Architect

国際的に知られている大規模な高齢者ケア施設。2層のアトリウムは入居者やスタッフが利用するタウンセンターである。施設内のブラウンカフェは人気がある。住戸の入り口前は玄関ポーチのようなアルコーブになっている。マサチューセッツ州にあるキャプテン・クラレンス・エルドリッジ高齢者住宅の原形となった施設である。

4. フレッセマン・センター

    Nieumarket 77
    1011 MA Amsterdam
    Anita Kinebanian, Manager

アムステルダムのニューマルクト広場の隣にあるニューアムステルダム様式の建物を改修した施設である。中庭はよく利用されている。出窓から道路のアクティビティを見下ろせる。

5. ハーフェンポーヘン

    Kerklaan 33
    3121 KC Schiedam
    Cees Reyers, Architect

エレガントな5層、100住戸のアパートメントである。築150年のフランケラント高齢者サービスセンターを増築したものである。スイミングプールやエクササイズルーム、パッティンググリーンが設けられている。入居者は、55〜66歳、65〜75歳、および75歳以上の年齢層ごとにグループ分けされている。若年層が高年層を助けるボランティアが奨励されている。

6. ホフ・ファン・オルデン

    Laan Van Orden and Teutonenstraat
    7300 AL Apeldoorn

Hans van Beek, Architect

4層分のアトリウムがある2棟のアパートメントが並んで建てられている。ガラスのアトリムには換気設備が備えられている。戸数の合計は120戸である。左右を廊下で挟まれたアトリウムは、一方が曲面形状、他方が平面形状のダイナミックな形状である。壁仕上げにはサイディングやれんがが用いられている。

7. ホフェ・ファン・スターツ

Jansweg 39-1
Haarlem
S.C. Goetemelk, Contact Person

1731年に建てられた住宅を改造した市街地にある施設である。中央に巨木が立つ中庭を20の住戸が囲んでいる。各住戸の天井には2層分の高さがある。脳卒中の後遺症を抱える者のために、リフトを備えているものもある。現代的な生活が営めるように室内が模様替えされている。

8. ホーヘウェイ

Heemraadweg 1
1382 GV Weesp
Pauline Baart, Directiesecretaris

160人の記憶障害者が10〜11人ごとに15のクラスターにグループ化されている。宗教や社会的地位、都市、郊外、ホームワーカーなどのライフスタイルごとのクラスターがある。クラスターのほかには、30以上のクラブが用意されている。1階の店舗で食材を購入して、クラスターに持ち帰って調理ができるようになっている。活気ある雰囲気の室内デザインである。

9. フマニタス・ベルグウェグ

Bergweg Plantsoen 19
3037 SK Rotterdam
Dick Pettinga, Marketing

ロッテルダムのダウンタウンに立つ4〜12層、195戸からなる「生涯生活のためのアパートメント」である。55歳以上、アシステッドリビング、およびナーシングホームの対象者が混在して住んでいる。中央のアトリウムは地域の高齢者にも開放されている。ハウジングは1階の店舗の上に設けられている。住戸から1階の奥にある療法室やスタッフオフィスへは、エレベーターを使っていく(p. 162)。

10. ヤン・ファン・デル・プルフ

Hooglandstraat 67
3036 PD Rotterdam
Elly Ham, Project leader

ロッテルダムの中心地にある小さな敷地に立つ、ガーデンアトリウム型の4層の施設である。アトリウムには換気設備が設けられている。ボランティアによる食事が地域にも提供されている。バルコニーには花が飾られている。

11. デ・キーケンディーフ

Kolkplein 1
1315 GW Almere-stad
Lammert Meyer, Head Nurse

ショッピングモールが隣接する敷地に立つ、明るく大きな4層分のアトリウムを持つ施設である。にぎやかな雰囲気のアトリウムにはカフェテリアと店舗が入っている。上階からはアクティビティを見下ろすことができる。好天の日は屋根を開閉できるようになっている。住戸は寝台が通過できるほどの幅の扉を備えるなど、一生涯暮らせるように設計されている。

12. デ・コルテナール

Kortenaerstraat 78
5703 EN Helmond
E. V. Moorsel, Director

2層分の「屋内街路」と明るいアトリウムを持つプロジェクトである。半円のアクリルドームが架けられている「屋内街路」は、高くて広い。明るい1階では植物が育てられている。

13. ムールヴェイク

Twickelstraat 120
2539 RB Den Haag
Hans van Beek, Architect

デ・ムーゼン

既存建物の改築による高齢者施設である。廊下の端部にあるアトリウムは、よく人が集まる休憩所になっている。そこにはせせらぎなどのさまざまな景色がある。フレキシブルに設計されている住戸には、可動式クロゼットが備えられている。

14. デ・ムーゼン

Louis Davidsstraat 166
1311 LW Almere
Hans van Beek, Architect

85歳以上の高齢者のための4層、165戸からなるコンドミニアムである。左右の建物に挟まれてアトリウムがある。アトリウムではハードスケープとランドスケープが同じ比率で配されている。壁のテラコッタが光と影に映えている。一方にコマーシャルセンターが、他方に都市公園が設けられている。

15. NZHテレイン・ヴォールブルグ

Van Wassenaer Hoffmanplein
Parkweg, Voorburg
Hans van Beek, Architect

もともとバスの操作場があった敷地に立つ、55歳以上の高齢者のための3〜4層、98戸からなる施設である。中央には楕円形の中庭がある。フレンチバルコニー付きの住戸は、入居者の高齢化に応じて改修できるようになっている。

16. オクラホマ

Ookmeerweg and Reimerswaalstraat
Amsterdam-Osdorp
Peter Stolwijk, Het Oosten

55歳以上の高齢者のための9層、100戸のハウジングである。87戸が廊下に沿って並び、残りの13戸がキャンチレバーで駐車場の上に突き出している。入居者の平均年齢は75歳である。近くにはサービスハウスがある。

17. デ・オファーロープ

Boogstraat 1
1353 BE Almere-Haven
Herman Hertzberger, Architect

ヘルマン・ヘルツベルハーの設計による、国際的に知られたプロジェクトである。住戸の入り口にはダッチドアや窓、飾り棚が設けられている。4戸が一組で廊下のアルコーブを囲んでいる。上下階はアトリウムによって結ばれている。最上階のチャペルの曲面が、道路から印象的である (p. 15、21、40)。

18. デ・ペルフロムホフ

Molenstraat 7
6900 AB Zevenaar
Mr Lucassen, Director

4〜6層、215戸の施設である。169戸がアパートメント、42戸がアシステッドリビングである。中庭を囲む建物の外観は明るい印象である。屋内ではパステル調の色彩が使用されている。屋上緑化による、グリーンアーキテクチャーである。入居に際して、サービス付きのハウジングかアシステッドリビングかを選べるようになっている。

19. デ・トーンラダー

Carousostraat 36
1301 Almere

Fenna Zuurman, Director

中庭を囲む2層、200戸からなる施設である。認知症用のグループホームなど、ほかにもさまざまなハウジングがある。やぎやりす、豚が庭で飼育されている。

20. フェルゾルヒンフスホイス・デ・ホーイエ

　　Von Zesenstraat and Dapperstraat
　　1093 BJ Amsterdam
　　Martin Spyker, Director

にぎやかな商店街に立つサービスハウスである。1階に入っている店舗が街路の景観形成に役立っている。最寄りのナーシングホームからの支援を受けられるので、入居者は最後までここで暮らすことが可能である。

21. Dr. W・ドレース

　　Morsestraat 19
　　2517 PM Den Haag
　　Wim van Schalk, Managing Director

5層、119戸からなるプロジェクトである。開閉式の屋根を持つ4層分のアトリウムは、地域にも開放されている。アトリウムに面して配されたアクティビティルームは明るい。廊下沿いではダッチドアが使用されている。

22. ウィールトレヒト

　　74-108 H. Chabotstraat
　　Sprange Capelle
　　Wil Bongers, Architect

20戸のタウンハウスと4層、18戸のハウジングが融合した施設である。55歳以上の入居者を対象にしている。タウンハウスの出窓は外観に豊かさを与えているばかりか、室内を明るくしている。ハウジングの間取りはすべての居室が反映している。洲室が標準（67 m²）より10〜20 m²、広くつくられている。

23. ウォーンヒューファル・デ・ブリンク

　　41-89 Talmastraat
　　Breda
　　Jacques Smit, Housing Director

3層分のアトリウムを持つ、75〜80歳の高齢者のための57戸のアパートメントである。隣接するリクリエーションセンターとつながっている。自分のアートワークで廊下を飾ることを励まされている。74 m²のワンベッドルームでは、入居者の20〜25％が夫婦である。

24. WZVアンホルツカンプ

　　Hovestraat 1
　　7475 CZ Markelo
　　A. Otten, Manager

小さな町にあるこの施設は、地域にも開放されている共用スペースを持っている。要養護者と要介護者が同居している。ここでは、エイジング・イン・プレイスが可能である。

デンマーク

1. ボフェレスケーペット・サンヴァイエン

　　Sandevejen 50
　　8600 Silkeborg
　　Anne Frederiksen, Manager

アトリウム付きのT字型、10層、10戸の施設である。身体障害者と高齢者のために設計された。屋内にはプライベートな空間と交流のための空間がある。アトリウムのテラコッタが美しい。

2. ダイネパーケン

　　Degneparken 15
　　4293 Dianalund
　　Kjeld Sørunsen, Technician

小さな町にある37戸からなるサービスハウスである。明るい2層分のアトリウムが、共用スペースになっている。さまざまな娯楽や治療がここで行われる。

3. ドロニン・アネ・マリー・センター

　　Solbjerg Have 7
　　2000 Frederiksberg
　　Niels Gjarstrup, Managing Director

421戸のハウジングと92戸のナーシングホームから

イーエリュー

構成されている施設である。入居者らによる自治委員会が設けられており、隔週でスタッフとの運営方針の話し合いが持たれている。

4. ドロニンゲンス・フェアリエビュー

 8500 Grenaa
 Claus Espeholt, Manager

身体障害者と子どもたちのための1層、46戸のホリデービレッジである。海浜沿いにあるこの施設は、4～6人が泊まれる75m²のコテージなどから構成されている。共用棟にはキッチンやダイニングルーム、アクティビティルーム、暖炉が設けられている。車いすでも利用できる桟橋があり、そこに行けば釣りや景色を楽しめる。

5. イーエリュー

 Egebjerg Bygade 34-72
 2750 Ballerup
 Birgit Lintrup, Nurse

アトリウム付きの2層、32戸の施設である。3種類のハウジング形式があり、そのうち14戸がナーシングホーム、10戸が公共ハウジング、および8戸がプライベートハウジングである。ハードスケープとランドスケープが施されたアトリウムには、池やカフェがある。ナーシングホームの入居者には、専用のダイニングルームが用意されている。

6. グールクローセンター

 Gulkrög 9
 7100 Vieje
 Anne Marie Henriksen, Physical Therapist

一般の通行人でも通り抜けられるように設計されている。共用施設は地域住民にも開放されている。ラウンジから、街の広場や歩道から敷地を通り抜けていく人の姿を見ることができる。

7. グンゲモーセゴー

 Mørkhøjvej 154
 2730 Herlev
 Annette Nicolaisen, Physical Therapist

ハウジングとサービス、若者と高齢者を融合した2層、100戸からなるプロジェクトである。理学療法や作業療法、医療を提供する地域センターや、住戸などが通路に沿って配置されている。アトリウムのレストランは入居者のダイニングスペースでもある。8戸からなるコハウジングも併設されている。

8. ホムレフーセネ

 1-3 Humlehusene
 2630 Albertslund
 Karin Rostgård, Nurse

記憶障害を抱える高齢者用の複合施設で、3棟のL字型の建物から構成されている。住戸はやや広く30m²である。身体障害を持つ子どものデイケアセンターやグループホームも設けられている。

9. レアケゴー

 Persillehaven 28
 Herlev
 Tove Kjær Jensen, Director

1層、24戸の施設である。入居者は3つのL字型のクラスターに8人ごとにグループ化されている。67m²の住戸には、大きな出窓がついている。デイケアセンターではショートステイも可能である。

10. マルグレーテロン

 Kong Georsvej 9-13
 2970 Horsholm
 Sis Hansen, Administrator

元は工場だった建物の改築による、35戸から構成されている施設である。住戸は3つのクラスターに

グループ化されている。Op Maat（入居者の生活パターンに合わせたケア）による運営方式が採られており、入居者自身で生活の計画を立てることが勧められている。

11. マリーエンデルスヴァイ

> Mariendalsvej 14-18
> 2000 Frederiksburg
> Ole Hersfeldt, Resident

5層、21住戸からなるH型の建物であり、55歳以上の高齢者が入居している。住戸構成は、ワンベッドルームが3分の2、ならびにツーベッドルームが3分の1である。雨水の再利用や太陽エネルギーが活用されている、グリーンアーキテクチャーである。屋上にはスイミングプールが設けられている。

12. ムレパーケン

> 25 Årslev Møllevej
> 8220 Brabend
> Bent Sjöstedt, Resident

2層、28戸からなるL字型のコハウジングである。住棟間でアトリウムが挟まれている。自室のキッチンで自炊もできるようになっている。多目的室では月に数回、食事が提供される。

13. ニューボダーゴーン

> Kronprinsensgade 61
> 1306 Kobenhavn K
> Lisbeth Andersen, Manager

アトリウムを持つ48住戸のナーシングホームである。この地区を構成している16世紀のハウジングと調和するように設計されている。広いバルコニーには家具を置いたり、そこから外を眺められるようになっている。

14. オリーベンヘーヴェン

> Munkevænget 10
> 6000 Kolding
> Jyette Elkjær, Director

10棟のL字型の建物から構成されている施設である。60戸が6つのクラスターにグループ化されている。そのうち4棟は中庭を囲んだ認知症用である。デイケアセンターには、スタッフがリフトの使い方を学べるプログラムが用意されている。

15. オムソースセンター・イーエゴーン

> Klausdalsbrovej 213
> 2860 Søborg
> Lone Streibig, Administrator

地域施設を併設している112床からなるナーシングホームである。共用棟と住棟に挟まれたガラスの空間は、交流やエクササイズ、読書などに利用される。

16. ローセンボーセンター

> Rosengade 1
> 1309 Kobenhavn K
> Sif Galagain, Assistant Manager

中庭とアトリウムが配されたナーシングホームである。ピラミッド形の天窓があるアトリウムは、午前と午後のコーヒータイムにも利用される。

17. リューゴーセンター

> Niels Andersens vej 22
> 2900 Hellerup
> Jannie Urban Hansen, Physical Therapist

地域サービスを併設している、87戸からなるサービスハウスである。中庭ではさまざまな理学療法が施されている。車路には芝生ブロックが敷かれている。

18. ソフィエロン

> Sophielund 25-27
> 2970 Hørsholm
> Dan Poulsen, Administrator

24戸の認知用住戸、127戸のサービスハウス、およびデイケアセンターから構成されている施設である。活気あるデイケアセンターにはさまざまなプログラムがある。ボランティアによる支援が行われている。ソフィ・プレイスでは、高齢の身体障害者用の機器やデザインが試されている。

19. ソルバッケン

>Ole Hansenvej 10
>4100 Ringsted
>Inge Petersen, Nurse

2層のデイケアセンター、ならびに1層、36戸のハウジングから構成されている複合施設である。6〜8戸のL字型のクラスターが5つある。現在は身体障害者用の施設だが、認知症用のクラスターが増築される予定である。

20. ストランロン

>Strandvejen 146
>2920 Charlottenlund
>Borge Koll, Director

バルチック海に近い公園に隣接する敷地に立つ共同出資形式のプロジェクトである。片側には公園の眺めが広がっている。歩車兼用の通路には芝生ブロックが敷かれている。

21. ソンヘルス・オ・クルチュアセンター

>Ankersgade 21
>8000 Århus C
>Grethe Krist, Activity Director

4層、87戸からなるL字型の建物である。週に300〜400人に利用されるレストランがある。理学療法室やトレーニングキッチンが設けられたデイセンターは、地域にも開放されている。保育園と子どもたちの遊び場が隣接している。

スウェーデン

1. BRFカプテネン

>Gråbovägen 37a
>441 51 Alingsås
>Karin Kastberg, Nurse

41戸のアパートメントおよび24住戸の高齢者ハウジングから構成されている、中庭形式の建物である。ランドスケープが施された楕円の中庭には、噴水やパティオが設けられている。高齢者ハウジングは8戸ごとにグループ化されている。そのうちのひとつは認知症用である。中庭の反対側は小さな専用庭になっている。

2. グルップボーエンデ・オルストガータン

>Orustgatan 16
>414 74 Göteborg
>Elisabeth Andersson, Manager

5層の建物の最上階に設けられたグループホームである。1970年代に建設された郊外の団地に新築されたものである。入居者の多くはベビーブーマーである。

3. グルップボエンデト・ストランド

>Skeppargatan 15
>671 30 Arvika
>Barbro Wilson, Director

L字型、2層のグループホームである。2階には一般家族が、1階には6人の高齢者が住んでいる。屋内の傾斜天井や木材による仕上げのおかげで、一般の住宅のような雰囲気である。

4. グルップヘーメン・ソールバケン

>Bergsmansveg 10-12
>430 90 Öckerö
>Rut Ludvigsson, Director

各8戸、2つのクラスターから構成されているグループホームである。キッチンが広く、自炊には便利である。スタッフがひとりで夜間巡回を行うには効率的な構成である。

5. グルドブレロップスヘンメット

>Tideliusgatan 16
>Sodermalm, Stockholm
>Ulla Nybons, Administrator

元からあった建物の20世紀初頭のよさを残しながら改築された、5層のナーシングホームである。44の住戸が、リビングルームとキッチンがある各階ごとにグループ化されている。1階が身体障害者用であるほかは、認知症用の階である。大きな食卓が置かれたダイニングルームからはバルコニーに出られるようになっている。

6. ハッセルクヌーテン

   Hasselknuten 5 A–F
   444 44 Stenungsund
   Inga Britt Johansson, Director

15家族が入っているL字型、2層の建物の1階には認知症の住戸が6つ配されている。フェンスで囲まれた庭がある。見通しがきくようにキッチンやリビングルーム、ダイニングルームがガラス壁で仕切られている。

7. クヴァテー・カールXI

   Källegatan 3
   302 43 Halmstad
   Stellen Eriksson, Architect

1階の廊下沿いにさまざまなアクティビティルームが配されたサービスハウスである。U字型の中庭には、中世にこの街を取り囲んでいた塀が利用されている。廊下からは中庭を望める (p. 58)。

8. ナヴェルビーン・ステーンベルヤ

   574 98 Vetlanda
   Rolf Andersson, Administrator

ハウジングとサービスが融合した施設である。サービスハウスには、レストランやアクティビティが用意されている。認知症用のグループホームでは、12戸でクラスターを構成している。ほかに保育園と店舗が併設されている。子どもたちの遊び場を見渡せるパティオへは、グループホームからも出入りできる (p. 64)。

9. ニクティステイン

   Ernst Jacobsgäten 7
   Malmö
   Inger Moller, Administrator

中庭を囲んでいる40戸のアパートメントから構成されている2層の建物である。廊下からは、中庭がよく見える。2階のバルコニーとその下の空間は、好天の日によく利用されている。毎月の大きなイベントのほかにも、日常的な交流プログラムが用意されている。

リクスダーレン

10. ポスティルヨーネン

    Videholms 3
    236 31 Höllviken
    Lotten Modeer, Administrator

中庭を囲んでいる2層、24戸のナーシングホームである。中庭は屋外のリビングルームとして、お天気のよいの日には利用されている。6人ごとの4つのクラスターが廊下で結ばれている。暖炉がある玄関ラウンジと、バルト海を望む2階の多目的室は施設全体の共用スペースである。幅広の扉や電動ホイストが備えられた居室は、エイジング・イン・プレイスを念頭に設計されている (p. 216)。

11. リクスダーレン

    Ekebergsgätan 3
    417 03 Göteborg
    Lisbeth Jensen, Administrator

2棟の各階に、それぞれ4戸が配されている20戸からなる施設である。1階には共用スペースやサービスセンター、デイケアプログラム用の部屋がある。2棟に挟まれて庭がある。通風に恵まれた住戸では、自然換気に頼っている。

12. ロス・アンデッシュ・ガード

    Rosgären 5
    137 S6 Västerhaninge
    Rose-Marie Geijer, Nurse

ストックホルム郊外にある2層、40戸の施設である。10戸ごと4棟に分散されている。1階は認知症用、また2階は身体障害者用である。アクティビティの

中心であるキッチンは、ナースステーションを兼ねている。高めに据えられた調理機器やキャスター付きの棚、中央の調理カウンターのおかげで炊事しやすい。訪問ケアの事務所も入っている(p. 210)。

13. ルンビー・サービスハウス

    Runby Torg 9
    194 40 Upplands Väsby
    Birgitta Pettersson, Director

ストックホルム郊外のショッピングセンターの近くにある複合施設である。1階にはクリニックと公共図書館が入っている。アトリウムのおかげで、ダイニングルームなどの共用スペースは明るい。

14. スネーストルプス・サービスハウス

    Ljungbyvägen 28
    302 Halmstad
    Stina Åsen, Leader

美しい庭とその周囲の田園風景を望む8戸の小規模なサービスハウスである。パーゴラ付きのポーチには、朝日が差し込む。

15. ソールゴード・ナーシング・ホーム

    Storgattan 40
    51400 Tranemo
    Anette Åkesson, Director

ダイニングルームの周りで16戸がクラスター化されているナーシングホームである。クラスターは細分化され、リビングルームを囲んで4つの住戸が一組となっている。スウェーデン産のタイルが張られた暖炉で個性的なダイニングルームからは、中庭に出られるようになっている。

16. トーンヒューセット

    Åvägen 20
    412 51 Goteborg
    Barbro Thor, Manager

せっけん工場の跡地に建っている中庭形式の6層、121戸からなる施設である。管理棟はコミュニティサービスでも利用されている(p. 65)。

17. ヴァステルソール

    Fabriksgatan 17
    Jönköping
    Anna Brita Nilsson, Director

病院を改修したナーシングホームである。グループホームのクラスターが、各階に配置されている。入居者とスタッフが食卓でともに食事をする。骨董品が置かれている幅広の廊下には、親しみやすい雰囲気がある。

18. ヴィケルビーゴーデン

    Såvägen 10
    617 00 Skärblacka
    Lars Selevik, Administrator

オランダの方式を採り入れて改築されたナーシングホームである。分散配置されたクラスターが中庭を囲んでいる。各戸には専用のパティオが設けられている。中庭の一方が、周囲の庭へと開いている。

19. ヴィダル・クリニック

    153 91 Järna
    Sten Kristiansen, Administrator

「人にやさしい建築」の優れた例である。色彩や素材、窓のディテール、採光、照明による効果で、クリニックの雰囲気には温かみがある。アクティビティや観賞のためにある中庭が、重要な役割を果たしている(p. 144、259)。

20. ヴィーグス・エンガル

    Vigavägen 18
    270 33 Köpingebro
    Lillemor Husberg, Administrator

8つごとにグループ化された32の住戸から構成されている平屋の認知症専用施設である。仕上げのパステルカラー、青々としたランドスケープ、採光、および布製の照明器具によって、「人にやさしい建築」になっている。庭はランドスケープが施されている観賞用と、舗装が施されているイベント用の部分に分かれている。どちらも廊下からよく見える位置にある。マッサージコーナーや温水プールも設けられている(p. 53、249)。

フィンランド

1. アピアン・パルヴェルケスクス

Kangaskan 21
37600 Valkeakoski
Sinikka Paty, Leader

街の広場に向けて開いているU字型の中庭を囲む平屋の施設である。夜には、最上階の展望室のガラスからもれる明かりが印象的である。

2. ブラヘンプイストン・アスインタロ

Porvoonkatulo
00510 Helsinki
Kaarina Sainio, Director

1階に店舗やクリニック、保育園が入っている4層、55戸の複合施設である。半数の住戸からは子どもたちの遊び場を望める。

3. フォイベ・サービス・センター・アンド・アパートメンツ

Sairaalakatu 7
01400 Vantaa
Tarya Maenpaa, Director

サービスハウスや2〜5層のハウジング、9棟のテラスハウスから構成されている複合施設である。51戸のうち35戸は分譲用であり、ほかの16戸は賃貸用である。4〜5戸ごとのグループホームと10人の認知症用の棟も設けられている。サービスセンターのレストランや体育館、サウナ付きのスイミングプール、理容・美容室は地域の住人にも開放されている。

4. フォルクハルセン

Mannerheimintie 97
Helsinki
Viveca Hagman, Administrator

サービスハウスとグループホームから構成されている、スウェーデン語を使用する人々のための都市型複合施設である。4〜5層の建物には34〜71m²の77戸のサービスアパートメントが入っている。そのうち3分の2が分譲用、3分の1が賃貸用である。38人の高齢者が3つにグループ化されている。ビジター向けのプログラムも豊富にあり、多くのスウェーデン人がここで治療を受けている。リハビリテーションルームや講堂、スイミングプール、図書館、レストランも用意されている (p. 20)。

5. ゲルビー・ヴァステルヴィク・ヴァンフステンタロ

Kirjurintie 11
65280 Vaasa
Kati Saksman, Director

中庭を囲む21戸のサービスフラットである。平屋の住棟と、1階が共用施設で2階がアパートになっている2層の建物が、P字型に配されている。入居者の平均年齢は75歳で、エイジング・イン・プレイスが可能なように設計されている。外壁には地域の景観に調和した赤い黄土色が使用されている。周囲には手つかずの自然が残されている。

6. ユーヴァ

Sairaalatie 6
51900 Juva
Heli Muttilainen, Head Nurse

7戸ごとの2つのグループホームと、7戸のサービスアパートメント (42m²) から構成されている複合施設である。サービスセンターのレストランやデイケアプログラムは、地域にも開放されている。グループホームの住戸は21m²である。ヒューマンスケールで整えられた明るい廊下では、モニュメンタルなアクセントも使用されている。

7. カンツピ・サービス・センター

Salomonkatu 21B
00100 Helsinki
Helena Järvi, Administrator

30戸のサービスフラットとサービスセンターから構成されている複合施設である。350席のフェスティバルホールをはじめ、交流やアクティビティのための部屋がさまざまにある。スイミングプールと体育館が隣接している。施設の中央には保育園もある。アトリウムが上下階をドラマチックにつないでいる。

8. クーセラン・パルヴェルコティ

> Nuolialantie 46
> 33900 Tampere
> Anni Lvokkala, Director

アトリウムに面したスイミングプールを持つ、ガーデンアトリウムプロジェクトである。4戸ごとの認知症用のグループホームが2つ、4階にある。コミュニティサービスも提供されている(p.96)

9. ロヒヤン・ヴァンハインコチ

> Ojamonkatu 34
> 08100 Lohja
> Heli Virtanen, Administrator

認知症の高齢者用の住戸が57入っている施設である。入居者に刺激を与えるために、歴史的・文化的に意味あるものが置かれている部屋がある。改修では、20世紀初頭の家具や色彩、模様が用いられた。ここには1940年代に建てられたグループホームもあり、その様式やスケールには親近感がある。ADLプログラムが導入されている(p.277)

10. メッツァタティ

> Suokatu 5
> 41500 Hankasalmi
> Leena Kurra, Leader

14戸のサービスハウスに、保育園を併設したプロジェクトである。平屋に3つのクラスターが配されている。子どもと高齢者がともにダイニングルームで食事する。お互いに落ち着ける専用スペースもある。地域の高齢者向けにも食事が提供されている(p.221)。

11. オールド・ピープルズ・ホーム・アンド・ヘルス・センター

> Kuusitie 10-18
> 12100 Oitti
> Päivi Terävä, Social Services Director

42戸のハウジングと外来用の医療施設を融合した施設である。廊下で結ばれている4つのクラスターの中央には、それぞれピラミッド型の天窓がある。

12. パルヴェルケスクス・メリカーリ

> Pohjoiskaari 9
> 00200 Helsinki (Island of Lauttasaari)
> Paula Pohto-Kapiainen, Director

54戸のサービスアパートメント、20人が入居する2つのグループホーム、およびデイセンターから構成されている複合施設である。デイセンターにはダイニングルームやスイミングプール、エクササイズルーム、ビリヤードルーム、銀行、サウナが設けられている。グループホームには13人の認知症の高齢者と、7人のショートステイの利用者がいる。外にはヘルシンキの街並みが望める。

13. パルヴェルタロ・エシッコ

> Uitta Montie 7
> 20810 Turku
> Markku Jyväs, Director

株式共同組合方式のプロジェクトである。自治体との契約によって、スイミングプールとレストランが地域住人にも開放されている。4層分のアトリウムの壁にはペンキが塗られている。

14. パタヤヴェシ

> Teollisuustie 1
> 41900 Petäjävesi
> Helky Koskela, Director

サービスセンターと30人(28住戸)のグループホームから構成されている施設である。3つのウイングには、それぞれ専用庭が配されている。残りのウイングには診療所と医務室が入っている。サービスハウスにはダイニングルームや会議室、理美容室が設けられている(p.271)。

15. ソガ・セニオリケスクス

> Vähäheikkiläntie 2
> 20700 Turku
> Anne Simola, Marketing Director

3層、128戸からなるY字型の建物である。ランドスケープが施されたダイナミックな3つのアトリウムが、入り口付近で交差している。32〜62m²の住戸からは、バルコニーやパティオ、アトリウムに直

接出られるようになっている。屋内外プールや図書館、体育館、理容・美容室、娯楽室、ダイニングルームも設けられている。グループホームでは、入居者の状態に応じて4段階のサービスが用意されている。

16. ヴァンハインコティ・パルヴァケスクス・ヒンメリ

Palokunnantie 39
28130 Pori
Irma Roininen, Director

廊下の突き当たりに位置する2層分の高さの暖炉が特徴的である。保育園が併設されており、高齢者との合同プログラムも実施されている。ランドスケープが施された広大な敷地を活用したエクササイズが行われる。

17. ヴィヘルコティ

Kuusiniemi 13-15
02710 Espoo
Maire Koski, Head Nurse

アトリウム付きの3層、50戸のナーシングホームである。アトリウムの一部では、理学療法やエクササイズが行われている。アトリウムと庭を一体的に使ったイベントもある。

18. ヴィラ・ヴィクロ

Hanhitie 15
90140 Oulu
Maaija Skaffari, Administrator

8戸ごとのグループホームが2つ入っている平屋の建物である。入居者の半数は認知症である。クラスターにはキッチンやリビングルーム、ダイニングルームがある。バスルームの天井の板張りが魅力的な住戸である。地域のサービスセンターから食事が運ばれてくる。

19. ヴィランランタ

Kuorevirrankatu 13
74700 Kiruvesi
Erkki Strommer, Director

湖を望む50戸のサービスハウスとデイセンターから構成されている施設である。8戸ごとの5つのクラスターと、10人用のサービスハウジングが配されている。共用スペースやサービスは地域の高齢者にも開放されている。ダイニングルームやウィンターガーデン、ライブラリー、理学療法室、アクティビティスペースも設けられている。グループホームのクラスターではリハビリテーションやデイケアも可能である (p. 200)

ヴィランランタ

20. ヴィルヘルミーナ

> Taavetti Laitsenkatu 4
> 00300 Helsinki
> Leena Välimäki, Director

リハビリテーションセンター、認知症用ハウジング、サービスフラット、およびアシステッドリビングから構成されている大規模なプロジェクトである。建物は周囲の景観と調和している。さまざまな素材やボリュームが使用されている。低層部のディテールのおかげで、実際の高さより低く感じる。アシステッドリビングには、5人ごとのクラスターが3つ配置されている。共用スペースには療法室やスイミングプール、エクササイズ・理学療法室がある。認知症専用階では、日没症候群対策の試行として特殊照明が使用されている (p. 62、105、153、167、200、231)。

ノルウェー

1. ボイゲル・パ・バンケン

> Nedre Bankegatan
> 1750 Halden
> Thinh Huu Nguyen, Resident

18世紀の中庭形式のハウジングを改修した23の住戸が入る施設である。交流の場である中庭には、プライベートコーナーもある。多世代向けの施設であるが、過半の入居者は高齢者である。

2. ビーデル・ソンドレ・ノルドストランド

> Mortensrudveien 185
> 1283 Oslo
> Arilo Fossli, Architect

ボイゲル・パ・バンケン

敷地はオスロの市街地を見下ろす丘にある。5層、16戸のサービスハウジングと、96戸が8戸ごとに12のクラスターにグループ化された高齢者用住戸から構成されている。認知症用、ショートステイ用、および身体障害者用のクラスターが各4つ配されている。カフェやスイミングプール、リハビリテーションセンター、ライブラリー、訪問ケア事務所も入っている。各クラスターにはラウンジバルコニーが、住戸にはフレンチバルコニーが設けられている。将来、必要に応じて、サービスハウジングを4つのクラスターへと改修できるようになっている (p. 134、251)。

3. エンシェトゥーネット・ボ・オグ・サービスセンター

> Malerhaugveien 10/12
> 0661 Oslo
> Gurilngvaldsen, Director

1860年に建てられたマンションが、共用棟にあてられている。21戸のサービスハウジングと、16戸の認知症用を含む48戸のナーシングユニットが設けられている。地下に増設されたアクティビティセンターの上は広場や緑地になっており、地域住人にも開放されている。ハウジングやナーシングケア、認知症ケアなどのサービスが提供されている。

4. フォシュマンセンター

> Dronningsgatan 24
> 3200 Sandefjord
> Solveig Walloe, Resident

地域の高齢者のためのレクレーションスペースを持つサービスセンターである。1階には店舗が入っている。中庭の温室やレストランは、魅力的な談笑の場である。

5. ハッセルバッケン・セニオボリゲル

> Hasselbakkveien 5a-5c
> 7053 Ranheim
> Solveig Dignne, Realtor

20戸、28戸および16戸の3つにグループ化された、55歳以上の高齢者のためのハウジングである。2棟に挟まれてアトリウムがある。住戸の広さは、平均

78 m² である。住戸からバルコニーやパティオに出られるようになっている (p. 130)。

6. ハヴステイン・ボ・オグ・サービスセンター

Stabells Vei 4B
7021 Trondheim
Hans Frederik Selvaag, Leader

60戸のハウジング、プール、エルゴ療法室、理学療法・エクササイズ室、レストラン、ラウンジ、多目的空間、および幼稚園から構成されている複合施設である。ハウジングには、32戸のサービスアパートメント、9戸の認知症用クラスター、10戸のアシステッドリビング・ナーシング用住戸、5戸の精神障害者用住戸、および8戸の身体障害者用住戸がある。一般住宅のようなつくりの木造である。地域の高齢者もデイセンターを利用できる。

7. ホヤス・ボ・オグ・リハビリテーションセンター

Valhallaveien 74
1413 Tårnåsen
Inger Nyhus, Leader

街を見下ろす丘にあるこの2層の施設には、8戸ごとのクラスターが8つある。各クラスターは、カラーコードによって識別できるようになっている。クラスターの半数は認知症用である。ほかにショートステイ用、および身体に衰えのある高齢者用に3つある。デイケアやプール、理学療法センター、レストラン、理容・美容室、訪問ケアオフィスなどの共用施設も設けられている。天井の高い廊下がクラスターをつないでいる (p. 84)。

8. イレヴォレン・ボ・オグ・サービスセンター

Ilevollen 28
7018 Trondheim
Arve Wold, Leader

中庭形式の2層、20戸の建物である。道路に面したサービスセンターの背後にハウジングが配されている。ランドスケープが施された中庭では、談笑もできるようになっている。回廊が中庭を囲んでいる。屋根を架けて冬でも快適な空間にする計画がある。

9. レシャトゥン

2665 Lesja
Hans Hesthagen, Social Services Director

ノルウェーでは伝統的な木造の15戸の小規模なサービスハウスである。南側のバルコニーからは、周囲の山を望める。入居者が高齢化すれば、同じ敷地内にあるナーシングホームに移れるようになっている。

10. メルフス・オムソルイセンター

Nedre Melhus
7224 Melhus
Gravas Per, Leader

認知症用16戸、身体障害者用9戸およびショートステイ用9戸が入るサービスセンターである。スイミングプールや医務室、カフェ、デイケア、訪問ケアオフィス、理学療法室なども設けられている。U字型のハウジングの開いた一面からは外が望める。ハウジングとサービスセンターは、半円形の廊下で結ばれている。

11. ミットロッケン・ボ・オグ・サービスセンター

Kong Oscargätan 15
3100 Tønsberg
Ellen Otterstad, Director

プールやコミュニティスペース、レストラン付きの57戸のサービスハウスである。U字型の中庭の一面が公園に向けて開いている。入居者には、近くのシティセンターまでの歩行運動が勧められている。

12. ラウフォストゥン高齢者センター

Severin Olsens Vei 15
2830 Raufoss
Line Kjosbakken, Director

高齢者用の32の住戸が、裏のパティオへと続く中庭を囲んでいる。夏の草木の緑や冬の雪の白さに映えるように、外壁には伝統的な赤色が用いられている (p. 133)。

13. シィッタ・ボ・オグ・サービスセンター

Brennaveien 24

1481 Nittedal
Turid Henriksen, Leader

身体的障害を持つ若者、認知症や身体障害のある高齢者、およびショートステイが混在している30の住戸からなる建物である。木質系の繊細なディテールが施された屋内にはあたたかみがあり、一般住宅の雰囲気がある。サービスセンターには木工室やカフェ、エルゴ療法室、理学療法室、美術工芸室、理容・美容室、暖炉があるリビングルームなどが設けられている。

14. スメーズトルヴェイエン

Smedstuveien 7
7040 Trondheim
Solveig Dignne, Realtor

高齢化が進む地域にある3層、33戸のアトリウム形式の建物である。このうち自治体が取得した10戸は賃貸用である。自治体は将来、住戸を共用スペースへと改修する権利を保持している。60m²の住戸には、大きな浴室やウォークインクロゼット、広いバルコニー、浴室への2つのアクセス（リビングルームとベッドルーム）、広いキッチン、腰高の低い窓が備えられている。アダプタブルハウジングの融資基準に従って設計されている。

15. ウルヴォヤ・エルドレボリゲル

Pans Vei 1–5
0139 Ulvoya Oslo 1
Wilhelimae Warness, Resident

オスロに近い小島にある16戸のハウジングである。ポーチと玄関がアーケードで結ばれている。共用室は入居者や島の医師に貸与されている。住棟のランドスケープが施された中庭は、大変魅力的である。

アメリカ合衆国

1. アニー・マキシム・ハウス

700 North Avenue
Rochester, MA 02770
Karen Greene, Director

馬蹄形に配された高齢者集合住宅である。ポーチを通って、主な共用スペースに行けるようになっている。共用スペースでは読書や交流、食事、ゲームを楽しめる。12戸のユニットが、周囲のクランベリー畑の風景の一部に溶け込んでいる。

2. アーデン・コート

2505 Musgrove Road
Silver Springs, MD
Marty Kinkead, Executive Director

中央から4つのL字型のウイングが延びている建物である。12戸ごとのクラスターが4つ分散して配置されている。アクティビティルームやスタッフラウンジ、出入り口、メインキッチンが中央にある。回遊路がクラスターどうしを結んでいる。各クラスターには、相部屋にもなる住戸がひとつあるので、入居者は52人（48住戸で）になる。

3. サンライズ・オブ・ベルヴュー

15928 Northeast 8th Street
Bellevue, WA 98008
Barbara Nopen, Executive Director

コミュニティセンターや公園、店舗に囲まれた敷地に立つ4層、L字型の建物である。70戸のうち18戸は認知症用である。アーツ・アンド・クラフツ風の家具を使うなどで、屋内の雰囲気は親しみやすい。ワンルームとコンパニオンスイート（1人または2人で使用）、ワンベッドルームの3種類の住戸がある。ダイニングルームやパーラー、ビストロ、ホワイエ、ライブラリーには住宅のスケールが用いられている（p. 68、190）。

4. ブライトン・ガーデンズ・バイ・マリオット

2500 S. Roslyn Street
Denver, CO 80231
Judi Del Ponte, Counselor

マリオット・コーポレーションのプロトタイプであるH字型、3層の建物には、90戸のアシステッドリビングと25戸の認知症用の住戸が入っている。隣接して、45戸のナーシングホームもある。1階の共用スペースにはリビングルームやライブラリー、アクティビティスペース、美容室が配されている。

5. キャプテン・クラレンス・エルドリッジ高齢者集合住宅

   30 Pine Street
   Hyannis, MA 02601
   Bonnie Goodwin, Administrator

19世紀に建てられた館を増築した、20人のためのこの集合住宅である。アトリウムや上げ下げ窓、ダッチドアのおかげで住戸は明るい。互いに顔見知りの入居者どうしが、「助け合いネットワーク」をつくっている (p. 78、83)。

6. クレアブリッジ・オブ・ウィルマンズヴィル

   6076 Main Street
   Amhearst, NY 11412
   Adrian Guszkowski, Architect

3層、36戸の認知症専用施設である。2棟の中庭形式の建物に挟まれて玄関ホールが位置している。各棟にはダイニングルームや中庭、庭、アクティビティルーム、テレビラウンジが設けられている。6人ごとの3つのクラスターには親密な雰囲気がある。クラスターごとに、共用のバスルームと洗濯室が用意されている。ダイニングルームの隣にセントラルキッチンが配されている。

7. クーパー・リッジ

   719 Obrecht Road
   Sykesville, MD 21784
   Carol Kershner, Executive Director

60人の認知症の入居者が、20人ごとにグループ化されている。U字型のグループは、それぞれ10戸のユニット、キッチン、リビングルーム、およびダイニングルームを持つ2つのウイングから構成されている。3つの"家"はそれぞれ中庭を囲んでいる。回遊路に沿って、さまざま空間が配されている。各"家"には専用の庭や広場、ポーチがある。2つの大きな屋外空間が、建物周囲の遊歩路で結ばれている。ADLプログラムを使いながら、さまざまな試行が行われている (p. 20、155、195)。

8. クラウン・コーヴ

   3901 E. Coast Highway
   Corona Del Mar, CA 92625
   Sandy Fleschman, President

太平洋を望む丘の斜面に立つ5層、75戸の施設である。廊下の中央では、眺望が開けている。6つのクラスターには、認知症用や身体障害者用のものが含まれている。住戸の40%がオーシャンビューであり、最上階のものはバルコニー付きである。

9. エルダーホームステッド

   11400 4th Street North
   Minnetonka, MN 55343
   Jan Stenzel, Manager

農家を模してデザインされた29の住戸からなる小規模なプロジェクトである。4戸でひとつのリビングルームを共用している。共用スペースには、住宅のスケールが用いられている。ポーチから道路を望める (p. 107)。

10. サンライズ・オブ・フェアファクス

    9207 Arlington Road
    Fairfax, VA 22031
    Cody Tower, Executive Director

3層、47戸からなるL字型のヴィクトリアンハウスである。屋内外のデザインは、一般住宅のイメージで統一されている。空間のスケールも抑制がきいている。同じ敷地にあるメリット・アカデミーとの世代間交流プログラムを通して、入居者と子どもたちの交流が行われている。

11. ゴッダード・ハウス

    165 Chesnut Street
    Brookline, MA 02445
    Janet Cody, Marketing Director

75戸のアシステッドリビングおよび40戸の認知症用ハウジングから構成されている3層、115戸の施設である。建物の形が複雑なおかげで、量感が抑制されている。切妻壁やポーチ、勾配屋根、ドーマーウィンドウがスケール感の抑制に役立っている。認知症用ハウジングには、10人ごとのクラスターが4つ設けられている。入り口からダイニングルームに向かう途中に、さまざま交流の機会がある (p. 67、

109、173）。

12. ハーバー・ハウス

5900 Mockingbird Lane
Greendale, WI 53129
Kevin Mantz, Architect

2層、44戸からなるX字型の認知症用のハウジングである。4つの居住エリアと8つのウイングが配されている。居住エリアの規模は、効率的なスタッフィングに配慮しながら検討された。8つのウイングは、それぞれ固有のテーマを持っている。庭ではガーデニングができる。上階ではバルコニーに出られるようになっている。スタッフ用の机とヘルプカウンターが置かれたダイニングルームで、入居者は食事をとる（p. 93、113、205）。

13. メープル・リッジ・バイ・マリオット

1177 Palm Avenue
Hemet, CA 92543
Larry Meyer, Community Relations Director

14戸ごとの6棟の平屋のコテージから構成されている施設である。各棟にマネジャーの部屋が配されている。これらのうち2棟は認知症用のコテージである。大きなキッチン付きのコミュニティ棟ではイベントが開催される。ダンベル型のコテージの片側にはダイニングルームとキッチンが、反対側にはリビングルームが設けられている。

14. サンライズ・オブ・ミッション・ヴィエホ

26151 Country Club Drive
Mission Viejo, CA 92691
Barbara Morgan, Executive Director

3層、86戸の「家の中の家」では、認知症用ハウジングとアシステッドリビングが融合している。下の認知症用階には、10人ごとのクラスターが2つ入っている。ポーチやパーゴラがついたスパニッシュスタイルの建物の最上階には天窓があり、明るい（p. 184）。

15. ラックレフ・ハウス

655 SW 13th Avenue
Canby, OR 97013
Keren Brown Wilson, Contact Person

25の住戸からなる平屋の建物である。片廊下と中廊下が交互に中庭を囲んでいる効率的な平面は、アシステッドリビングのプロトタイプでもある。

16. サンライズ・オブ・リッチモンド

1807 North Parham Road
Richmond, VA 23229
Cameron Oglesby, Executive Director

独立した3棟の平屋の建物が、三日月型に配されている。2棟はそれぞれ16戸のアシステッドリビング、残りの棟は18の住戸が入っている認知症用である。屋根の形をいくつか組み合わせて、一般住宅のような外観をつくり出している。屋内では、アーツ・アンド・クラフト風のデザインが用いられている。リビングルームとダイニングルームの間には暖炉がある。H字型の各棟には、2つの庭が設けられている。正面のものにはランドスケープが施されており、背後のものはアクティビティスペースになっている。

サンライズ・オブ・リッチモンド

住戸エリアと中央部は回廊でつながれている(p. 76)

17. ローズウッド・エステート

2750 N. Victoria Steet
Roseville, MN 55113
Arvid Elness, Architect

ハウジングと訪問ケアサービスに併設された、68戸のナーシングホームである。3つのボリュームに分節されている建物の外観は、住宅のようである。

18. EPOCHアシステッド・リビング

4901 South Monoco Road
Denver, CO 80237
Kate Miller, Counselor

3層、96戸からなるX字型建物である。1階にはリビングルームやアイスクリームパーラー、ダイニングルーム、2階にはライブラリーやエクササイズルーム、理容・美容室、美術工芸室、カントリーキッチンなどの共用スペースが配されている。敷地形状に合わせたさまざまな長さのウイングから構成されている建物である。

19. ウッドサイド・プレイス

1215 Hulton Road
Oakmont, PA 15139
Arlene McGannon, Administrator

30の住戸からなる、自由に徘徊できる平屋の認知症専用施設である。納屋を模してつくられた多目的室へと続く遊歩路によって、3棟のコテージがつながれている。屋内では、一般住宅を思わせるディテールが用いられている(p. 15、124、141、152)。

20. ワインウッド・オブ・メリディアン

660 Woelfel Rd.
Brookfield, WI 53045
Kristin Hernandez, Resident Director

アシステッドリビングのプロトタイプである2層、60戸からなる施設である。住戸は3つのウイングに分散配置されている。10戸ごとのクラスターが6つある。各クラスターにはリビングルーム、アルコーブ、バスルーム、洗濯室およびダイニングルームが配されている。ユニバーサルワーカーが入居者の世話をしている。入り口に位置するパーラーと上階のダイニングルームが、共用スペースである。食事の提供に便利なように、建物の中央にダイニングルームがある。

Appendix B

そのほかの重要施設

以下に挙げる一覧は、初回と2回目の視察で訪れたり、さらに本文中で参照している100施設を紹介している。前掲の100施設には及ばないが、それでも固有の特徴を持つものばかりである。

オランダ

De Aanleg
Albert Verweyplein 30
3842 HH Harderwijk

De Boogerd
I-87 Prieelstraat
1628 Lt Hoorn n.h.

De Dennen
Huizerweg 140a
1402 AK Bussum

Dr. W. Drees
Morsestraat 19
2517 PM Den Haag

De Gooyer
von Zesenstraat and Dapperstraat
1093 BJ Amsterdam

Heksenwiel
Heksenwiellaan 2
4823 HA Breda

Het Wamlink
Kottenburg 66
7102 AL Winterswijk

Humanitas
Hennepstraat 4
7552 DN Hengelo

De Klinker
Borgenstraat 45
1053 PB Amsterdam

Kruistraat
14-128 Kruistraat St.
3581 G. K. Utrecht

De Landrijt
Drosserstraat 1
5623 ME Eindhoven

De Mering
Kerkplein 29
1777 CD Hippolytushoef

Nieuw Doddendaal
Parkdwarsstraat 34
6511 DL Nijmegan

De Opmaat
van Goghlan 2
2681 UA Monster

Saint Bartolomeus Gasthuis
Lange Smeestraat 40
3511 PZ Utrecht

Soenda Zorgcentrum
Soendalaan 2
3131 LV Vlaaringen

Stichtingete Bouwacher
Leidseweg 140
3533 HN Urecht

De Vaste Burcht
De Vaste Burcht 45
5328 ES Rossum
Verpleeghuis de Schildershoek
J. Catsstraat 325
2515 GK Den Haag

Vereniging Anders Wonen
Madame Curieplein 86
4834 XS Breda

WZV Anholtskamp
A Ten Hovestraat 1
7475 CZ Markelo

De Westerweeren
Burger Huybrechtstraat 66
DB Bergambacht

Zonnetrap
Molen vliet 572
Rotterdam

デンマーク

Aktivitetscentret Baunbo
Skolegade 27 Lunde
6830 Nr. Nebel

Eskegården
Byagervej 115
8330 Beder

Frederiksbroën Aldrecenter
Georgsgade 61
5000 Odense C

Fyensgadecentret
Fyensgade 25
9000 Ålborg

Lille Gläsny
Kanslergade 12
5000 Odense C

Lokalcenter Skelager
Skelagervej 33
8200 Åarhus N

Lyngtoften
Ternevej 4
6920 Videbaek

Nymosegård
Sognevej 39
2820 Gentofte

Pindstrup Centret
Perlevej 3
8550 Ryomgård

Plejecentret Munke Mose
Allegade 94
5000 Odense C

Rygårdscentret
Niels Andersens vej 22
2900 Hellerup

Bofællesskabet Sandvejen
Sandvejen 50
8600 Silkeborg

Sibeliusparken
Tæbyvej 39
2610 Rødovre

Skansebakken
Vestergade 1
7080 Børkop

Taarbæk Aldreboliger
Taarbæk Strandvej 82B
2860 Klampenborg

Tulipan vej Pensionatet
Tulipanvej 100
8600 Silkeborg

Wiedergårdens
Wiedergården 2
2791 Dragør

スウェーデン

Altplaten
Box 123
421 22 V. Frolunda — Goteborg

Aspens Servicehus
Bartotegatan 1
582 22 Linkoping

Atrium House for Pensioners
Carlslund Park
194 22 Upplands Väsby

Baltzargården
Eenatriska Eliv Lasavettet
591 85 Motala

Båtsmangärdet
Bagaregatan 2-4
442 32 Kungälv

BNF Kranen
Oskarstorgatan 9
Solna

Fabriken
Östra Storgatan 109
551 11 Jönköping

Fargärdet
Breviksgatan 15
575 39 Eksjo

Framnäsgården
Glasmästaregatan 6
412 62 Göteborg

Gruppboëndet Lönngården
Granviksgätan 8
571 41 Nassjo

Hornskrokens
Hornskroken 1
117 26 Stockholm

Humlans Gruppbostader
Humlevagen 98
461 65 Trollhattan

Katarinagården
Tideliusgatan 7-9
118 69 Stockholm

Kullëngens Sjukhem
Kullëngsvagan 1
694 00 Hallsberg

Lilldalshemmet
Lilldalsvagen 16
471 94 Kållekärr-Tjorn

Lundagården
Lundagårdsvagen
533 72 Lundsbrunn

Mårtensund Servicehus
Brunnsgatan 11B
223 60 Lund

Mösseberg Spa
Box 733
521 22 Falköping

Rio Servicehus
Sandhammsgatan 6 and 8
115 40 Stockholm

Romares Housing for the Elderly

Romares vag 20

254 51 Helsingborg

Servicehuset Hornstall

Lignagatan 6

117 34 Stockholm

Skinnarvikens Servicehus

Heleneborgsgatan 2 A-F

117 32 Stockholm

Silviahemmet Dementia

Gustaf 111 s
Vag 7 Box 142
178 02 Drottningholm

Sörgården

Lopanasvagen 5
360 40 Rottne

Sternberga Servicehus

Näverbyn township
574 97 Vetlanda

Kv Stryrkan

Spånehusvägen 83
Malmö

T-1

Överstegatan 22
581 03 Linköping

Uddängen

Katrinebergsgatan 5
431 61 Mölndal

フィンランド

Anjalankoski Inkeroisten Palvelukeskus

Valtatie 10
46900 Anjalankoski

Helmiranta

Helmikuja 3

62200 Kauhava

Köpsinrinteen Palvelukeskus

Köpsintie 19
86800 Pyhasalmi

Kotikallio Service Center

Kyläkirkontie 6-10E
00037 Helsinki

Kurjenmäki Home

Kurjenmäenkatu 4
20700 Turku

Oulusalon Paivakeskus

Kouluti 7
90460 Oulunsalo

Munkkiniemi

Laajalahdentie 30
00330 Helsinki

Riihimäen Vanhainkoti

Kontiontie 73
11100 Riihmäki

Turun Ukkokoti/Gubbhemmet I Abo

Multavierunkatu 5
20100 Turku

ノルウェー

Aldersbustadane Service Sentret

3841 Flatdal

Furubakken Service Boliger

Ovre Torggatan 2
2800 Gjøvik

Lårdal Alderspensjonat

3860 Høydalsmo

Holmestrand Eldersenter

Rådhusgaten 11
3080 Holmestrand

Søreidtunet Eldrescentret

Søriedtunet 2
5060 Søreidgrend

Sportsvenien Borettslag

Lyseagan 50
0383 Oslo 3

Zion Housing

Ole Hogstads vei 16
7046 Trondheim

アメリカ合衆国

The Argyle

4115 W. 38th Avenue
Denver, CO 80212

John Bertram House

29 Washington Square
Salem, MA 01970

Eaton Terrace II

323 South Eaton
Lakewood, CO 80226

Hearthstone at New Horizons

402 Hemingway Street
Marlborough, MA 01752

Heritage at Cleveland Circle

50 Sutherland Road
Brighton, MA 02135

Heritage at Framingham

747 Water Street
Framingham, MA 01701

Heritage at Vernon Court

430 Center Street
Newton, MA 02458

Motion Picture and Television Country Home and Hospital

2338 Mulholland Drive
Woodland Hills, CA 91364

Palmcrest Nursing Center
3355 Pacific Place
Long Beach, CA 90806

Sedgewood Commons
22 Northbrook Drive
Falmouth, ME 04105

Stride-Rite Intergenerational Center
Five Cambridge Center
Cambridge, MA 02142

Sunrise at Fair Oaks
3950 Joseph Siewick Drive
Fairfax, VA 22033

Sunrise at Findlay
401 Lake Cascade Parkway
Findlay, OH 45840

Sunrise at Gahanna
775 Johnstown Road
Gahanna, OH 43230

Sunrise at Norwood
86 Saunders Road
Norwood MA 02062

Sunrise at Severna Park
43 W. McKinsey
Severna Park, MD 21146

その他

Minna Murra Lodge
Toowoomba Garden
Queensland Austrialia

Sunrise at Frognal House
Sidcup Township
London, England

訳者あとがき

　本書は、Victor Regnier: *Design for Assisted Living: Guidelines for Housing the Physically and Mentally Frail*, John Wiley & Sons, 2002.の全訳である。ただし、一部の米国に特化したり日本には馴染みの薄い情報のページは割愛している。原題の「アシステッドリビング」が意味する日本語として、今回の邦訳では「シニアリビング」を冠している。

　1990年代後半、外資系建築設計事務所のシニアリビング専門設計チームで実務に係わりながら、これまでのわが国にある高齢者居住施設と外国人エキスパートの設計によるものとでは、入居者本位の環境の質といった側面では歴然とした差があることに気が付いていた。その後、研究や取材、また身内の高齢者の入居先探しでいくつかの施設を訪れる機会にも恵まれ、振り返ればその数は50に届くほどになっていた。しかし、いざ身内の入居先となると、この先10年ほど、本人がそこでの生活に満足し、家族が安心して託せる施設が稀なことが現実であった。
　これらと前後して、より良質のシニアリングを求めて文献を探索しているうちに出会ったのが原書であった。これを読み解くと、入居者本位の良質の居住環境を形成する上での要件を、事業者や設計者がわかりやすく理解できるようになっていた。そこでの視点から、これまでわが国にある施設を見直せば、それらが必ずしも要件を満足しているとは言いがたいことが判った。この点、わが国の事業者や設計者の価値観の差異、場合によっては経験の浅さがうかがえる。そこで本書の日本語版があれば、良質のシニアリビングの設立を考える人々にとって必ず役立つ書になると思い、翻訳に取り掛かる決意をした。

　翻訳にあたっては、原著者のヴィクター・レーニエ氏をはじめ、この分野にて造詣の深い大田悟氏、元ハーフセンチュリー・モアの笹美香氏には、日本の読者向けに訳書の構成について多角的にアドバイスをいただいた。またコムスンの市川広美氏や三鷹市医師会理事の宇井義典氏には専門性の高い部分の解釈を、さらにコロンビア大学同窓生の岡崎展子氏、スウェーデン大使館の速水望氏、フィンウェイ・サービスの荻原進氏、ならびに日本大学の矢代眞己・田所辰之助の両氏にはヨーロッパ言語の翻訳を手伝っていただいた。最後に、訳書の完成まで根気良くお付き合いをしてくれた鹿島出版会の編集担当の川嶋勝氏、きめ細かな校正でまとめていただいた編集者の中神直子氏には格別のお礼を申し上げます。

原著者
ヴィクター・レーニエ（Victor Regnier／建築家、老人学者）

1973年南カリフォルニア大学大学院建築学部修士課程修了。現在、南カリフォルニア大学建築学部教授兼レオナルド・デイビス老年学校教授。高齢者居住施設の設計分野にて世界を代表する権威のひとりとして、これまでに諸国にて250以上の施設で監修・コンサルティングを行う。
おもな著書に、Housing the Aged、Assisted-Living Housing for the Elderly、Assisted Living for the Aged and Frailなど。米国建築家協会特別会員。

訳者
上利益弘（あがり ますひろ／建築家）

1958年東京都生まれ。日本大学理工学部卒業後、コロンビア大学大学院建築学部修士課程修了。米国HOKにて「シニアリビング専門設計チーム」のプロジェクトへの参画などを経て、現在、日本設計勤務。日本建築家協会登録建築家。おもな著書に『建築プログラミング』（彰国社）、『世界のシニアリビング』（グラフィック社）など。文化庁芸術家在外研修員（1988年）、日本大学大学院講師、国際建築家連合職能実務委員会委員、米国建築家協会国際会員。

シニアリビング 101
入居者が求める建築デザインの要点

発行	2007年11月20日 第1刷 ⓒ
訳者：	上利益弘
発行者：	鹿島光一
発行所：	鹿島出版会
	〒100-6006
	東京都千代田区霞が関3-2-5 霞が関ビル6階
	電話：03-5510-5400
	振替：00160-2-180-883
装丁：	西野 洋
印刷：	創栄図書印刷
製本：	牧製本

無断転載を禁じます。落丁・乱丁本はお取替えいたします。
本書の内容に関するご意見・ご感想は下記までお寄せください。
ISBN 978-4-306-04492-0　C3052
e-mail：info@kajima-publishing.co.jp
URL：http://www.kajima-publishing.co.jp